侧看民国

侧看民国

武器与素手

张爱玲·苏青·胡兰成

王一心——著

黄山书社

图书在版编目（CIP）数据

武器与素手：张爱玲·苏青·胡兰成 / 王一心著. -- 合肥：黄山书社，2017.8
ISBN 978-7-5461-6687-2
（侧看民国）

Ⅰ. ①武… Ⅱ. ①王… Ⅲ. ①张爱玲（1920-1995）-人物研究②苏青（1917-1982）-人物研究③胡兰成（1906-1981）-人物研究 Ⅳ. ① K825.6

中国版本图书馆 CIP 数据核字（2017）第 193207 号

武器与素手：张爱玲·苏青·胡兰成
WUQI YU SUSHOU: ZHANG 'AILING · SUQING · HULANCHENG

王一心 著

出 品 人 王晓光
总 策 划 董宁文
责任编辑 徐娟娟
装帧设计 观止堂_刘 俊 朱 璇
出版发行 时代出版传媒股份有限公司（http://www.press-mart.com）
黄山书社（http://www.hspress.cn）
地址邮编 安徽省合肥市蜀山区翡翠路 1118 号出版传媒广场 7 层 230071
印 刷 合肥精艺印刷有限公司
版 次 2018 年 1 月第 1 版
印 次 2018 年 1 月第 1 次印刷
开 本 700mm × 1000mm 1/16
字 数 260 千
印 张 18.5
书 号 ISBN 978-7-5461-6687-2
定 价 39.00 元

服务热线 0551-63533706
销售热线 0551-63533761
官方直营书店（http://hsssbook.taobao.com）

目　录

序

苏青、张爱玲、胡兰成同是现代文坛上的著名人物，各具过人的才华，也都有属于自己的天地，有自己独特的创作风格，有令人瞩目与引人入胜的作品，同时又有不同的出身，不同的经历，不同的个性，不同的生活方式……一句话，他们各自拥有丰富多彩的人生，各自走过坎坷曲折的道路，都曾面临走投无路的困境……而他三人又属同一时代，一度生活在同一社会环境下，彼此之间还产生过千丝万缕的关系，诸如：苏青与张爱玲曾是闺蜜与文友；张爱玲与胡兰成有过一段婚姻；胡兰成将苏青视为踏青途中的一朵野花，苏青也曾将胡兰成当做“谋爱”（张爱玲语）的对象。实际他们之间的关系，远比此要错综微妙得多。而在这复杂多变的关系中来看他三人，哪怕只是出于研究或欣赏的目的，也是一个独特的视角，也可以发现极有兴味的东西。而实际上我们可以抱持更大的期待，即在这两女一男各方面的参差或反差的对比结果下，获得对他三人的新认识。

苏青、张爱玲、胡兰成虽都具备足够单独成其传记的素材，但本书无意将他三人的人生做完整的记叙，而只选择了一些可资比较的方面或片断，希望在寻找出的他们之间直接或间接的联系中，显现出一些有意味的色彩来。

传记作品通常着眼于传主的主要业绩，而往往影响了对传主其人的足够关注，难免形成本末倒置的结果。本书则将传主其人性置于考察的首位，其成就即如著述再如何了得，也不过是传主的一个方面。本书的三个传主，都是具有特殊性格的人，而他们又都身处特殊的时代，经历也就特殊，心理也就特殊，把这些特殊性挖掘而展现出来，不仅可以帮助读者更多地了解传主，更贴切地理解传主的思想及其作品，读者也同时可以从他们的人生中受到启示，得到些间接经验与教训，而如此对传主探究的过程本身，也是充满了意味而引人入胜的。

作者

2016 年 1 月 8 日

祖辈

胡兰成祖父且农且商，开有茶栈，是村里富裕而有地位的大户，胡兰成灵活机变有来由。

苏青祖父是乡绅，中过举人，外祖父是不第秀才，痴迷作诗，苏青灵秀从文非凭空。

张爱玲曾外祖父、祖父均是清朝一代名臣，外曾祖父、外祖父也是史上留名的官员，可谓全是贵族，张爱玲遗世独立有缘故。

一

胡兰成的祖父胡载元是开茶栈的，用机器加工茶叶，生意一度做得很大，“账房间及老司务”的日常膳食，每天的开销就要一千文（相当于购 50 斤猪肉的钱），胡村的大石桥也是胡载元领头捐款建造的。可见胡家当年在村里是数得上的富户。今日胡家老屋破败不堪，但仅从宅楼栏杆上精雕细刻的凤凰与松鹤图上，也可看出当年的确不是一般人家。

胡兰成的祖父死时，胡兰成的父亲才 18 岁。胡兰成没有见到祖父面，他只是对祖父开茶栈那般生意红火，“这种世俗的热闹至今犹觉如新”。他对民间与世俗的亲切感，不知是起于遥想祖父当年，还是受祖父遗风的影响。

苏青的祖父是鄞县名儒，叫冯丙然，字止藩，又作止凡，曾中举人。1902 年曾任村塾敦本小学校长，1906 年，当地在原鄮县书院原址改

胡家老屋楼上石栏杆上的浮雕孔雀，图案相当细致漂亮。

胡家老屋楼上石栏杆上的浮雕松鹤延年。胡兰成《今生今世》有言：“胡村进去十里有下王村，下王出财主人家，雕刻一张床费三百工。”

建鄞县县立高等学堂，冯止藩任校长。当时学校编制为单式11个年级，6个学年，教职员20人，学生近500人。冯止藩被清廷委任为宁波府中学堂监督（校长）多年，直到辛亥革命前。辛亥革命风起云涌之时，他以宁波府教育会会长身份参加宁波各界会议，筹建宁波民团，支持、策应孙中山的革命党。民国成立后，曾任鄞县议会议长。他热心文化与公益，参与创办了《四明日报》，还曾筹建铁路，开办公立医院。

胡兰成在《谈谈苏青》里也说到苏青的祖父，说他“手上有几千亩田”。这当然是胡兰成听苏青说的。可是苏青没说清楚，当然更可能是苏青自己也没搞清楚。其实这许多田都是村里的公田，由他掌管。

而他自家的田地并不很多。冯止藩以其身份地位，在乡里自然是极受人尊重的。苏青在她的第一本作品集《浣锦集》的后记中这样回忆小时候在祖父身边的情景：

“我家的房子很大，走出大门不远处，有一石桥曰浣锦桥。在幼小的时候，我常常随着祖父到桥边去，桥边石栏上坐着各式各样的人，他们都在悠闲地谈天。桥旁边有一家剃头店，房子是我家产业，剃头司务叫阿三，他见了祖父可恭敬，连忙端了张大木椅来叫他在店门前

1996 年拍摄的浣锦桥。苏青的堂弟说，4 年前将石板桥改造成水泥桥了。

2006 年拍摄的浣锦桥。隔了整整 10 年再看浣锦桥，发现它已陈旧了不少，而桥旁却又加了不锈钢的栏杆。河岸也用石头垒了，水泥砌了，较之以前整齐多了。岸边人家也重造了新房。可是却不能不令人怀念十年前那“原生态”的绿色河堤、岸边的杂树以及破旧的房屋。

坐下，于是桥边的人都站起来了，问候我祖父，把一切里巷见闻都告诉他听，征求他意见，听取他的判断。他默默地捻着须，眼望着天空……沉着而和蔼的在答复他们了。他的声音是这样低缓，态度安详到万分，大家都屏住气息，整个的浣锦桥上都鸦雀无声。”

生长在封建时代，饱受传统教育熏陶的冯止藩，却是一个思想颇为开通的人。北伐胜利后，许多年轻女子都追求进步纷纷剪短了头发。苏青守旧的姑母常向祖父唠叨，说是世风变了，女孩子们都学坏了，头发剪得像鸭屁股似的。可是冯止藩对此却不以为然，认为长头发梳起来原也麻烦，革去倒省事；甚至于连男女平等、男女同校、女子走上社会等他也都赞成，他只是不同意自由恋爱。

苏青的外祖父姓鲍，冯鲍两家结亲，可谓门当户对。鲍老爷是一个不第秀才——虽未考中举人，毕竟是个秀才。他不工八股，却爱作诗到痴迷的地步，与冯止藩是可以有共同语言的。而冯止藩也喜欢吟诗，甚至在他的墓碑上，还刻着他所作的一首诗的前两句：“一场幻梦醒何在，两个遗骸蜕此间。”很可能冯鲍二位老爷本即诗友。除了诗，两人还有其他相同的志趣，相同的见解，比如看待女子读书。冯止藩就主张女子应当识字，苏青的母亲则是读了师范的。

今人对苏青外祖父的了解，仅来源于苏青的笔下。苏青所知关于外公的一切，也全来源于外婆之口，因为她并没有见过外公，鲍老爷去世于苏青出生前 12 年。

苏青出生的老屋背山临水，共有 10 余间房屋。整个房屋分为前后两进，后进的正中是厅堂，厅堂的左右各有两间房间，分别为一间正房，一间厢房，正房与厢房之间有小弄相隔。外婆住在右边的正房，右厢房为女佣郑妈所住。左边的厢房作为佛堂，每逢初一及十五，外婆总要去烧香跪拜一回。隔着一个大天井，便是前进。前进的筑造与后进大体相仿，只是在左边正房的楼上，有一间房，那是外公的书房。

外公爱作诗，据说他在这间书房里，早也吟哦，晚也吟哦，吟出满腹牢骚来，后来考不进秀才，牢骚也更加多了，脾气当然愈来愈坏。有时候外婆在楼下喊他吃饭，把他的思路打断了，他便怒气冲冲地冲下楼来，迎面便拧外婆一把，一边朝她吼：“你这……这不贤女人，动不动便讲吃饭，可恨！”如此次数多了，外婆便不敢叫他下来吃饭，只是叫用人把煮好的饭菜悄悄地给送上楼去，放在他的书房门口。等他一篇八股文或是一首律诗作完，自我陶醉之余，觉得肚子饿起来，打算下楼吃饭的时候，开门发现饭菜，便自喜出望外，也不顾饭冷菜凉，连忙自己端进去，一面吃着，一面吟哦作好的诗文。从此他便更不想下楼，吃在书房，睡在书房，早把老婆丢在脑后，就这样一直到死。对此，外婆自然是又气又恨的。

苏青的外婆只生了两个女儿，没有儿子，外公因此在他去世前一年，花了 120 块钱娶了一位年方 19 岁的乡下姑娘作为二房。可是苏青的这位姨婆进门还不到一年，老爷子即患伤寒症撒手西归，姨婆也没能为他生个一儿半女。在那个吃饭穿衣还成问题的年代，姨婆满足于不必忍饥挨饿，于是就安心地与苏青的外婆相依相伴，共同生活下来。

苏青的外公早年也有过风流韵事，曾与一个女戏子相好，苏青的外婆知道后不免气得浑身乱抖，可是她却一点也不敢表露出来，不是怕惹翻了丈夫，而是担心被人家笑为吃醋。后来她自己终于想“明白”了，索性劝丈夫把那女戏子娶进门来，以使丈夫的心回归家庭，将那个“狐狸精”纳入视线范围，自己也可落得个贤惠妻子的名声。可是她心中的苦楚却无从宣泄，念经拜佛大概就是从那时开始的，希望修修来世的福气。然而外公最终却也并没有把那女戏子娶进家门。在外公身后，家道虽算不上十分殷实，但靠着他遗留下来的山林、田地和房子，遗孀遗孤们的生活得以衣食无忧。

苏青原名冯和仪，“苏青”是成年后的笔名。苏青出生时，姨妈已在一年前去世；外婆在外公身后为养老计，领养了一个儿子，那位舅舅在成家前就被送到城里去学做生意。所以苏青出生后，外婆家的那所古老大屋内，清一色地全是女性，共有五个人：外婆、姨婆、苏青、瘪嘴奶妈及做粗活的佣人郑妈。苏青在襁褓中就不是一个安静的孩子，一引就哭，一逗就笑，半夜三更也要人抱着走动。苏青在很小的时候就隐约显示出语言天赋，说话很早，六七个月光景就会开口喊妈，到了两周岁时就更不安宁了，终日咿呀作声，到了半夜里还不肯灭灯，不然就闹，喜欢同奶妈并头睡在床上指着夏布帐上的花纹喊："兰花，梅花，蝴蝶！"

苏青小时候也很贪玩。每天晚上，外婆临睡前，都要叫郑妈在前面举着烛台照路，她则跟在后面搀着苏青巡视家中各个房间。有时苏青拉住外婆不肯进屋，要站在天井里看星星，一个劲地问牛郎织女。外婆若被问得不耐烦了，就会指一指楼上外公的书房，吓唬她，说再不去睡觉，外公就会来拧她。

外婆曾对苏青说："你外公临死的时候，还不肯离开这间书房哩。又说死后不许移动他的书籍用具，因为他的阴魂还要在这儿静静地读书做诗。"外婆的话勾起了苏青的好奇心。在她 6 岁那年，有天外婆去寺庙里拜"焰口"(施食饿鬼的法事)，因走时匆忙，把平日里须臾不离身的一根旱烟管落在了家里。苏青于是拿着旱烟管当竹马，又学外婆的样子巡视各房间，这就来到了外公的书房，结果被挂在墙上的外公光头画像吓着了，丢了烟管哭着跑下楼，郑妈从厨房里出来，听苏青只道"旱烟管……和尚"。晚上回家后的外婆听郑妈说，苏青在大门口被一个野和尚抢去了旱烟管而吓得发烧了。苏青病了半个月才痊愈,而外婆也因照顾苏青以及丢了宝贝似的旱烟管而得了"失魂症"，多日后直到旱烟管被找着病才好了。这是苏青闯的第一个大祸。

苏青断奶后，外婆常叫姨婆抱着她到处串门，在邻居的四婆婆、三舅母、长长太太等人中间被她们逗笑，吃她们给的雪团印糕。因为她不认生，小嘴儿会说话，被她们称作"小鹦哥"。当地有一首流传很广的歌谣，是以外甥的口吻嘲笑好吃懒做的舅母的，苏青唱得十分溜嘴。因为外婆刚给过继的儿子娶了一房媳妇，母亲怕外婆和舅舅多心，不许苏青唱，可是也止不住。苏青的这位舅母不是贤惠之辈，颇爱搬弄是非，她悄悄教给苏青一些脏话，怂恿她去骂姨婆。

小孩子家听了只觉得好玩，便记在了心里。一次姨婆抱着她上山去采野笋，在回家的路上，苏青因为玩得很开心，便不知好歹地搂着姨婆的脖子喊道："姨婆是小老妈！姨婆是贱婊子！"姨婆听了当然生气伤心，回家后向外婆告状，外婆不仅没有责怪苏青，反以姨婆跟不更事的小孩计较把姨婆骂了一顿。

舅母见了很高兴，又教苏青骂外婆是孤老太婆、断子绝孙。外婆从外孙女嘴里听到这么狠而准的毒骂，料到一定是有人背后教唆，追出儿媳，于是去责问。舅母本是个泼辣性子，便与外婆对吵。外婆一气之下，便命人把苏青的几个舅公和苏青的母亲都叫了来，要把舅母给休了。舅母眼见事情闹大了，吓得哭着逃回娘家去了，而她娘家的人以及苏青舅舅的生身父母又都急得纷纷前来向外婆求情……一大家子闹得鸡飞狗跳，不可收拾。

这件事虽是由苏青的舅母引起，苏青却是媒介，算是她闯得第二个大祸。尽管在外婆的庇护下，苏青并没有遭到更多的责备，但受过学校教育的母亲却觉得不能再让女儿这么无所约束、过分自由地在粗野无忌的乡村以及外婆的溺爱下生活了，她决定把女儿带到祖父母家去，想让她在新的环境立些规矩。

苏青跟着母亲来到祖父母家，与爷爷奶奶叔伯婶婶及堂兄弟姊妹生活在一起。这是一个按传统礼仪生活的大家庭，"虽然屋里住了这许多人，但绝不喧哗嘈杂。大家彬彬有礼，说话轻而且慢，轻易也不出房门；每天早晚都要到祖父母处去请安。黑压压地坐满了一厅人，却是鸦雀无声，孩子们也都斯文得很"。

可是野性活泼的苏青一去，就像一颗石子投入池塘，顿时打破了

苏青祖父家老屋一角，摄于 1996 年。

苏青祖父家大门，摄于 2006 年。

平静的局面。她的无拘无束百无禁忌，对生活得中规中矩的堂兄弟姊妹们是个很大的诱惑。她绘声绘色讲述乡下的山景野趣，使哥哥姐姐们神往不已，随之读书自然就有点心不在焉；年龄小一些的弟妹们则更糟，粗口也出现了。苏青自感成了众人的中心，不免更加得意，家里整天响着她粗野的声音。

眼见女儿把原本文静规矩的堂兄弟姊妹给带坏了，苏青的母亲深感耻辱，师范出身的她竟也用上了体罚。可是责打数次却总不见效果，直气得上火。

就在母亲对女儿束手无策的时候，祖父出面了。他把孙女叫过去与他们同住，并且每天讲一个故事给她听。苏青听故事时很专心，听过一遍就能一句不落地转述给其他人听。慢慢的，这些故事挤兑掉了她头脑中的乡村记忆，粗话也渐渐少了。于是祖父很得意地捋着胡须说："我说这个孩子并不顽劣，都是你们不知循循善诱，她的造就将来也许还在诸兄弟姊妹之上呢！"大家长的这句话，不仅在当时使众人不敢再讥笑和小看这个野丫头，甚至对苏青的心理也产生了影响，所以成年以后她还记得祖父的这句话。

冯止藩因他在乡里的地位，远近人家若有个红白喜事，都要来请他去做点主大宾，常是由佣人毛伙撑船送去的。有一次两人迟迟不归，眼见天色暗下来，祖母十分着急，便带着苏青到河边去张望，终于看见他俩相互搀扶着，蹒跚着走来。原来毛伙在那人家多贪了两杯，回来时船也撑不动，冯止藩好不容易帮他把船撑进这条河口，眼看毛伙连橹也拿不住了，只好弃船上岸，走了回来。祖母赶紧上前，扶住毛伙另一边，往家里走去，苏青捧着毛伙带回的橘子跟在后面。

两位主人（其中一位还是举人老爷）架着一个醉酒的老仆夜归，这是多么奇特的一幅图画，这图画深深地印在了苏青的脑海里。苏青成年后淡化等级观念，在她的不少作品中，都有下层劳动人民相当感人的形象。苏青对他们无不给予深切的同情，这些，当与幼时生活在祖父母身边所受的影响有关。

苏青对祖母的感情很深，成年后写过一篇散文《豆酥糖》，记述她儿时与祖母在一起的生活，非常感人。苏青的祖母在她的记忆里是个有着高挑身材、白净面庞、眉目清秀的老太太，可是她的牙齿坏得很厉害，这是她嗜爱甜食的结果。

祖母常跟幼小的苏青同睡在一张宁波大凉床上——总是与老伴分床而睡的了——床上挂着的蓝夏布帐子经年不洗，那白布的帐顶落满了灰尘；在床的内侧，架着块木板，那上面放着些吃的东西——以当地特产豆酥糖居多。每当夜里一觉醒来，她便在黑暗中摸索着吃那豆酥糖，当然这口福常常是祖孙俩一同享受的，如果苏青醒了的话。时间一长，床上便落了许多糖屑食末，却总也不肯掸掸干净，以至于人睡进去都常常有些沙沙作响。有时那豆酥糖屑粘在了苏青的小脸上或是什么地方，祖母发现了总要怜惜地把它小心取下来吃掉。后来苏青的父亲从上海回乡，对老太太的习惯很不以为然，为卫生计，特让苏青单睡小床。为此祖母竟有半个月不理睬儿子。

苏青对豆酥糖的态度几乎是二重性的：记忆中的豆酥糖充满了童年的快乐，是与浓厚的亲情联系在一起的；而现实中的豆酥糖却是与牙病联系在一起的。成年后在一次与记者讨论“科学育儿法”时她就曾以一种不大恭敬的口吻说道：“一般的母亲没有常识，就说我，从小长辈她们就常给我吃豆酥糖，所以现在牙齿弄得很坏，假如能采用科学管理，就不会这样。”

苏青先在敦本小学就读了一两年，而后随母亲到上海去与父亲一同生活。

冯家小学大门及校舍。在浣锦桥的西侧，原剃头店的斜对面，有一所村塾，叫敦本小学。苏青的祖父做过该校校长。该村庄 1949 年前属古林区塘𥓂乡，1949 年后与别的村庄合并，属石𥓂镇，称冯家村，小学也随之改为冯家小学。当年苏青就在这里上学，不超过二年级，她就到上海去了。摄于 1996 年。

二

相较于苏青、胡兰成，张爱玲的家世最为显赫，可以上溯得更远，记载更多。张爱玲的祖父叫张佩纶，张佩纶的父亲叫张印塘。

在张爱玲的文字中，只见张佩纶，而不见张印塘。她似乎对祖父怀有特别的兴趣，早在上中学的时候从弟弟的嘴里首次听到祖父的名字就特别注意，追问“是哪个佩，哪个纶？”继而从张子静手里接过《孽海花》，又“急忙翻看”，寻找以张佩纶为原型的小说人物。及至“看了非常兴奋”，并且去向父亲求证小说情节，听父亲否认说张佩纶不可能在签押房撞见李鸿章的女儿，李家千金也不曾做过那首打动张佩纶的诗云云。

父亲有时跟来访的客人谈论《孽海花》，日常嘴里不时一句“我们老太爷”，都会使张爱玲竖起耳朵。直到晚年，在张爱玲有限的收藏中，还留有张佩纶的一张相片，是从姑姑张茂渊那里得来的，极可能是张爱玲50年代初离开大陆时带走的，如此说来，珍藏了几十年。

张爱玲去世的几年前，台湾皇冠出版公司开始陆续出版《张爱玲全集》，1994年6月出了第15册，书名叫《对照记——看老照相簿》，内容主要是张爱玲及其亲友的相片，共50余帧。每帧都附有她写的注释，有的仅三两句话，点一下；有的发挥，成了小品文。笔调是平实中偶挟俏皮。其中谈其祖父母的文字占的比重极大。更令人注意的是她不同寻常的口吻——她说：“我爱他们。”张爱玲自小生长在一个少爱的家庭，长大后自然罕有拳拳儿女心，所以老后直言“我爱……”颇显得有些反常。她还说：“他们只静静地躺在我的血液里，等我死的时候再死一次。”可谓充满感情了。

20世纪50年代前期，从大陆来到香港的张爱玲又想往美国去，想在那边找一个能帮忙的人，于是想到了时在美国作寓公的胡适。

张爱玲对胡适并不陌生。张爱玲的父亲张志沂买过《胡适文存》，大概又因读了胡适的考证，去买了《海上花》。张爱玲大约是在上中学的时候，坐在其父的书桌前看了《胡适文存》，其中有对《醒世姻缘传》的考证，故又“破例要了4块钱”买了该书多卷本与弟弟分了看，仿佛一家人都爱读胡适或胡适推荐的书。张爱玲的姑姑张茂渊借了张志沂的《胡适文存》，看过了也不及时归还。后来为了张爱玲与其兄闹翻断绝了来往，更不还了。张爱玲则读《醒世姻缘》一遍不够，非常痴迷。在香港上大学遇太平洋战争爆发，日本人攻打香港，她做了一名防空员，“驻扎在冯平山图书馆，发现有一部《醒世姻缘》，马上得其所哉，一连几天看得抬不起头来。房顶上装着高射炮，成为轰炸目标，一颗颗炸弹轰然落下来，越落越近。我只想着：至少等我看完了吧。”张茂渊与张爱玲的母亲黄素琼早年还曾与胡适一个桌上打过牌。抗战胜利后报纸上登着胡适回国的照片，不记得是下飞机还是下船，笑得像个猫脸的小孩，打着个大圆点的蝴蝶式领结，张茂渊看着笑了起来说：“胡适之这样年轻！”

1954 年 10 月 25 日，张爱玲给胡适写了封短信，同时寄了她在香港写的小说《秧歌》请求指教，胡适回了信，对小说褒奖有加。次年 10 月，张爱玲离开香港前往美国，不久即约了好友炎樱一同去拜访胡适。之后没几天，胡适回访张爱玲。就在这次会面中，张佩纶出现了！张爱玲与胡适的关系一下子由初识变为了世交。在当天的日记里，胡适这样记着：

> Called on Miss Eileen Chang，author of《秧歌》。
>
> 始知她是丰润张幼樵的孙女。
>
> 张幼樵（佩纶）在光绪七年（1881）作书介绍先父（胡传，字铁花）去见吴愙斋（大徵）。此是先父后来事功的开始。
>
> 幼樵贬谪时，日记中曾记先父远道寄函并寄银二百两。幼樵似甚感动，故日记特书此事。（《涧于日记》有石印本）。
>
> 幼樵遗集中竟收此介绍一个老秀才的信——我曾见之——可见他在当时亦不是轻易写此信也。（《涧于全集》刻在一九二四，二十卷。）

此后张爱玲与胡适时相联系，胡适还曾应张爱玲之请，两次做她申请入驻文学创作基地的担保人。由此来看 40 年后张爱玲在《对照记》里对不曾见过面的祖父着墨甚多、充满感情就不令人感到奇怪了。

三

有趣的是，胡兰成与张佩纶颇有相似之处。胡兰成自小读书聪颖，张佩纶少年求学时反应敏捷；胡兰成堪称汪伪文胆，笔下汪洋恣肆，张佩纶也善写，“援笔数千百言立就”，奏章也写得漂亮，“连八股都好”；胡兰成好作纸上谈兵，曾孟朴在《孽海花》中影射马尾之战的张佩纶“杀贼书生纸上兵”；胡兰成“志在天下”，对于国家形势，好发议论，张爱玲曾说，看他对众人说得舌敝唇焦，可是众人不懂，令她心疼；张佩纶则也“好论时政”，对于防外患、救内灾、为官员辩诬、推荐人才等等均有无数的见解；两人同样心热，都已是赋闲的时光了，仍然热衷时事。胡兰成在《今生今世》里写道，他在日本外出乘车，下车后发现手心里紧紧攥着车票，满是汗水，这才省悟到自己内热。张佩纶死前三年（1900），当听到八国联军攻陷大沽口的消息后，急得“咯血升许”，“累画勤王和戎之策”。张爱玲在《对照记》里说到她保存的一张祖父的相片，较之小时家里祭祖用的画像，“照片上胖些，眼泡肿些，眼睛里有点轻藐的神气”。《小团圆》里盛九莉首次被邵之雍（以胡兰成为原型）“震动”，以至于产生“崇拜”，是跟他去别人家，也是看见他与人说话时“眼睛里轻藐的神气”。

张佩纶早年“累疏陈经国大政”、痛砭时弊、弹劾大臣，因而成为当时“得名最远、招忌最深”的人，马尾一个跟头，被朝廷革职流放到察哈尔察罕陀罗海（今内蒙古赤峰市巴林左旗境内）去了。在张佩纶人生失意的时候，他未来的岳父李鸿章给了他许多关怀，比如赠钱一千块，让他在荒凉的流放之地不至于太窘困；待张佩纶戍满回京，李鸿章又将他召入帐下作幕僚，并且不嫌张佩纶已年逾不惑，且还是个先后死过两任妻子的鳏夫，仍愿将第三个女儿李菊耦许配给他。李鸿章对张佩纶如此厚爱的原因多被视为爱才，其实也在于张佩纶的父亲张印塘。

张印塘在安徽抵御太平军时，李鸿章也受命回乡操办团练，与张印塘时相过从，又协同作战。张印塘去世后，李鸿章陪同张佩纶一道护送灵柩回河北丰润。

李鸿章在为张印塘撰写的墓表中，深情回顾了两人同历战场的生死交情，以及两人之间的相知相得，对张印塘的人品极度称赞：

“方江淮鼎沸，独君与鸿章率千百羸卒，崎岖于扰攘之际，君每自东关往来庐州，辙过予里舍，或分道转战，卒相遇矢石间，往往并马论兵，意气相投，相互激励劳苦。余谓古所传坚忍负重者，君殆其人。”

可见李鸿章不顾夫人的反对，肯将爱女嫁与张佩纶，固然出自对张佩纶才识的欣赏，自然也出自对故交的深情厚谊。

张爱玲在《对照记》里写到小时候有天从住宿学校放假回家，弟弟递给她一本新出版的历史小说《孽海花》，告诉她“爷爷在里头”。她找到了影射张佩纶的角色：“庄仑樵，也是‘文学侍从之臣’，不过兼有言官的职权，奏参大员，参一个倒一个，一时满朝侧目。”而李鸿章（威毅伯）“也被他参过，因而‘褫去黄马褂，拔去三眼花翎。’……李鸿章爱才不念旧恶，他革职充军后屡次接济他，而且终于把他弄了回来，留在衙中作记室。有一天他在签押房里惊鸿一瞥看见东家如花似玉的女儿……”

1888年农历十月十二日，张佩纶迎娶李鸿章女儿李经琇（小名菊耦），李经琇由周馥的夫人与胡云楣的夫人扶入青庐拜堂。

张佩纶生于1848年，李经琇生于1866年，按实足年龄，张此时正年交不惑，而李才二十有二，难怪老夫人心中不舒坦，无奈李鸿章执意而为。

张爱玲《对照记》：“与她妹妹比起来，我祖母的婚姻要算是美满的了，在南京盖了大花园偕隐，诗酒风流。”李经琇会不会作诗，说法不一。不无意味的是，张爱玲的父亲与姑姑，不约而同地似乎都要“破坏佳话”：张志沂说《鸡笼》“那首诗也是捏造的”——他的意思不是说作者“捏造”诗，而是“捏造”他母亲会写诗。张茂渊也对张爱玲说：“爷爷奶奶唱和的诗集都是爷爷作的，奶奶就只有一首集句是她自己作的。”在李经琦临出嫁时，周学铭要前往观礼，行前去见李慈铭（清朝官员，文史学家），李当天的日记中有一句说李经琦“敏丽能诗”。周学铭的父亲周馥是李鸿章最亲密的幕僚，周家对李家子女情形一定不陌生；《孽海花》中庄仑樵所感动于威毅伯“小女涂鸦”的那首《鸡笼》诗，虽出自小说作者的创作，但显然曾孟朴是将李经琦作为“能诗”的人物塑造的，而曾孟朴是李鸿章儿子的亲家的亲戚，“曾家与李家总也是老亲了，又来往得这样密切”，张爱玲依据于此，得出“《孽海花》里这一段情节想必可靠，除了小说例有的渲染”的判断。被胡兰成称为好“破坏佳话”的张爱玲，这一回却例外地维护佳话。当然她也未失分寸——在文字上张爱玲向来是谨慎的——她用一个“诗酒风流”，将祖母到底会不会作诗这个问题巧妙地回避掉了。

由于医嘱不能见风，李鸿章不外出，不见外人，而在卧室召见张佩纶并导致张佩纶与李菊耦碰面，是完全可能的。

张爱玲所谓祖父母在南京偕隐而盖的大花园，地处夫子庙北面、秦淮河以西的白下路273号江苏海事职业技术学院（前南京海运学校）校园。这里原是著名降清明将张勇（康熙年间因征讨吴三桂有功，被封为靖逆侯）后人购建的府第，于太平天国的劫难后已经破败。一说张佩纶将它买下后进行了重建，一说是李鸿章买下的作为女儿的嫁妆。从张佩纶的经济状况来看，他购建的可能性几乎没有。

直到1952年，南京海运学校的前身南京海员训练班大院门前还存有影壁及花园假山，之后不知何时，它们竟如同春雪融化一般消失了。那3幢建筑相同的小楼，呈U字形分布，其中两幢早已毁于战火，彻底得连基础也寻不见。如今仅剩的这一幢，人们口头上唤它作“小姐楼”——想来与李鸿章的千金小姐有关，而在档案材料里，它则被

小姐楼北面。原有3幢传统风格的楼房，呈U字形分布，站在楼上可以眺见东面的秦淮河，但昔日楼宇毁于战火，现存的东侧的一幢是在原基础上建造的，尚可见原来的石础。

小姐楼南面。胡兰成专门去看过，回来告诉张爱玲情景："一边是洋房，做过立法院，已遭兵燹，正宅则是旧式建筑，完全成了瓦砾之场，废池颓垣，惟剩月洞门与柱础阶砌，尚可想见当年花厅亭榭之迹。"他以为张爱玲免不了会感慨，谁知"爱玲却没有怀古之思。她给我看祖母的一只镯子，还有李鸿章出使西洋得来的小玩意金蝉金象，当年他给女儿的，这些东西，连同祖母为女儿时的照片，在爱玲这里就都解脱了兴亡沧桑"。

胡兰成踏访张爱玲南京老宅园，看得不够仔细，漏掉了一株罗汉松。这棵树植于清代，位于小姐楼西百米处，大约是在当时的花园里。

饱经风霜的罗汉松树干。1996 年春天曾去见这棵树，只见它已被雷电击得谢了顶，而且生长状况有些不妙——春来未再返青，仿佛是受了去冬逝世的张爱玲的感应。

称为“绣花楼”。

当时修建的张府，除了 3 幢相同的小楼共 36 间房间外，南面还有 80 间房屋。民国以后，南面的 80 间做了由金陵刻经处创始人杨仁山的孙女杨步伟（语言学家赵元任夫人）任校长的崇实学校校舍；剩余的作了安徽督军柏文蔚的办公室，后面的小楼则住进了他的家眷。

国民政府成立后，胡汉民任院长的立法院一度择此办公。绣花楼作为档案室以及警卫住房。可是不知自何时起，绣花楼闹鬼的传闻在立法院职员中传播开来。先是夜晚房间的门常常会自动开启，后又有一位身强力壮、胆子也大的警卫莫名其妙地在楼里开枪自杀，一时间人心惶惶，谈虎色变，胡汉民竟也为此搬到双龙巷去住了。

立法院于抗战前迁出张府。抗战期间，胡适在上海创办的中国公学部分校友曾在此复校，学生多达四百人。以后此处又屡番有军队入驻。兵荒马乱中，建筑不可避免地遭受损坏。

20 多年前，在小姐楼以西百十米处，还可以见到一棵饱经风霜、被雷电击得谢了顶的罗汉松。树前的标牌上写着此树植于清代，被白下区政府列为文物保护单位，想来应是当年花园中植物。可是张爱玲去世后，它也仿佛受了感应，染上病虫害，枯死了，过了两年更轰然倒下。张爱玲写道："我姑姑对于过去就只留恋那园子。她记得一听说桃花或是杏花开了，她母亲就扶着女佣的肩膀去看。"

张佩纶与李菊耦应该有过幸福快乐的时光。李菊耦对于作诗就算不擅长，至少也是懂得的。张佩纶的日记中，记述他俩煮茗谈诗的内容随处可见。两人除了合写武侠小说，还合写食谱。沈复笔下闺房中的乐、闲情中的趣，想来也都不会少。当他们在南京迎来第二个冬天（1896）的时候，也迎来了他们的第一个儿子，可是次年夏天婴儿却夭折了。天性开朗豁达的李菊耦因此变得闷闷不乐，李鸿章非常着急，写信劝女儿要听从天命。张爱玲的父亲张志沂大约出生于 1899 年，两年后李菊耦又生下了张爱玲的姑姑张茂渊。

尽管远离京城，退出官场，身边爱妻儿女绕膝，张佩纶安度余生似乎并无问题。在日记里他也时时表现出对个人荣辱达穷的豁达，比如皇上下逐客令，李鸿章要为他去理论，他还反过来劝岳丈。但心中是否真的块垒完全不存？至少张爱玲不这么看。她从他由《孽海花》上的"白胖脸儿"变成画像上的赭红色，推测是因为饮酒过多。而在李鸿章去世后，"他更纵酒，也许也是觉得对不起恩师父女。五十几岁就死于肝疾"，该是郁郁而终。此后李菊耦在南京又住了七八年，直到为躲避辛亥革命风暴，带领子女逃离南京。

张爱玲在《对照记》里写道："灭太平天国后，许多投置闲散的文武官员都在南京定居，包括我的未来外公家。大概劫后天京的房地产比较便宜。"

张爱玲的外祖父叫黄宗炎，也曾中举，后被乃父黄翼升捐了道台，赴广西出任盐法道，不久却因染瘴气而亡，留下一对男女双胞遗腹子，即张爱玲的母亲和舅舅。黄翼升字昌歧，湖南长沙人，行伍出身，屡建战功，先后兵归曾国藩、李鸿章指挥，长江水师建立时，即蒙曾李二人举荐，出任提督。后即在南京定居，张爱玲的母亲也是在南京出生的。

父母亲

清朝遗少的张志沂满腹经纶，一身恶习，张爱玲恨且宽容；黄逸梵的母爱不失理性，注定了张爱玲的冷漠。

留洋归来的冯松雨沾有坏习气，苏青说来都是气；鲍竹青姑息丈夫，苏青决心离婚有来由。

家道中落的胡秀铭聪明勤劳，胡兰成笔下有爱；吴菊花教儿寻常做人道理，胡兰成觉得受用一生。

一

张爱玲的父亲张志沂，号廷重（又廷众），生在那么显赫的官宦之家，有张佩纶这样的父亲，有李鸿章这样的外祖父，总该要什么有什么吧？可是老天爷赐他福气很吝啬，他出世方两年，外祖父李鸿章去世；又两年后，父亲张佩纶去世。张志沂在尚未成年的16岁，又失去了母亲。在寡母严厉乃至怪异的管教下的9年，张志沂生活得并不轻松自在。而这9年，正是他由儿童成长为少年的9年，是一个人性格与心智发育关键的9年。虽然这个时期，未必彻底涂改他的基因，但至少会糅进一些“异质”，张志沂的性格上带有内向、腼腆甚至懦弱的成分，应与母亲的过度严教有关。他在成年后的家庭生活中，虽然也有暴跳如雷的时候，但在他与黄逸梵离婚前后的“较量”中，给人的感觉总是女强男弱的，与《小团圆》里的盛乃德一样，不仅被妻子卞蕊秋笑话，被她冷淡，被她逼着离婚；张志沂在与妓女出身的姨太太老八的龃龉中，竟也被她用痰盂砸破了头。要休了她赶她出门，自己居然摆不平，还得“族里有人出面说话”。

张佩纶自有史家评论，张志沂一生虽然没有做出过像其父亲那样的业绩，不能指望史家记载，但他既然有张爱玲这样一个以写作为生、名满天下的女儿，事迹自也留之于史了。而他夹在那么有名的父亲与那么好写家族故事的女儿之间，纵然想要默默无闻，岂可得乎？

从盛乃德成年后的脾气性格看来，他母亲的教育对于她的愿望来说是成功了。青年张爱玲笔下的父亲给读者的印象是家庭的暴君，到了《小团圆》时，父亲的形象对前面的有所修正。《小团圆》里屡次写到盛乃德的害羞，那是他称后妻“十一妹”，不过他“怕难为情”，难得这样叫她；有次在风中看到后妻的腰身面目与女儿相近，惊讶地笑道：“咦，你们很像。”说着，竟“有点不好意思”。

“羞缩踧踖”的人少有自负的吧？这样的人也总是容易自省的吧？将要嫁他的耿十一小姐，早年曾与表哥发生了关系，但她家里不同意这门婚事，两个恋人约定双双服毒自尽，可表哥临时反悔，通知她家里到旅馆接人。她高官的父亲大约是觉得给他丢了脸，逼女儿寻死，后被人劝下。小姐命虽然保住了，但也从此过了许多年暗无天日的生活。

肯定是有人在盛乃德有意娶耿十一小姐之前，以她的“丑事”提醒他，可盛乃德不改其意，对妹妹说：“我知道她从前的事，我不介意，我自己也不是一张白纸。”可见盛乃德是有自知之明的人，对自己对别人没有双重标准。不像他的前妻，如盛九莉说她的：“反正她自己的事永远是美丽高尚的，别人无论什么事马上想到最坏的方面去。”

《私语》里的张志沂是毫不讲理的、有严重暴力倾向的、红着眼睛打了女儿又打胞妹的家伙。《小团圆》里的盛乃德，仿佛是一个非常吝啬、把钱看得很重的人，但也有一段使人看见了一个与以往的印象不完全相同的人，书中写到盛九莉的母亲对她说：“分家的时候说是老太太从前的首饰就都给了女儿吧，你三姑也就拿了。还有一包金叶子，她也要。你二叔反正向来就是那样，就说给了她吧。”

“那样”是哪样？一个在金钱上那样让着妹妹的哥哥。而在与妻子的关系中，他也明显处于下风。

妻子借陪他的妹妹留学西洋为借口离家，一去就是数年，他也无可奈何，最后还是他求她回来，为此还不得不答应了她许多条件，包括家得从天津搬回上海、戒除吸毒等等。

妻子远道而回，但在亲人们最初的久别相逢的场景里，并不见男主角盛乃德的身影。出现时，是在孩子们之后。夫妻俩几年不见，见了只是他朝妻子点点头，却也不见妻子有何回应。

妻子嫌盛乃德找的住房不好，开口就是一句气恼的话：“这房子怎么能住？”享受现成的人出来挑刺，是最易使人反感的事，可是脾气并不好的盛乃德却并不气恼，而是笑着做了解释，很让着妻子。

妻子同意回家，可是家并不是盛乃德的怀抱。几年来夫妻俩天各一方，如今两人虽然同处一方了，却又咫尺天涯。日常里，中午下楼吃饭，饭菜上桌，不是妻子在桌边等丈夫，而是盛乃德绕着皮面包铜边的方桌兜圈子，等妻子下楼来吃饭。在饭桌上，妻子“难得开口”，盛乃德自知无趣，所以也总是第一个吃完了先走。

女儿到了入学年龄，妻子要送她进学校，张志沂则大加反对，竟至于大闹几回，可是结果怎么样呢？张爱玲的形容是“我母亲像拐卖人口一般，硬把我送去了”。结果还是黄逸梵赢了。

妻子在国外时，盛乃德虽然身边不缺女人，却仍然思念妻子，照了一张相片，题了诗寄给妻子。《小团圆》与《对照记》都提到了那四句诗，只是最末一句作者记得完整：“两字平安报与卿。”表明他是希望妻子关心他的平安的，也表明他对妻子的平安是关心的。可是妻子来到眼前，他反而不会关心了，似乎他很不善于与妻子沟通。

面对妻子的冷淡，盛乃德手足无措，终于，他的老毛病又犯了。有人请客，席上召妓，盛乃德撞见旧相识，“似乎很动了感情”。正当的感情被压抑，不正当的感情就迸发了。还将人带回家过夜，有故意胡来的意味，做给妻子看。抽大烟也进步为注射吗啡，后来医生说，他用的剂量加起来可以毒死一匹马，有自戗的意思。当然是因为爱不成而自暴自弃，也仿佛是以死相谏。张爱玲在《私语》里有一段真实的描写：“然而我父亲那时候打了过度的吗啡针，离死很近了。他独自坐在阳台上，头上搭一块湿手巾，两目直视，檐前挂下了牛筋绳索那样的粗而白的雨。哗哗下着雨，听不清楚他嘴里喃喃说些什么，我很害怕了。”妻子再恨丈夫，总也不至见死不救，把盛乃德送到戒毒医院去。可是出院后，她还是要与他离婚。

盛乃德当然是很不情愿离婚的，可是反对无力也无效，最后说了一句十足的废话：“我们盛家从来没有离婚的事。”结果当然还是不得不面对妻子请的英国律师了。之前他与妻子如何的软求硬抗，抑或如何的晓之以理，动之以情，外人都不得而知。可以肯定的是盛乃德总归是一百个不情愿，否则也不至于后来已经勉强同意了，或者一怒而同意了，可临到律师处签字时又反悔了，而且反悔还不是一次，是多次。妻子过后对人说起，说那英国律师为盛乃德的反复，气得要打他。从中除了可见盛乃德对妻子的无限留恋，还可见到盛乃德的可怜——在封建宗族意识还很浓厚的社会里，一个家庭的帝王，却变得如此卑微，张爱玲称之为爱的“魔力”。

婚姻是死了，盛乃德的心却哀而不死。他近于无赖地把家搬到前妻娘家人住的巷子里，痴望着能碰见她，还指望着曾一块出去嫖娼的妻弟能替他们劝和。“她的魔力也还在，九莉每次说要到‘三姑’那里去，他总柔声答应着，脸上没有表情。”

盛乃德未料到妻子很快就又到欧洲去了，他的家庭仿佛又回到了妻子离家出走后的生活状态。他似乎心如止水，脾气变得非常好，当然心中充满悲凉，成天在房中像笼中兽似的踱步，嘴里背诵着古代名篇，使女儿听了见了为他痛心。

在表面平静的家庭生活下，盛乃德的人悄然发生着变化。一是变得好忘事，那年居然到了除夕才忽然想起来预备年事；二是变得十分吝啬，因为舍不得花钱，连送唯一的儿子进新学校也不肯，而想着让他先读几年开支较低的私塾再说。

盛乃德并不是一个只会“之乎者也”的先生。他会说英语，懂德文；他的手里也不除了烟枪就是烟袋，而抽着雪茄；他也并不愿意做没落社会的殉葬者，而非常乐意做现代文明的享受人。他喜欢汽车，常有汽车宣传广告寄到家里来，家里汽车常换，张爱玲在《私语》里也说：“我父亲对于‘衣食住’向来都不考究，单只注意到‘行’，惟有在汽车上舍得花点钱。”他买家具，也不唯红木花梨木笋头卯眼的中国古典家具是求，他买的书桌、文件柜，就是铁制的。他也不厚古薄今、褒东贬西，对西方现代人物，很有兴趣。他的书桌上，放着拿破仑石像；他喜欢叔本华，买了希特勒的自传《我的奋斗》；他兴趣广泛，国内外局势他都关心，喜欢跟亲友谈论时事。在中日战争爆发之前，女儿有天问他“怎么还不打”时，他悻悻道：“打？拿什么去打？”显然他对此问题是思考过的，而且有自己的见解；他也并非长袍马褂不穿，虽然不着西装外套，但也搞了件西装马甲穿在身上；他虽然不旅行，但也订有《旅行杂志》，买了可以折叠的旅行闹钟放在床头……

对待女儿与儿子的态度的异同，在21世纪的今天仍不失为检验为人父母者封建观念浓淡的一把灵敏的标尺，何况对于七八十年前身处“半封建半殖民地”社会的清朝遗少的张志沂。深受传统文化熏陶、在那样的旧家庭长大的张志沂，怎么会不“喜欢死了”他的独子呢？怎么会不“重男轻女”呢？可他就不重男轻女。显然他对女儿要比对儿子亲切的多。《小团圆》里，盛乃德将别人家会视为宝贝疙瘩的儿子，动不动一个嘴巴，打得连家里的老男仆也看不过去，“舍得一身剐”地在门房里叫骂：“就这一个儿子，打丫头似的天天打。”张志沂还忽略儿子的健康，甚至置传宗接代的重大责任于不顾，置“无后大不孝”的古训于脑后，漠视罔顾儿子的终身大事。

从这些地方看来，“盛乃德”即便不能算是一个活生生的新派人物，恐怕也难以说他是满脑袋封建思想之人吧。女儿“盛九莉”当然看得最清楚，父亲不是一个守旧的人，要说他有守旧的一面的话，照女儿看来，也不过是出于某种自私的需要，或是借来做自利的借口的。

胡兰成在《今生今世》里说：“爱玲从来不牵愁惹恨。”张爱玲在《小团圆》里这样说盛九莉：“她是最不多愁善感的人，”接着又说她“抵抗力很强。事实是只有她母亲与邵之雍给她受过罪”。意思应该是母亲是真正伤害到她心灵的人之一，完全颠覆了读者心目中之前早已形成的张父曾予女儿极深伤害乃至几乎剥夺其生命的恶父印象。

读者对张志沂的恶劣印象固然来自张爱玲的误导，典型的是她始终不提她被父亲囚禁时生病，父亲最终给她治疗的事实。但读者对张父张母的误判自己也有责任——张爱玲的手法向来是在不动声色中告诉读者一些东西，使文章因歧义而丰富，使不同“视力”的读者可以获得不同层次的理解。比如她在《私语》里这样写道：

> ……我父亲的家，那里什么我都看不起，鸦片……章回小说……我把世界强行分作两半，光明与黑暗，善与恶，神与魔。属于我父亲这一边的必定是不好的，虽然有时候我也喜欢。我喜欢鸦片的云雾，雾一样的阳光，屋里乱摊着小报（直到现在，大叠的小报仍然给我一种回家的感觉），看着小报，和我父亲谈谈亲戚间的笑话——我知道他是寂寞的，在寂寞的时候他喜欢我。

这段话，向来被读者认作是张志沂颓废及遭女儿鄙视的明证。其

CHINESE LIFE AND FASHIONS

By EILEEN CHANG

This article needs no recommendation to the ladies among our readers; for them, the word "fashions" speaks for itself. But perhaps we should mention for the benefit of our male readers that the following pages contain more than just an essay on fashions. Indeed, they offer an amusing psychoanalysis of modern China.

This is the author's first appearance in our magazine. It is a pleasure to present to our readers such promising young talent as represented by Miss Chang, who wields the pen so well that she has produced not only this charming article but also its expressive illustrations.—K.M.

COME and see the Chinese family on the day when the clothes handed down for generations are given their annual sunning! The dust that has settled over the strife and strain of lives lived long ago is shaken out and set dancing in the yellow sun. If ever memory has a smell, it is the scent of camphor, sweet and cosy like remembered happiness, sweet and forlorn like forgotten sorrow. You walk down the path between the bamboo poles, flanked on each side by the walls of gorgeous silks and satins, an excavated corridor in a long-buried house of fashion. You press your forehead against the gold embroideries, sun-warmed a moment ago but now cold. The sun has gone down on that slow, smooth, gold-embroidered world.

We find it hard to realize that less than fifty years ago it seemed a world without end. Imagine the reign of Queen Victoria prolonged to the length of three centuries! Such was the stability, the uniformity, the extreme conventionality of China under the Manchus that generation after generation of women clung to the same dress style.

250 YEARS OF FORMALIZATION

Almost throughout the Chin Dynasty (1644-1911), the classical ensemble was a jacket-and-trousers combination. In size and length the jacket corresponded to the modern swagger coat. The collar was very low; huge sleeves and trousers gave a feeling of statuesque repose. The sleeves measured over two feet in width but were later somewhat modified. The complete costume included not only the "Great Jacket" worn outside but also the "Intermediate Jacket" (shown only on informal occasions when the Great Jacket was removed), and the tightly fitting "Small Jacket" worn in bed and usually of some enticing shade, peach or "liquid red." On top of all this came the "Cloudy-Shouldered Sleeveless Jacket," so called because of its broad edging in the pattern of stylized curling clouds, striking against the plain dark ground.

1650–1890

Under those layers of clothing, the ideal Chinese female, petite and slender, with sloping shoulders and a hollow chest, made herself pleasantly unobtrusive, one of the most desirable qualities in a woman. History shows that even the more spectacular virtues—hacking off an arm, for instance, when it was accidentally seen by a stranger in its entirety—though much eulogized by the vulgar, were never quite approved by the intelligentsia, for a woman should not attract too much attention or get her name

张爱玲1943年初发表在英文杂志《二十世纪》上的《中国人的生活与风尚》的首页。这是张爱玲首次在该杂志上露面，德国人主编克劳斯·梅勒特（Klaus Mehnert）在正文前加了一段按语，对张爱玲其人其文颇多夸赞，称该文实际上是对现代中国所做的有趣的心理分析，把张爱玲称作有前途的青年天才，不仅文章“迷人”，而且所绘的插图富有“表现力”。

实只要细究一下这段话，反而可能对张志沂的印象会颠倒过来。张爱玲在这段话里，实际上是一分为二的，说了乃父及其家庭的好与不好。因为前半段说的是“不好”，后面的“好”容易被前面掩盖掉。有意思的是，前半段的不好，说得很笼统，很抽象，很概念，很情绪化。而后半段的好，则说得很具体，很形象，很实际，很感人，比前半段有说服力。而且前半段的部分内容，也被后半段推翻了。

张志沂满腹经纶却无用武之地，自然免不了心下怅怅，但看到女儿自小就表现出对文学的兴趣与才能，禁不住十分高兴。张爱玲在《私语》里就曾写道：“我父亲对于我的作文很得意，曾经鼓励我学做诗……”

张爱玲的胞弟张子静也回忆说，还在上小学的张爱玲，有次在寒假里，模仿报纸副刊的样式，编了一张“家庭副刊”，内容是自家琐事杂闻，版面图文并茂，均出自她一人之手。张志沂见了十分高兴，有亲友上门，他便将作品拿给客人们看，嘴里道：“这是小煐做的报纸副刊。”得意之情溢于言表。

《私语》里有一句话很重要，张爱玲说：“最初的家里没有我母亲这个人，也不感到任何缺陷，因为她很早就不在那里了。”

“不感到任何缺陷”的另一个原因是，她的童年，不乏快乐。而这个不乏快乐的她童年的家，是父亲给她的。对于这一点，张爱玲说这话时，多半还没意识到。

从张爱玲早年的小说与散文中，或直接或间接，已经写了许多关于她的父亲的内容，晚年的《小团圆》里，仍然有一些对于父亲的写照。从中仍可看出父亲对女儿的偏爱——

盛乃德常跟盛九莉说一些一般大人不跟小孩说的话，比如“你舅母笨”，“你舅舅不笨，你舅舅不学无术”。而且不教训孩子，也不怕小孩子嘴不紧。他还喜欢叫她给他剪手指甲，常常鼓励她：“剪得不错，再圆点就好了。”

当盛九莉想出国留学，盛乃德斥道：“离了韩妈一天也过不了，还想一个人出去——就要打仗了，去送死去！”除了舍不得路费学费的原因，应该还有对女儿生活能力与人身安全的担心，因为他说的是实话。

身兼丈夫与父亲双重角色，张志沂当然是希望女儿与她的后母和睦相处的。在他再婚初期，她二人也的确一度相处不错。张爱玲还写了篇作文《后母的心》，表达了她对后母处境的理解，张志沂读了，当然特别高兴。与此相对应，当他以为女儿对后母有所不敬时，也就特别恼怒，这才痛打女儿。

读者对张志沂的坏印象大多也就来自于此。张爱玲先是在《私语》里，较为详尽地讲述了受父亲虐待的过程。要不是她的弟弟张子静晚年在回忆录里说了一句：姐姐“把她被软禁、生病、逃走的经过写得很清楚，但不知是有意或无意，她漏写了一段，那是我父亲帮她打针医治”。谁会想到中间还有这么一段插曲？

那是张爱玲被囚期间，患了严重的痢疾，张志沂开始不给她请医生，后来张爱玲的贴身女佣眼见小主人病得一日重过一日，担心出事，便避开张爱玲的后母，叫张志沂想办法。张志沂就避开妻子，亲自给女儿注射了几次抗生素，这才止住病情的发展。

多少年来，谁都以为当年张爱玲濒死康复的过程是靠了她自身的抵抗力，谁会怀疑她的那几句心平气和的话呢？“我生了沉重的痢疾，差一点死了。我父亲不替我请医生，也没有药。……死了就在园子里埋了。”从此张志沂在读者的心目中几乎成了戕害亲生女儿的恶魔，他最终没有成为凶手，那也并不是因为他迷途知返、人性复苏，而是张爱玲命不该绝。张志沂的确是因为害怕女儿一旦病死，他将背负恶父之名，这才为她打针的。尽管他这样做是出于私心，但毕竟做过这件事，并且因此挽救了她的生命。

张志沂离婚后，若不再娶，或者娶的是十分贤惠容忍的一类，他压在心底的对前妻的因爱不成而生的怨恨，也就不会被触发而泄于女儿身上，给女儿的身心造成难以弥补的伤害；他也不会在毒打女儿的暴怒中，把自己变成一头丧失理性的野兽，从而将父女之情，推向终绝。

二

张爱玲在《小团圆》里给盛九莉的父亲取的名字“盛乃德”，这并不是他的正式中文名字。“盛乃德”是“爱德华”的昵称，盛九莉的母亲卞蕊秋与他虽然早已异梦也异床了，可在背后说起他，却照用这个称呼，以一种“亲昵的声口”。曾经的夫妻总是会在某些不经意处表现出藕断丝连，或情意不绝。苏青与前夫，连张爱玲与仳离了的胡兰成都是如此。

《小团圆》里说卞蕊秋有一百多个名字，张爱玲列举了两个，都是极为雅致隽永的，像文人为避俗而取的笔名。张爱玲的母亲名字恐怕也真不少，我们知道的就至少有两个：黄素琼，黄逸梵。

论学历，黄逸梵是令人羡慕的，她在国外读过书；论婚姻，黄逸梵是不幸的，她到国外去，喝洋墨水却不是目的，尽管她是个“学校迷”——夫妻反目才是原因。

我们所熟识的经典画面是，每天早上女佣把她抱到母亲的铜床上去，爬在方格子青锦被上，跟着母亲不知所云地背唐诗，但那时她却已发现母亲是不快乐的。

终于有一个可以离开这个令黄逸梵快要窒息的家庭的机会。这个家庭也有奇异之处，一般家庭里总是站在哥哥一边的小姑，却与嫂嫂非常要好，好到什么程度？《小团圆》里有两处明确提示：一是说盛九莉“她舅舅就常取笑二婶三姑同性恋爱”；二是盛楚娣对盛九莉说“二婶刚来那时候我十五岁，是真像爱上了她一样”。关系既是这样亲密，小姑要出洋去，黄逸梵便以陪护为由两人结伴同行，小姑当然求之不得。奇怪的是不见丈夫劝阻，当然多半是劝阻不了。但黄逸梵走的时候，并没有表现出对将要呼吸新鲜自由空气的憧憬，并且因此而决绝地头也不回地上路，反倒是百般留恋似的痛别，于是读者就看到了还被佣人搀在手上的小小的张爱玲所看到的那幅诀别图了：

> 我母亲和我姑姑一同出洋去，上船的那天她伏在竹床上痛哭，绿衣绿裙上面钉有抽搐发光的小片子。佣人几次来催说已经到了时候了，她像是没听见，他们不敢开口了，把我推上前去，叫我说："婶婶，时候不早了。"……她不理我，只是哭。她睡在那里像船舱的玻璃上反映的海，绿色的小薄片，然而有海洋的无穷尽的颠波悲恸。

当时大家都束手无策，仿佛谁也劝不了黄逸梵。其实未必没有人能劝得了她，黄逸梵也未必不是在等待着能劝得了她的人。可是这个人为了他的面子和尊严，也许是觉得劝也没用，到底没有来。

在张爱玲的笔下，这似乎是母亲的最后一次哭泣。几年后黄逸梵回到家里，却只见她笑，笑，再也见不到她哭了。她与丈夫分房而睡，丈夫带了妓女回来过夜，她也笑，"笑了几天"。座山雕笑要杀人，黄逸梵笑要离婚。离婚时，律师向她确认心意，她回答说："我的心已经像一块木头！"

《小团圆》里，卞蕊秋回国，并非是答应要与盛乃德和好，但是不和好，又回来做什么？卞蕊秋对女儿说，她回来只是要替丈夫管家——当然包括管孩子。所以"饭前便后"对子女总有许多教育。在她看来，当然是为他们好，可在女儿看来，却是令人厌烦的说教。

卞蕊秋回到丈夫身边，虽然在一个屋檐下，但是不住在一个房间里。初回上海时，分住楼上楼下；搬了新房子，住二楼，但布局颇有意思：夫妻俩各一间，还不是隔壁——中间一间住着盛九莉的三姑盛楚娣。夫妻俩也很少能在一起聊几句，其实吃饭是个很好的机会，因为进退两便，可是卞蕊秋在饭桌上总是不搭理丈夫。

其实卞蕊秋如此，并非与丈夫感情都尽，爱情不在亲情在，并非只有恨。她只是有点嫌他，不然也不会回来，有条件地回来。其实她是如女儿对好友所言，卞蕊秋是要人喜欢她的，当然也企求丈夫的爱。可她要的，丈夫不给；丈夫给的，不是她要的。于是她嫌他了，且她已经不喜欢他了。于是与丈夫只有冷淡，没有亲热。在中国传统里，夫妻是要靠亲热来维持或改善关系的，“一日夫妻百日恩”，说的还不就是这个道理？韩国电视剧《银实》里人物说的一句话更浅显直白：“夫妻吵架，睡一觉就好了。”可是卞蕊秋的原则恰与老话形成悖论，她是要喜欢的人才愿意亲热，她说：“没有比你不喜欢的人跟你亲热更恶心的了！”——她已经在身体上厌恶他了，尽管夫妻情分在心中并非已荡然无存。

卞蕊秋在国外，已有了相爱的男友，也难怪对丈夫那么冷淡，可是那位在外交部工作的男友又对卞蕊秋这样一个已婚女人产生了顾虑，怕影响自己的仕途，而与南京的一位大学生结婚了。卞蕊秋离婚的一个大原因忽然失去了，这是她离婚拖延了几年的原因。但拖延几年后，她终究还是离了婚。这当然是她当初离家出国的原因仍然在起作用，亦即在她看来，丈夫旧习未改。

丈夫吸毒越来越厉害，眼看要危及生命。蕊秋对待这件事，并不像对他在女人方面的荒唐那么漠然，她“逼着乃德进戒烟医院”。离了婚的卞蕊秋搬进一所公寓，女儿来见，卞蕊秋并没有负气地将离婚的责任全推到盛乃德一边，而是对女儿说，离婚不能怪你父亲，“他要是娶了别人，会感情很好的”。言下之意，他们夫妻俩离婚，并非是他不好，而只是与她不合，甚或仿佛是她不好似的。她当然也会通情达理，可是在日常生活中，她的这一面并不经常显现出来。

黄逸梵给读者印象最深刻的，还是她的往好处讲是理性化、往坏处讲是铁石化的心肠。女儿从父亲的樊笼里逃到她那里不久，儿子也来了，说他也想跟母亲过。他带了一双球鞋，用报纸包着，总是做好了当日就不回家的打算。黄逸梵说她的经济能力只够抚养一人。张子静于是哭了，张爱玲在旁边也哭了，可是黄逸梵没哭。可怜的张子静只得回去了，带着他的球鞋。如果换了一般的母亲，自己再苦，也会收留儿子的。

西谚有云：女人在恋爱中智商最低。对于中国母亲来说，在母子关系中的智商之低绝不亚于恋爱中。而显然黄逸梵是个“清醒”的母亲。中国母爱的“伟大”，是“牺牲”的同义词，又向来是只算感情账不算经济账的，而黄逸梵则能够算计。当女儿逃到她这边来，补习功课预备投考伦敦大学，她就“一直在怀疑”为女儿的牺牲是否值得，表现出对“牺牲”的计较。

黄逸梵第一次不肯为子女牺牲，是她的第一次出国。那时张爱玲才 4 岁，儿子更只有 3 岁。丈夫留不住她，一双小儿女也留不住她，且一去就是 4 年。

《小团圆》里，卞蕊秋从国外回到上海的当天，不先回家与丈夫相见，也不急着与子女相见，而是先到她弟弟家里去了，直到晚上才回自己的家，儿子女儿都已经睡了。她不是赶到卧室，去亲亲睡梦中的姐弟俩，而是由用人把他们叫醒，起床穿衣，来见端坐在正房里茶儿后木椅上的母亲大人。

母亲当时见了女儿，竟也没有亲切的“好话”。《私语》里写黄逸梵见面说的第一句话是：“怎么给她穿这样小的衣服？”在《小团圆》里，卞蕊秋嗤笑道：“嗳呦，这袜子这么紧，怎么给她穿着？”又嫌女儿的前刘海太长，妨碍了眉毛的生长。讲起来，母亲说的这些话，可都是为女儿好。可是自己几年来都不尽母亲责任，此时却来挑佣人的刺，显得有些无理。

黄逸梵显然不是一个符合传统标准的母亲，客观地说，她有她的烦恼，她有她的不幸，她有她的创伤，她自己的幸福尚不确定，还要费神去寻求。在这么多的问题面前，她不能安心、全心为原归前夫抚养、受不了前夫虐待而逃来投奔自己的女儿服务。她一边照顾她，调教她，一边又时常表现出不耐烦，表现出对值得不值得的怀疑。

张爱玲在《童言无忌》里写道："……问母亲要钱，起初是亲切有味的事……可是后来，在她的窘境中三天两天伸手问她拿钱，为她的脾气磨难着，为自己的忘恩负义磨难着，那些琐屑的难堪，一点点的毁了我的爱。"毁了的，是对母亲的爱。

《小团圆》的盛九莉补课的地点离住处很远，可是她宁可穿过半个城市，也不愿向母亲要公共汽车的车钱；盛九莉洗碗不慎打碎了一只茶壶，自己用从父亲家里逃出来时藏在鞋子里的五元钱中的三元买了一只新的回来，卞蕊秋任由女儿赔付，也"没说什么"，没说这钱妈妈来付。

张爱玲与她写作上的奇巧相反，日常生活中奇笨。她说自己：

"我发现我不会削苹果。经过艰苦的努力我才学会补袜子。……在一间房里住了两年，问我电铃在哪儿我还茫然。我天天乘黄包车上医院去打针，接连三个月，仍然不认识那条路……"

"我母亲给我两年的时间学习适应环境。她教我煮饭，用肥皂粉洗衣……我的两年计划是一个失败的试验。"

这本来也是从小"衣来伸手饭来张口"造成的；对于生活能力的培养，作为母亲，早年没有尽到责任。可是当女儿大起来后，发现她能力的缺失，却又要怪罪，要鄙视，要斥责，打击女儿的自信心。黄逸梵有一次说出这样的话来："我懊悔从前小心看护你的伤寒症……我宁愿看你死，不愿看你活着使你自己处处受痛苦。"

《小团圆》里也写到卞蕊秋说类似的话，但那是在盛九莉患伤寒病中，是盛九莉在母亲这里复习考大学期间，话却也不是针对女儿的笨拙而说的。《小团圆》的这一节描写，真切地表现了张爱玲《童言无忌》里的那段话。

伤寒在当时是个高危的病症——女儿得了这么重的病，卞蕊秋却仍然释放不出温柔的母爱来。总因她的态度，使卧床的女儿觉得被母亲照顾竟恨不得有个山洞可以钻进去。卞蕊秋有一天“忽然盛气”走来，说女儿：“反正你活着就是害人！像你这样只能让你自生自灭。”这句在盛九莉听来像是诅咒的话，虽也并非完全是卞蕊秋嫌女儿烦，而是那位替她看病的德国医生对她有所图，以至于诊疗费、住院费可能都是由他出的，卞蕊秋阮囊羞涩，许是不愿得那医生的恩惠可又不得不接受，因此气恼。

《小团圆》里的盛九莉当然也是与生活中的张爱玲同样笨拙的，在学校做化学实验时居然不会划火柴，只好由美国女教师代划。老师固然看不起笨的学生，母亲则骂得更凶。有一天家里请客，吃饭时少一张椅子，盛九莉打算把房间里的一张小沙发椅推出来，因为有地毯，不易推行，一路磕碰，好不容易到了吃饭间，看见的是母亲吃惊的脸。卞蕊秋道：“你这是干什么？猪！”当着客人的面，这样骂女儿。

卞蕊秋甚至还一度想把女儿送回到前夫那边去！她不知道她的家在女儿的心目中是她身心最后的庇护所，她从父亲那里逃过来，这里却又要送她出去。当然卞蕊秋会以“离婚协议商定女儿由父亲抚养”为理由，给自己一个减轻经济负担、甩掉女儿这个包袱的借口，给自己一个不要离间了他们父女关系，促使他们和解的借口，却不会想到女儿的感受，也不清楚女儿对父亲的感情状况。

人与人相处，向来是“一孬抵九好”的，亲人间也是如此。黄逸梵对女儿其实付出也很多，但因有时是不得法，有时是因为自己生活不顺以及心情不好，有时是在理性与感情之间游移而做人不能彻底，不免给女儿造成精神上的伤害，女儿又是过于敏感的人，伤口即使愈合了，也还有伤疤永存。

盛九莉在香港上大学时，卞蕊秋也曾在香港作短暂停留，在那期间，她犯了一个不被女儿宽恕的错误。女儿学校里一位历史老师，看盛九莉那年没有得到奖学金，就送了她八百港元。女儿来向母亲报喜，把钱放在她那里。她却在与朋友的牌桌上，把那钱给输掉了！这件事，撕掉了女儿对母亲残存的景仰，尊重以及温情。原本在女儿心目中“美丽女人”的母亲，从此不复存在了。

黄逸梵20世纪50年代末在英国逝世，女儿没有为她送终。

三

1926年第25卷第9期《清华周刊》上有一则消息：“1915级同学，冯浦君字松雨，归国后曾一任民新银行副经理，继任上海澄衷中学商科主任。前者闻说冯君去世，经同学干事部函询上海澄衷中学，廿日接该校来信云，‘冯君松雨确为敝校教员，去年旧历七月廿一日病故（伤寒）’。冯君浙江鄞县人，死后遗有子女多人，情实可悯也。”

冯浦即苏青的父亲。苏青在散文《说话》里写道：“当我呱呱坠地的时候，我父亲就横渡太平洋，到哥伦比亚大学去‘研究’他的银行学去了。”

张爱玲说苏青“普通认为她的个性是非常明朗的，她的话既多，又都是直说，可是她并不是一个清浅到一览无余的人。”苏青的散文就不都是实写，她没有老实到那种地步。为了行文方便、保护隐私、避免授人话柄，虚实相间也是常用手法。如《母亲的希望》里写到她母亲说的一段话：“我……那都是上了你死鬼爸爸的当！那时他刚从美国回来，哄着我外国夫妇都是绝对平等……于是我们便结婚了，行的是文明婚礼。他在银行里做事……”首先这两篇散文在结婚与留学的时序上就矛盾了。虽然《说话》更接近事实，但也并不精确。苏青出生于1914年5月12日，照此推算她父母结婚应不迟于1913年。冯浦考取的是清华学校1915年度的庚款留学美国名额，8月份登船赴美时，苏青早就过完周岁了。

哥伦比亚大学的历史不仅悠久，而且显赫。校友中有罗斯福总统与两届副总统，名师也辈出，冯浦在哥大时的校长尼古拉斯·巴特勒是哥伦比亚校史上一位杰出校长，后于1931年获诺贝尔和平奖。

哥伦比亚大学作为美国最优秀的大学之一，吸引得中国留学生趋之若鹜，冯浦入校当年，先他赴美的胡适、陶行知均辗转来此，同期在读的还有宋子文、孙科以及后来做了北京大学校长的蒋梦麟，都是中国现代史上的著名人物。

冯浦以哥伦比亚大学经济学硕士学位归国，但归国年月不明。1920年《清华周刊》（增刊）列有历届留美归国学生名单，冯浦在列，并标明其时在浙江宁波商业学校就职。苏青的胞弟冯和侃1919年出生，可推冯浦归国不会迟于1919年，而以陶行知一年半即获伊利诺大学政治学文科硕士学位来看，冯浦或即有可能1917年毕业回国。结合苏青散文《说话》所述："……我爸爸已于前一年回国在汉口中国银行做事……到了八岁那年的秋天，父亲做了上海 ×× 银行的经理"。冯浦回国后的职业顺序似应为：浙江宁波商业学校教员，汉口中国银行职员，上海民新银行副经理，上海澄衷中学商科主任。

冯浦做了上海民新银行副经理，"交易所里又赚了些钱"，所以将家眷从农村接出来，这样苏青跟着母亲来到上海，在一个弄堂小学里念书。那时是冯浦事业顺利、生活得意的时期，苏青记得那时"父亲的朋友很多，差不多每晚都有应酬，母亲把我打扮得花蝴蝶似的，每晚跟着他们去吃大菜，兜风。父亲常叫我喊黄伯伯张伯伯，在客人前讲故事唱歌，'这是我家的小鹦哥呢！'父亲指着我告诉客人"。

苏青的父亲原本是想好好培养这个女儿的，他曾对苏青的母亲说，他要让苏青读到大学毕业，还要请一个家庭教师来教女儿英语会话及音乐舞蹈，以备有机会可以作一个公使夫人。虽然苏青的父母关系也有问题，但只限于一方不好，如苏青在《真情善意和美容》里写道：

“我父亲虽不纳妾，可是玩啦，嫖啦，姘居啦，种种把戏，还是层出不穷。我的母亲气灰了心，索性不去管他，自己上侍公婆，下教儿女，继续尽她贤妻良母的天职。”所以似乎未给苏青的儿时心底投下太多的阴影，因为幼小的心灵未失庇护所。

总观苏青的童年，是在外婆、爷爷奶奶的疼爱下度过的，虽然父亲不大好，但因长时间不生活在一起，偶尔相聚，想要管教女儿，却又被他的母亲挡着——连女儿夜里在床上吃豆酥糖都阻止不住。之前母亲为使苏青收敛野性，也曾“责打数次”，想来爷爷奶奶叫苏青住到他们房里去，也不排除有心疼宝贝孙女，不忍见她受皮肉之苦的原因在内。

苏青的父母一个受的是西方高等教育，一个是师范教育，所以对小孩的教育再方法不当，也不至于太过分。在苏青于上海上小学的那几年里，使父母失望，母亲除了哄慰，就是叹气，而父亲也只叮嘱母亲不要再带女儿出去见人，不准家里仆佣与她闲谈，除此之外并不见有何严厉乃至极端的措施。而且他很快（在苏青小学毕业前）就去世了。所以他在苏青心目中作为一个不合格的父亲，主要还在于与孩子疏远，有隔阂，以及对妻子不忠，对家庭的不负责。而与张爱玲那样颓废、荒唐的父亲相比，到底有很大不同。

张爱玲与苏青不同，一直生活在不睦的父母身边，稚嫩的心灵无处可逃，只有生生地受伤害。母亲对父亲的态度与苏青的母亲不同，不是负痛忍受，而是针尖对麦芒，狠心抛下一对小儿女，与姑姑一同出国去，将母亲的职位让给了妓女出身的老八。回国时，张爱玲已经过了 8 岁，到了记事的年龄了。

胡兰成童年的生活环境与苏青的相近，同在乡村，与张爱玲童年走的“上海—天津—上海”这样自始至终在大都市里度过的轨迹完全不同。《对照记》的图六，是童年的张爱玲姐弟俩的合影，张爱玲抱着个洋娃娃，张子静腿上放着一只玩具狗，都是母亲自英国寄来的。

谈到幼时的玩具，胡兰成写道：“我因为出生在乡下，难得有玩具，只在迎神演戏的时候，偶然花十文钱在戏台下的摊子上买一个田鸡，泥做的，涂有油彩，吹起来可以当哨子。”

成年人对幼时未玩过的玩具常常有补偿的心理，胡兰成却一点也不觉得遗憾，倒觉得他乡下的玩具比现代化的玩具反而要好，不曾享受到现代化的玩具反倒是他的“大幸”。胡兰成曾自言：我的童年生活，是在屋后的溪水里捉鱼，一面帮母亲去捞漂流了去的衣杵；到前畈一个池塘里打菱，看大人踏水车；跟嫂嫂她们到山上去，她们采茶叶，我在刺丛里摘覆盆子；用红得发艳的荞麦秆让一位堂姊姊编花轿。

现代医学越来越发现遗传因素对人的影响超乎我们的预料，科学或将发现童年的环境与经历对成人的影响超乎我们的想象。不同的童年，我们能够理解苏青与张爱玲心地与性格的差异；不同的童年，我们或许也能找到胡兰成与张爱玲虽一时为对方才华所吸引、但终究不得不分手的原因。

四

因为有个唯恐儿子跟人学坏的母亲，张志沂在十三四岁仍然不能到新式学堂去接受教育，连他学英文也是请了教师到家里来授课的。如果说李经琇让儿子受旧式教育情有可原的话，那么张志沂也反感新式学校就颇有意味了。到底是他接受了母亲的思维，还是觉得孩子完全没有必要去学堂，或是觉得妻子的愈发不守妇道与新式学堂有很大关联？所以当张爱玲到了入学年龄的时候，妻子黄逸梵主张送女儿入学，张志沂竟然为此“一再地大闹着不依”，要不是黄逸梵强行，张爱玲就只能念私塾了。

正像学金融出身的冯松雨对苏青生意精明或有遗传一样，张志沂饱读诗书，对张爱玲走上作家之路也不可能没有影响。他又雅好藏书，张爱玲 7 岁读的《西游记》，十三四岁读的《海上花列传》，早些时读的《红楼梦》，都是他的藏书；他还曾“破例”给了女儿 4 块钱去买多卷本的《醒世姻缘传》，让女儿在他的书桌前读《胡适文存》。这些著作几乎令张爱玲痴迷了一生。

可是尽管如此，张志沂却不是一个好父亲。他以他的生活恶习及荒唐行径击碎了家庭，使子女自幼失去了母爱及家庭的温暖，以至在女儿心中留下了阴影，使她一直缺少安全感，“寻找父亲”成为她作品的主题之一。

他先把自己的生活弄得一团糟，使自己的生活失去了快乐。继而便折磨他人，让家庭成员也个个不快乐，使全家人的生活失去生机，失去阳光，只是“懒洋洋灰扑扑地活下去”。同时他也因作践自己而失去了在子女面前应得的尊重，甚至使女儿觉得若要像拜火教的波斯人那样把世界强行分作两半的话，那么相对于光明的黑暗，相对于善的恶，相对于神的魔，总之世界上不好的一边，全属于父亲。“父亲的房间里永远是下午，在那里坐久了便觉得沉下去，沉下去。”

他还因长期的生活不如意，脾气变得异常暴躁，不发脾气的时候便处于冷漠，多疑，神经过敏中，而且易失理智，他竟能将女儿在家里一关数月，使她几乎病死。

在胡兰成笔下，他的父母感情很好，但不是典型的爱情模式，而是寻常的亲情般的，所以胡兰成特别喜欢“金童玉女”这个词，在《今生今世》里屡番用及，写到与张爱玲：“我们虽结了婚……两人怎样亦做不像夫妻的样子，却依然一个是金童，一个是玉女。”这是因为父母的婚姻给他留下的印象。他说：“我父母何时都像是少年夫妻，”“我总觉两人没有变老过，说金童玉女，大约是从现世有这样的人而想出来的。”

胡兰成对父亲是欣赏敬佩的。在他笔下，胡秀铭青年丧父，家业因茶栈倒账赔光。他 18 岁当家，所当的家由村中大户一落而为常揭

不开锅的贫家，他却没因此而颓废，也没有因为由富家子弟一变而为“劳动人民”就自暴自弃或不知所措，他平静接受家境与角色的转变。胡兰成幼时曾见他在桑树下殷勤地培壅，到高沙地种麦，到后园种菜。虽然他还是田里的生客，旁人一看就知道他不是种田人，毕竟也能对付得下来，也爱时而到地里去耕作。

当然胡秀铭是聪明的，他不是赵树理笔下小二黑他爹那种“只会在田里死做”的农民，每年春夏他都要到茶户收购茶叶，转卖给茶栈，如此可得200银元，用来维持生计。可他又不像个精明的商人，而有农民的朴实。

他能写文理通顺的文书，却又不把自己当做读书人；平时爱管别人闲事，爱与人讲道理，却又没有乡绅的派头；他会敲鼓、弹三弦、吹竹笛，却只是忙余闲时偶为村人助兴，而与追求风雅无关。

胡兰成还写到乃父的“一箪食、一瓢饮，这样的俭约”，说话“喜跄人家”，与人起于亲热止于敬，交往“怎样久亦不能熟习”，仿佛君子之交的淡如水，与青年女子交谈中及恋爱外的“相悦”等等，这些，胡兰成也都是像他的，不过最后一条他比父亲走得远。胡兰成说他老家胡村人“会说会讲”，但是胡秀铭却“出语生涩……没有冗谈或清谈的嗜好”，这一点胡兰成不像乃父。

胡兰成小时候，父亲还教他早起写字，还讲书给他听，这些于他都是亲切的回忆。相较于胡兰成的父亲，苏青的父亲与张爱玲的父亲都不是好父亲。前者脾气坏，不善待妻子（苏青《好父亲》：“记得我们有父亲的时候，家中常是阴沉沉的。父亲回来的时候总是恶狠狠地，也不知在怨谁。母亲一边忍气吞声，一边辛劳地做事，害得我们孩子家也不得高兴。……害得母亲天天愁眉苦脸的”），对家庭不负责（死后使家庭陷入经济困境，使妻儿“受尽痛苦”），对子女疏远而严厉（苏青小时候被母亲派了陪父亲吃饭的差使，竟如同上刑一般。结果菜也不敢去搛，饭也不敢吃饱），扼制子女天性（对幼小的女儿言行举止诸多限制），虚荣（要给女儿受教育，目的只是为了女儿长大后有机会做公使夫人）。

后者脾气暴躁（疯狂地打女儿——张爱玲《私语》：“我父亲……揪住我，拳足交加……我的头偏到这一边，又偏到那一边，无数次，耳朵也震聋了。我坐在地下，躺在地下了，他还揪住我的头发一阵踢”；将为侄女说情的胞妹打得住进了医院）；不善待妻子（与妻“剧烈地争吵”，让黄逸梵哭着出走国外。张爱玲《私语》：“我父亲把病治好之后，又反悔起来，不拿出生活费，要我母亲贴钱，想把她的钱逼光了”）；颓废（好逸恶劳，不思进取，坐吃祖上遗产，过着寄生虫一般的生活）；吸毒（吸鸦片，打吗啡针）。

从上面的比较来看，张爱玲与苏青各自父亲的种种“不好”，大部分是相同或相近的。而有意思的是，她俩对父亲的态度却不一样：苏青对父亲是不加原谅的恨，是坚定拒绝；张爱玲对父亲是无可奈何的叹，是弥补缺憾的寻求。

苏青 11 岁就失去父亲了，可是 20 年后她写起父亲来，还是没好气：“……为儿童的幸福着想，有一个好父亲是重要的，否则还是希望索性不要父亲。”

张爱玲在她被父亲囚禁事件仅仅 7 年后写父亲，即用了一种平静而漠然的语气，仿佛是在说别人的故事。虽然也是尽说父亲不好的，甚至于将她病重时他为她注射抗生素，这么重要的一节也别有用心地略去了，从而陷乃父背负对女儿见死不救的恶名。

苏青恨父亲之所以恨得长久，是因为她注意到父母行为与家庭环境对子女造成的影响不容小觑，并且深受其害：“……从此男孩大起来对家庭就失去兴趣，女孩大起来简直不肯相信男人了。他们及她们的将来结婚幸福从此就有了黑影。”

在这一点上，张爱玲倒不如苏青的意识现代，也就没有了苏青的怨恨，而只有缺憾，并逐渐凝成情结。于是在不觉中，“寻找父亲”，演成她人生的课题，不时流露在她的小说里乃至日常生活中。

五

张爱玲的母亲黄逸梵，苏青的母亲鲍竹青，胡兰成的母亲吴菊花。论出身，黄逸梵最显赫——是军门[①]的千金，鲍竹青是山村一位不第

① 提督、总兵加提督衔的尊称。提督全称为提督军务总兵官，为一省高级武官，受总督或巡抚节制。

秀才的爱女，吴菊花则是普通农家的女儿。论学历，黄逸梵最高，她是在国外读过书的；鲍竹青进过师范；吴菊花则识不识字还是个问题。论婚姻，吴菊花夫妻最恩爱，黄逸梵则最不幸，鲍竹青虽也与黄逸梵一样，丈夫在外另有女人，但冯松雨相较于张志沂，虽然同样是荒唐，程度却似乎略轻一些，而且天不假年，去世很早。

现代教育研究发现，父母与子女的肌肤之亲对于儿童的心理健康生长十分有意义。小的时候，胡兰成是常被母亲抱一抱的。那是在晚饭后，吴菊花洗完了饭碗菜盘，会抱着小儿看月亮，教他念儿歌；苏青虽然自小是被外婆姨婆抱大的，与常年不在身边的母亲的亲密度要略差一些，但也有过夜半被搂着她的母亲为心野的父亲而流下的伤心泪打醒的经历；而在张爱玲自绘的少小生活图画里，似乎从未出现她被母亲抱过的情景。

张爱玲与苏青在低幼年龄，都经历了生母的缺失阶段，但给两个小孩带来的心理上的影响是不同的。对张爱玲来说，“一力抬举”她的是不仅给她带来好吃好穿的快乐，同时也给家庭带来欢乐的姨奶奶，替代了要跟女儿“玩了许久方才高兴起来”的母亲，这种外人亲热与生母冷淡的错位，把张爱玲单纯而稚嫩的脑筋搅糊涂了，所以当老八要张爱玲在她与母亲之间选一个“最喜欢”时，她就选了姨奶奶了。

填补苏青生母空缺的是她的外婆，自非老八者流可比。只是母亲的母亲的爱较之母亲的爱总是更软糯。益处是小孩的天性易得以充分生长，坏处是常常被惯坏了。但其影响也仅止于此，对于小孩来说如奶水一般重要的爱，过犹胜于不及，所以苏青的心理终究不失健康。

显然三人中张爱玲最缺母爱，所以也只有她小时候脾气最坏，抓得何干满脸血痕；苏青小时候不是脾气坏，而是调皮任性，是无边的爱造成的后果；胡兰成则是个听话的孩子，母亲对他爱而不溺。

论小时所受的家庭教育，苏青给人最强烈的印象是一无规矩，像山野的草木自由生长；张爱玲的是看似规矩不明，其实是不见阳光的阴苛；吴菊花教训儿子的话是："小人要端正听话，要有规矩怕惧。"她给胡兰成立的规矩似乎最多，有无数个"不可"，以至于给胡兰成造成的印象是"这也不可，那也不可"，如"不可手脚逆簇，不可问东问西，不可要这要那，见人家吃食，不可站在旁边伺望，小人不可败大人手脚，不可拣食吃，不可没有寸当……"

三位母亲中，鲍竹青的性格软弱一些，面对丈夫的不忠，只是夜里独自垂泪，从此更小心侍奉公婆、精心照顾子女，以期多博同情，反衬丈夫寡情无义或催他醒悔；黄逸梵强硬一些，与丈夫发生矛盾，能够出远门而久不归，敢于面对面"剧烈地争吵"，甚至请洋律师打官司离婚，因而成为中国五四以来第一代娜拉；但最厉害的要数吴菊花，她竟能与丈夫打架，并且能把对方打跑。想必在这过程中她所依持的不仅是体力，一定还有毅力——因为得理，有理撑腰。

吴菊花与黄逸梵都重视子女的"行"。吴菊花教训儿子的一句话是："小人要坐有坐相，立有立相，走路不可油头蚂拐。"胡兰成听进去了，因为那时他还年幼；黄逸梵教女儿"练习行路的姿势"时，则委实迟了一点，那时张爱玲已经16岁了，令张爱玲"非常感到困难"是自然的。

菊花还有一句至理之言，说："靠教是教不好的。"似乎是"教育可以改变一切"的悖论。她的意思实际是：自己不要好，再教也没用。

张爱玲的小说《年轻的时候》里潘汝良的母亲，就是"一个没受过教育，在旧礼教压迫下牺牲了一生幸福的可怜人，充满了爱子之心"，黄逸梵与之正好相反。

黄逸梵的性格中有湖南人的刚烈，她的离家出国，不是逃避的懦弱，而是能够放弃一切的决然；与丈夫，也敢面对面"剧烈地争吵"。黄逸梵的勇气固然非同寻常女子，但是她的勇往直前，也使她忽略或不顾无辜的孩子。她与丈夫在离婚前的屡番争吵，也不避着孩子，给孩子会带来怎样程度的恐惧和伤害，她大概不曾想到。

张爱玲在《私语》里还原当时家里的情景："他们剧烈地争吵着，

吓慌了的仆人们把小孩拉了出去，叫我们乖一点，少管闲事。我和弟弟在阳台上静静骑着三轮的小脚踏车，两人都不作声……”

嘴上不作声，心里一定是害怕的。弟弟就有这样的回忆：“……听到从楼上传来父母争吵的声音，越来越大声。偶尔还夹杂着我母亲的哭声和不知是谁摔破东西的声音……渐渐我就害怕起来了。姐姐从来没有对我说过她的感受，但我相信，她那时也一定是害怕的。”

我们也相信，长大后的张爱玲内向、社交恐惧、缺少安全感，与童年时缺少母爱以及父母反目、家庭不睦有很大关系。

鲍竹青与丈夫感情产生危机时采取了委屈忍让，原因之一是舍不得孩子。苏青在抗战中未赴大后方，解放初期未去海外，原因之一也是舍不得孩子。张爱玲的不喜欢小孩，不可能不是受其母亲影响。她与赖雅怀孕而引产，论者多指责赖雅，其实放弃胎儿是否是张爱玲完全顺由男方之意的结果，张爱玲自己是否真的想保留，她是否真的做好了为人母亲的心理准备，委实是个大问题。

张爱玲成人后的行为怪异，每逾常情，人们多把它归结于一个天才作家的特立独行而视为正常，这样的观点掩盖了张爱玲因早年受母爱不足，或在不正常的母爱下心理受到伤害而扭曲的事实。

张爱玲的幼年多是与父亲一道生活的，所以也自小感受到父亲的不好；母亲虽然在她幼小的心灵里也没有注入多少母爱，但也正因疏远，最初倒留下了往好处想象的空间。在孩提时的张爱玲眼里，母亲黄逸梵是“辽远而神秘的”。何况身边的父亲是她切实地感到不好的，小孩子的本能也会促使她转对唯剩的母亲寄予希望，母亲一度成了她心目中的偶像。她在《童言无忌》里回忆她童年对母亲的一个记忆，“是我母亲立在镜子跟前，在绿短袄上别上翡翠胸针，我在旁边仰脸看着，羡慕万分，自己简直等不及长大”。

张爱玲在《私语》里写到 8 岁时的自己与刚回国的母亲：“我母亲还告诉我画图的背景最得避忌红色，背景看上去应当有相当的距离，

西奈山医学院。张爱玲听从赖雅的叮嘱，自己去纽约的西奈山医院再做一次妇检，加以确认。虽然她与赖雅都坚决不要这孩子，但被确诊后，当她面对将要“做掉”自己生平的第一个并也许是唯一的孩子心里是否曾掠过一丝复杂的情绪？（丁钰洁摄）

红的背景总觉得近在眼前，但是我和弟弟的卧室墙壁就是那没有距离的橙红色，是我选择的，而且我画小人也喜欢给画上红的墙，温暖而亲近。”

张爱玲喜欢与母亲亲近。《小团圆》里也写道：“九莉现在画小人，画中唯一的成人永远像蕊秋。纤瘦、尖脸，铅笔画的八字眉，眼睛像地平线上的太阳，射出的光芒是睫毛。”

当张爱玲从虐待她的父亲那里逃出，母亲的居所该是她理想的去处，是她神往的地方。她对出逃的一段描写：

隆冬的晚上，伏在窗子上用望远镜看清楚了黑路上没有

> 人，挨着墙一步一步摸到铁门边，拔出门闩，开了门，把望远镜放在牛奶箱上，闪身出去。——当真立在人行道上了！没有风，只是阴历年左近的寂寂的冷，街灯下只看见一片寒灰，但是多么可亲的世界呵！我在街沿急急走着，每一脚踏在地上都是一个响亮的吻。而且我在距家不远的地方和一个黄包车夫讲起价钱来了——我真高兴我还没忘了怎样还价。真是发了疯呀！随时可以重新被抓进去。

这里固然有成功出逃的喜悦，有重获自由的欢快，其实也包含将要到她想去的地方的狂喜。她终于可以跟她一直“用一种罗曼蒂克的爱来爱着”的母亲在一起生活了！

可是当这种生活开始后，她的罗曼蒂克的情感在真实而琐碎的生活面前，汽化了。心目中久存的这个“美丽敏感的女人”，近观的感觉与远视的效果有了差异。“美丽”原来须有“可爱”作前提，“敏感”实际上也是有针对性的有范围的，对一切生活琐屑的神经过敏会让人受不了，并且还被敏感的女儿觉察到了，以至于给女儿造成很大的心理压力，影响她与母亲本已相当稀薄的感情：

> 常常我一个人在公寓的屋顶阳台上转来转去，西班牙式的白墙在蓝天上割出断然的条与块。仰脸向当头的烈日，我觉得我是赤裸裸地站在天底下了，被裁判着像一切的惶惑的未成年的人……这时候，母亲的家不复是柔和的了。

女儿又说“看得出我母亲是为我牺牲了许多”。这句话可以作两面解释，可以是女儿懂事，知道母亲为她的“牺牲”；也可以是女儿对母亲拐了弯的批评，说是女儿看出来的，或许是母亲不自觉表现出来的。

求学

张爱玲中学时期因与继母不睦，精神萎靡、懒惰；失去了父亲的苏青的中学时代却是快乐、健康的；胡兰成被学校开除，故而对他的中学没存好感。

张爱玲大学弯路多，天意似逼她写作；苏青因怀孕辍学，否则极可能不以写作为职业；胡兰成放弃了大学旁听，自学成才。

一

张爱玲的中学是在上海圣玛利亚女校读的，她的中学时代是忧郁的，部分原因与后母孙用蕃有关。她在早年的《童言无忌》里写道："有一个时期在继母治下生活着，拣她穿剩的衣服穿，永远不能忘记一件黯红的薄棉袍，碎牛肉的颜色，穿不完地穿着，就像浑身都生了冻疮；冬天已经过去了，还留着冻疮的疤——是那样的憎恶与羞耻。一大半是因为自惭形秽，中学生活是不愉快的，也很少交朋友。"30年后的《小团圆》："翠华从娘家带来许多旧衣服给九莉穿，领口发了毛的绵呢长袍，一件又一件，永远穿不完。在她那号称贵族化的教会女校实在触目。"她晚年的《对照记》："……我那都是因为后母赠衣造成一种特殊的心理，以至于后来一度 clothes-crazy（衣服狂）。"

张爱玲的读者不免会有这样的设想：假如她的父亲与她母亲离婚后，未再娶，又或者娶的是一位贤妻良母型的女人，张爱玲的中学时

张爱玲在《私语》里说："我是生在上海的。"她就生在这幢房子里，直到两岁后搬到天津去。

代应该会少一些痛苦，张爱玲与父亲的关系或许不会那样断绝。也正因为此，她对这位后母，可以说，恨了一辈子，到自己垂暮之年，都还"此恨不改"。

孙用蕃为了省钱，忽略中学生的女儿心理上的需求，老让她穿她带来的旧衣服，几乎给张爱玲留下心病，那也可能是她们母女生怨的开始。

后来孙用蕃发生与张爱玲的激烈冲突，原因无外乎有两个，一是当中有误会；二是之前两人关系已经变得紧张了。事实上不可能是误会，因为这件事本来不复杂，张爱玲临走的时候她不在，女儿跟父亲打过招呼，不就行了么？就算是女儿故意避开后母，只跟父亲"请假"，那也不是什么大逆不道，而孙用蕃那样对待张爱玲，显然另有原因。

一直以来，张家坐吃山空，张志沂因为钱精神很紧张。女儿中学毕业，提出来要出国升学，这不免令他恼火。此时黄逸梵恰又回到上海，他便认定女儿背后有人教唆，更大为光火。孙用蕃假如此时能打打圆场，让丈夫平静下来，心平气和地问清缘由，商量办法，不仅有利于问题的解决，与女儿也可以增进感情。相反，她比丈夫火还大，因为：一，女儿要用钱，也同样影响到她的生活；二，她认为是丈夫的前妻借女儿之手来要她的钱，所以尤其不能容忍，竟然当场骂了出

即便用今天的眼光看这幢房子，它仍然称得上“气势非凡”。虽然旧了，仍然不掩当年的富贵豪华。

来，说："你母亲离了婚还要干涉你们家的事。既然放不下这里，为什么不回来？可惜迟了一步，回来只好做姨太太！"话讲得这么难听，张爱玲心里怎么会不起强烈的反感？《小团圆》里就这样说影射孙用蕃的耿翠华："任何的话，到了她嘴里就不大好听。"与继母相处到这种地步，当然非常影响心情，而这种心情也会从家里延续到学校。

她的中文老师汪宏声回忆起张爱玲，除了对她的功课成绩以及写

重新迁回这幢老洋房，是在张爱玲父母离婚，父亲再娶孙用蕃之后。张爱玲在《私语》里说它："房屋里有我们家的太多的回忆，像重重叠叠复印的照片，整个的空气有点模糊。有太阳的地方使人瞌睡，阴暗的地方有古墓的清凉。房屋的青黑的心子里是清醒的，有它自己的一个怪异的世界。而在阴暗交界的边缘，看得见阳光，听得见电车的铃与大减价的布店里一遍又一遍吹打着'苏三不要哭'，在那阳光里只有昏睡。"

张爱玲与继母发生激烈冲突，导致被父亲囚禁在一间有阳台的空房间里。那长达数月的笼中生活，她经历了蓝色的月光下的幻觉与癫狂，经历了恨不得与家人同归于尽的绝望，也经历了几乎送命的痢疾，而最终戏剧般地逃了出去。

作能力做正面评价外，其他似乎都是负面的。

我知道爱玲因了家庭里某种不幸，使她成为一个十分沉默的人，不说话，懒惰，不交朋友，不活动，精神长期的萎靡不振……她在教室里总是坐在末一排，不听课，手里的铅笔则不停的在纸上划着，仿佛是很用心地记笔记的样子，可是实际上她在画教师的速写样……她不知修饰，她的卧室是最零乱的一间……舍监先生检查卧室时发现有不放在鞋柜里的鞋子，便拿来放在卧室门前的走廊里示众。学生见了往往引以为耻。爱玲的旧皮鞋（没有高跟的）是常常被展览的，可是她毫不在乎。

张爱玲就读的圣玛利亚女校。这是一所由教会办的贵族中学。整日穿着继母带给她的旧衣裳的张爱玲，处在富有的同学之间，自己觉得非常难堪。损伤了自尊心，也损伤了她与继母的感情。

二

没有了父亲的苏青，中学时代却是快乐、健康的，她的几篇记述中学生活的散文里，使人强烈地感受到她青春的气息，与张爱玲形成鲜明对比。比如她说的“在初中的时候，我们一群女子都正在生气勃勃地努力于生活的斗争及理想的追求……”这样的话，张爱玲是再也说不出来的。

如今在宁波市区西南隅，有一个长约千米、宽130米的湖，叫月湖，它与天封塔、灵桥同为宁波市的标志。月湖是古迹，相传唐贞观十年(公元636年)由该县县令王君照下令开凿，原为大小二湖，拆明州(宁波古称)之“明”命名。后来日湖废掉了，只剩下这一方月湖。

月湖在古代又被叫做“西湖”。宋嘉祐年间，钱公辅守明州时，因为看见湖床淤塞，就以杭州浚治西湖的方法，屯土筑了一道堤坝，叫“偃月堤”，还在湖中建了“众乐亭”及两座可通湖心的桥。北宋元祐年间，太守刘淑及继任刘埕又相继对月湖进行了治理。刘埕将疏浚下来的积土巧妙利用，在湖上共筑成10个洲，洲中设楼阁亭榭，植四时花木。十洲分为东三洲、西三洲及中四洲，每洲各取一个文雅的名字，如月岛、竹屿、烟屿、雪汀、花屿、竹洲、芳草洲等，其中中四洲的竹洲环境最为幽静，它四面环水，东南面临竹屿，北面是花屿，西侧为烟屿，南面与桃花堤隔湖相望，景色十分优美。鄞县县立女子师范学校就设在竹洲，它当时是该县唯一的一所中等程度的女子学校。

苏青12岁那年，进了县女师，那也是她母亲的母校。

随着辛亥革命的成功，风气渐开，“女子无才便是德”的观念有所转变，但“男女授受不亲”的思想依然顽固地存在，所以大家虽都认为女子也可以或也应该受学校教育，但一想到青少年男女在一个空间里同窗共读，就觉得不能接受了。所以在当时，中国的女子学校的出现，多数并不是考虑到男女性别的差异，单一性别的学校在教育方式和内容上，可以更有效更有针对性，而是封建意识的一种结果，是能够接受女子学校教育的一种妥协，县女师当然也是这种情况。所以苏青也这样写道："我所进的中学不是所谓普通中学，而是叫做县立女子师范学校。——这是鄞县唯一的中学程度女子读书的所在，因为那时根本没有男女同学这回事，而且连做梦也不曾想到。"

苏青在散文《涛——生活的浪花》里，把她的校长描绘成一个封建守旧的"老冬烘"："我们的校长……史老先生是前清的秀才，也是我祖父的老朋友。他有一张满月般、带着红光的脸，三绺牙须，说长不长，道短却也不短。说话的时候，他总是用手摸着牙须，轻轻的，缓缓的，生怕一不小心摸落了一根，那可不是玩，比打破他那副无边的白玻璃眼镜还要难过。"

这是苏青写作有所隐讳，县女师校长实名施国祺，号竹晨，是一位"禀生"——享受国家食禄的秀才。他是宁波人，与冯丙然相识。

鄞县女师的师资力量雄厚、人才济济。校长是禀生，学监胡哲显是日本早稻田大学的留学生，国文教员陈书英、俞宝璇都是秀才，张厚炜还是一位举人。陈书英是桐城派古文家，俞宝璇还兼任地方报纸《四明日报》的编辑；地理教员施襄孟也是秀才；政治经济教员周枕琴还是一位贡生[①]，曾任两浙盐运使，后任国民党政府军事委员会总司令部军需署署长，另一位政治经济教员林斗南后任上海大陆银行行长；数学教员载熊，号轩臣，毕业于浙江省高等学校；数学兼英文教员杨菊庭，毕业于南洋公学；英文教员张茹田，毕业于上海大同大学。

学校规模与管理、学制课程、教学及生源情况是这样的：全校学生最多时达200余人，预科1班，师范科4班。小学毕业考入预科，读1年，升入师范科，读4年毕业。时入学女生大都已是天足，当时称为"文明脚"。女师虽然既是官办，又是师范性质，但那时它和普

① 秀才中成绩或资格优异者，升入京师的国子监读书，称为贡生。

通中学一样要收学费及膳食费，因此入学的女生大都是富裕人家的女儿。他们送女儿来女师读书，无非是镀镀金，便于选择配偶。女师的教育方针实质上是培养“贤妻良母”。校里特开设“缝纫”“刺绣”“烹饪”诸科，以培养学生做家务能力。校长、学监、教师平日也都以封建道德熏陶学生。国文选读经书中的文章，也是着重在向学生进行封建主义的思想教育，学校对学生的管教是很专制的，这就是他们所吹嘘的“严”。在教学上，要求学生死记硬背，唯教师师命是从。在管理上，要求学生循规蹈矩，不准逾越旧道德规范一步，不准叛逆，更不准革命。①

苏青虽然没有了父亲，但家里还是有供她入读县女师的经济能力的。学校办学与课程设置虽然是以培养传统的贤妻良母为目标，专制化的严格管理当然也易扼杀学生的天性，但也就是在这样的学校环境下，苏青受到了正规的传统教育，打下了中国古典文学的良好基础，这从她的作品包括《天地》的《编后记》等文字中，可以看得出来。至于学校不准学生越雷池一步的管理，那也只是学校的一厢情愿。毕竟时代不同了，中华大地处于北伐前夕，正是“山雨欲来风满楼”时，女师既无法做一个世外桃源，又如何能使学生们把血的温度降下来？苏青在散文里，形象地描写了不允许学生们有一点点离经叛道行为的校长与学生们之间的冲突。

苏青的同学，是一帮“生气勃勃地努力于生活的斗争及理想的追求”的女同学，老校长压制不了她们活跃敏感的思想，呆板的教科书不能满足她们膨胀的“胃口”，新文艺杂志成为她们自选的课本，“上课时偷着看，一下课就跳上讲台，一屁股坐在桌子上，居高临下地议论书中的话，我们的意见并不一致，但是愈争执愈有味儿。”终于，

① 蒋廷龙.竹洲办学述要//中国人民政治协商会议宁波市委员会文史资料委员会.宁波文史资料，1990（8）：26.

活泼的苏青被请进校长室去聆听教训了。

事情的起因是学校里有一位高年级同学入了国民党，经常邀集三五个同学在操场上谈论男女平等、自由恋爱等，校长知道后便勒令那位学生退了学。这些都发生在苏青入校之前。苏青入校后从同学们的议论中听说了此事，可是她百思不得其解：为什么入了国民党就要被退学？她便去向学校的舍监——她的五姑母求解。

苏青在她的散文里，屡次写到一位五姑母，以一种调侃的笔调：身材矮胖，裹过小脚。她身世颇为不幸，17岁时结婚，两年后便守了寡。夫家虽然还算富有，可是婆婆极凶，日子自然不好过。父亲舍不得女儿，便向亲家提出要她出来读书，获准后，五姑母就进了县女师。五姑母人不算聪明，学习成绩平平，但她的身世颇得校长夫妇的同情，加上女红又做得好，校长太太常喊她去帮忙。五姑母毕业后，便留在学校做了舍监。五姑母自然是位封建妇女，否则也不可能长期在封建的校长身边。

五姑母听了侄女的问题，立刻大惊失色：

"什么？你……你孩子家也知道国……国民党了吗？谁告诉你的？……以后决不许说！"

也许五姑母觉得此事太过严重，也许是她刚正不阿，检举不避亲，结果校长随即也知道了。

苏青在文章里，实为运用了移花接木的手法，这位"五姑母"其实影射的是她的二姑母，名为冯组群，当年的确做过县女师的舍监。冯组群在家族后代口头上传颂的是她胜过须眉的胆量和勇气。

苏青的祖父冯丙然因是当地名儒，有身份有地位，去世出丧时，动静自然就大，宁波有头有脸的人来了，上海也来人了。搭台唱戏，煞是热闹。当时地方上土匪相当猖獗，冯家这一热闹，就把山上的土匪引来了，绑走了苏青的伯父，还写了一封信，绑在一块石头上，隔墙丢进冯家后花园里。信上写明要赎人，须付8000银洋。家里急于

苏青与她的母亲先后就读的鄞县县立女子师范学校，后相继演变为宁波市立女子中学、鄞县县立女子中学等，如今是宁波第二中学。

救人，先忙着凑钱，钱足数了才发现谁上山送钱是大问题。因为绑人的是四明山小雄鸡土匪，听起来都怕，谁还敢去送死？苏青的祖母心焦儿子性命，急得大哭不止。冯组群这时凛然站了出来，说她去。于是冒着有去无还做压寨夫人的危险，按照土匪的要求，穿上指定的衣服、鞋子，右手拿一把洋伞，带上8000元，一人乘车来到四明山脚下，与土匪对了暗号。可土匪不守信用，得陇望蜀，赎金涨为1万。冯组群据理力争，可土匪不讲理，态度也蛮横，以撕票相威胁。冯组群下山回家，再凑2000元，又二次上山，终于将苏青的伯父赎了回来。那年她40岁。

苏青有姑母管着，不得完全自由，北伐军进城后，校已不校，姑母便把她带回了家。苏青休学时间不长，形势遽变，国共短暂的蜜月期眨眼过去，蒋介石翻了脸。苏青散文里说的“贤明的当局……不到三个月便把中山公学解散了。解散的原因，听说倒不全是为了澄清男女关系，他们有的是政治背景，这叫做清党”——都是事实。

先是杨眉山以中共党员身份加入国民党，主持改组了国民党宁波市党部，任国民党宁波市党部常务委员。1927年6月，这位43岁的中山公学校长却被国民党给杀了，中山公学也随即停办。

7月里宁波市政府成立，在竹洲，又一所学校成立了。苏青散文里说“那个由女子师范学校而改为中山公学的，终于又从中山公学而改为女子中学校”的，就是“宁波市立女子中学”。苏青说是祖父经不住她吵着要复学，犹疑一会终于答应下来。她实于1928年2月插班进入初中一年级下学期。

苏青写到她的女中校长：“校长是一个漂亮的女性，姓邹，刚同她丈夫离婚不久。她在大学还只念完一年课程，中学就在女子师范读的。”女校长真实的姓名叫周绪芳，的确是鄞县女师毕业的。接受宁波市教育局长杨菊庭的委派做校长时，还是南京东南大学教育系的一名学生。周绪芳任校长时间不长，就辞职走了。苏青在散文里写邹校长以身体不好为由辞职，实际上是她的热恋对象——学校一位教政治训练的商先生移情别恋，两人闹翻，“商先生同她捣蛋”。

接周绪芳之任的正是当初委任她当校长、后赴上海任教的前教育局长杨贻诚（字菊庭），1949年后曾任宁波市政协委员、人大代表，1956年任浙江省文史馆馆员，1957年被打成“右派”，1961年摘帽，1969年去世。因杨菊庭在宁波当地的社会地位以及新中国成立后曾经担任的职务，后来的文章对他的生平介绍自然满是褒扬之辞，比如说他学识渊博，教学认真，很受学生欢迎等等。

可在苏青笔下，接替邹校长的刘校长，却是另外一副形象：首先其貌不扬，姿态难看。他“生得矮胖身材，白麻子，两颗门齿尽管往外扒……其腹部隆然凸出，走起路来大摇大摆……”其次不好好教学，只爱训人。开学好久了，一册课本教来教去才教了不到10页，原因是把时间都用在对学生进行训诫上了，“训的无非是不要被‘共产党徒’利用云云。”三是观念封建。反对女生交异性朋友，反对女生抛头露面，说她们上街集会，“招摇过市，白白给人家品头评足……”四是思想守旧，反对激进。1929年的春天，学校里来了一位年轻的历史教师徐先生，他在课堂上把一部中国近代史讲析得非常透彻：历史上那一个个昏庸无能的人物，一件件令人发指的事件，一条条丧权辱国的条约……言者声泪俱下，闻者群情激愤。这事引起了刘校长的不满，他视徐先生为过激分子，于是处处挑他的刺儿，借故排挤他，给他罪受，终于，徐先生连气带病而去世了。学生们要给自己爱戴的徐先生开悼念会，可是校方不同意，学生们便闹起来了，请愿，罢课……学校的布告栏里贴出了一张告示，宣布开除苏青和另外几个学生代表，罪名是受人煽惑，鼓动罢课。学生并没有被吓住，学潮仍在继续、扩大，这才逼得校方妥协，将布告和决定收回了。

苏青写散文向来并不呆板地遵守“散文必须真实”的戒律。她所写的刘校长，“原是女子师范的旧教员”“年纪大概有四十多岁”“教算学的”等等，这些特征与杨菊庭都相符合，而那个时期，女中的校长，在周绪芳之后，就是杨菊庭，但仍不能断定苏青写在散文里的刘校长的所有故事都是杨菊庭的事实，苏青在散文里引进小说元素是常事。当然若说刘校长是以杨菊庭为模特的，这就完全没有问题了。

苏青初中毕业后，并没有在本校直升高中，而转升入浙江省立第四中学上高中去了。这看起来有点奇怪，因为她到四中，去念的是师范科，而市女中就有高中师范科。市女中最初只是一所初级中学，杨菊庭任校长后，便遵照其旧好、宁波市长罗惠侨的意思，添设了高中师范科。苏青转学，不知是否与校长杨菊庭有关。

浙江省立第四中学校，定名于民国元年，之前一年叫省立第四中学堂，前身是创办于1898年的储才学堂。1923年与省立第四师范学校（前身为宁波府师范学堂）合并，仍用四中校名。1933年，四中更名为省立宁波中学。宁波中学的校名一直沿用至今。

在《结婚十年》里，苏青提供了她转学到四中的另一种缘由的可能性——与她的未婚夫有关。

苏怀青 15 岁那年，由寡母做主，与本县的徐崇贤订婚。那时的风气已开，订婚后男女双方便由人介绍开始通信往来。两人开始并未见面，感情只在通信中升温。最初他称她“WC 女士”，继而变成了“怀青”“青”“青妹”“我的青”等等，到她初中毕业时，他对她的称呼已经是“亲爱的青妹”了。暑假里是他提议，希望她与他在一所学校读高中，她母亲同意，于是两人便在一处读书了。

张爱玲在文章里曾谈到苏青的婚姻：“她起初的结婚是一大半家里做主的，两人都是极年青，一同读书长大，她丈夫几乎是天生在那里，无可选择的，兄弟一样的自己人。”

张爱玲与苏青相熟，“一大半”，所说的当然是实情。20 世纪二三十年代，处处显示出社会转型期的特征来，什么都新旧杂陈，什么都不伦不类，什么都二半吊子。从《结婚十年》里苏怀青与徐崇贤的婚礼，也可以看出这样的特点。新娘乘坐的是仿造皇帝的御轿，头上戴的是沉重的珠冠，脚上蹬的是绣着鸳鸯的大红缎鞋，却到教会的青年会礼堂去行礼，所以被苏青称作“新旧合璧的婚礼”。

新旧合璧的不光是婚礼，苏青与李钦后的婚约恋爱也是这样的——婚约是家里做主给她订的，恋爱却是她自己谈的。

苏青到第四中学读高中，先入的是师范科，一学期后转到普通科。苏青在她的散文《算学》里，对于她的转科，有这么几句：“不料儿童心理、教育概论比几何代数更为乏味，乃征得学校当局同意，转入普通科。”而在另一篇散文《钱大姐》里，则说得较为详细。在当时，一般入师范科学习的人，要么是英语、数学较差，要么是年龄大了，无意再求上进，而选择走毕业后做小学教员这条比较实际的路。而在当时，小学教员并不是一个令人起敬的职业，《结婚十年》就写到苏怀青“心想小学教员，怪难听的名词”。

苏青初入师范科，却是因为父亲早逝，家道中落，经济不宽裕，师范科学费全免，伙食费减半。第一学期结束时，学校觉得成绩好又年轻的苏青读师范科有些可惜，便示意她转普通科，而对她特别照顾，免除学费。苏青当然求之不得。

在苏青与李钦后当年就读的高中保存下来的档案里，在一张表格上，列出他俩读二年级时的一些信息：两人同为普通科二年级学生；年龄相同，都是 17 岁；籍贯一栏填的都是“鄞县”；苏青的通讯处写的是由旁人代转，李钦后的则写的是“本埠南门海家塘后四号”。可见苏青的散文里，对她与李钦后的描述是较为接近事实的。苏青说《结婚十年》“有许多故事都是凭空臆造的”，显然也有许多故事不是凭空臆造的，比如她与李钦后同校读书的一段。他俩曾在学校里合演过《罗密欧与朱丽叶》，还留有剧照。

1933 年夏天，19 岁的苏青与李钦后一同毕业了。接着就为报考大学而忙碌。苏青的那个班，共列出 14 个同学，其中考上国立中央大学的有 3 个，国立清华大学 3 个，国立浙江大学两个，私立东吴大学与私立大夏大学各一，可见该校教学质量之优。苏青上的是中央大学西洋文学系，李钦后则是东吴大学法律院。中央大学在南京，东吴大学在苏州、上海各有校区，法学院设在上海。

三

胡兰成回忆他的中学时代，态度颇为冷淡。他共读过两所中学，高小毕业后先是到了绍兴第五中学，可是只读了一学期，学校就因学潮停课了。当时他尚处于懵懂状态，所以对五中也就没有什么感觉。其后跟着表哥考入杭州蕙兰中学，一入校，就觉得不喜欢校园里的气氛——“蕙兰是教会中学，青年会在礼拜堂欢迎新同学，弹琴唱赞美诗，

仅存的一幢原蕙兰中学图书馆，今属杭州第二中学分校。他在蕙兰读了 4 年，只有一个亮点，是他担任了校刊的英文总编辑。但却因了这个职务，与教务主任拂逆，竟至被校方开除。他对蕙兰的印象当然不会好。

蕙兰中学图书馆大门。门头上写着“惠德图书馆”。

且分糖果，那样的‘兄弟爱’于我完全不惯。”蕙兰中学是一所教会学校，1899 年由美国基督教北浸礼会差会传教士甘惠德（W.S.Sweet）创办。胡兰成在该校就读 4 年，却未拿到毕业证书。原因是他任校刊英文总编辑时，校闻栏里有一则投稿，记某同学因账目问题被罢免了青年会干事一职。校刊顾问、教务主任认为此有关教会名誉，不同意刊载。胡兰成闻讯去向他说明，见他不语，以为他默许了，就将稿子登了出来。主任大为光火，责骂胡兰成，胡不服。主任至校长处，以辞职要挟而将胡兰成开除了。

四

胡兰成、苏青、张爱玲 3 人都曾入过大学，3 人的入学年龄都在 20 岁，结果却都未能完成大学学业。

苏青的《结婚十年》以男女主人公举行婚礼开篇，是一张公布的《结婚启事》，写的是，某某某的长男与某某某的长女，“谨詹于中华民国二十一年十月十日下午三时在青年会举行结婚典礼概从简略恕不柬邀特此敬告诸亲友好谨希谅鉴”。没有标点符号，像旧学堂里的学生不换气地背诵古书。

新娘乘花轿从娘家来到青年会礼堂，一对新人相对三鞠躬，又在结婚证书上盖章，继而证婚人、介绍人也分别盖了章，两个毫不相关的人就成了正式夫妻了。而后便是新人双双向双方的父母兄弟姊妹姑婆等亲戚行礼，过后喜宴便开始了，喜欢吃西餐的留在青年会自用，喜欢吃中餐的则到新郎家去。

这是《结婚十年》中被苏青称为“新旧合璧的婚礼”中的一节，苏青与李钦后婚礼的真实景况，居然见报，1934 年 2 月 4 日的《上海宁波日报》，而且在第一版显著位置，标题是《冯和仪女士于归志盛》，内称：

> 南京中央大学文学院外国文学系高材生，冯和仪女士，与上海东吴法律学院高材生李钦后君，假宁波傅家房子结婚。先一日，在冯宅举行于归典礼。是午，冯宅门前，车如流水，马似龙，礼堂装潢，异常富丽，壁间满悬，各界闻人贺幛喜轴，来宾前往道贺者甚众，皆由乃叔前定海县县长冯纯观氏，殷勤招待。甬上名流如著名法律学者，鲍士康，缪瑞芝，龚圣鉴，何瑞芝，作家陈迹，张其春等，皆至冯宅道贺致敬礼云。

记者下笔，为求新闻效应，写人写事，不免渲染夸大。比如所谓“甬上名流”“著名法律学者”何瑞芝，当时很可能只是南京国立中央大学法学院的一名学生，时任“南京宁波旅京同学会”的会长；“作家”张其春则是同学会的文书，也应该是一位还在学校读书的学生。

苏怀青结婚时 18 岁，苏青结婚则已实足 20 岁。苏青结婚时，还只是南京国立中央大学的一年级学生，细算起来，实际入学才一学期。虽然据说是因为未婚夫家担心活泼的未过门的儿媳会“飞掉”，这才迫不及待催促早日成婚，其实即使单从苏青的年龄来看，以当时的青年结婚年龄，苏青已经不小，更不大可能等到苏青大学毕业后再办婚事的。而以苏青当时在学校的活跃程度来看，夫家不放心是完全在情理之中的。

1933 年夏苏青高中毕业后，随即考上地处首都的可以称之为“民国第一高等学校”的南京国立中央大学，是宁波府所属六县唯一的一位考上该校的女生，自然引人瞩目，被家乡人民引为骄傲，也因此被报社记者盯上了。

同年秋，新学期开学不久，10 月 1 日上午，南京宁波旅京同学会假座中央大学法学院研究室举行常会，会长何瑞芝先是报告半年来会务概况，继而介绍新旧同乡，最后改选职员，投票结果：本届干事任美锷，副干事何瑞芝，文书张其春，会计冯和仪，庶务吴信法，运动主任钟季卿，游艺主任叶毓芬（女）。《上海宁波日报》有记者与会，在《冯和仪女士荣任中大宁波皇后》的标题下，报道会况不厌其详，并称会议“又于席间一致拥戴中央大学文学院外国文学系高材生冯和仪女士，为‘南京国立中央大学宁波皇后’。”又称“闻冯女士系吾甬闻人冯友生先生之孙女，今夏方毕业于宁波浙江省立第四中学高中部，冯女士善交际，精音乐，擅长著作，而对于文学一道，研究尤深云”。

一个新入学的女生即如此抛头露面，任这个职务，戴那个桂冠，夫家不放心是自然的。

苏青从海滨到首都，眼界更开阔了，本又多才多艺，喜欢交际，似乎很活跃，心应该野得很。若照现在的年轻人，这种性格，一定是不肯刚插上翅膀就入了樊笼的，而苏青却肯听从家长的意愿，乖乖地做了人家的新娘了。可见苏青的性格并非一味的叛逆，而有顺从的一面。

苏青看似见多识广、聪明过人，其实也有单纯的一面，有“傻”的时候。她答应结婚的时候，很可能没有想到结婚就有可能怀孕。结婚可以不影响学业，可怀孕了怎么办？当时的人怀孕的计划性没有现在这么强，避孕的措施也不像今天这么普及。她是否真的做好了随时退学的思想准备？也许她心存侥幸，也许是家长的哄劝：结婚也不一定立即就会怀孕，何况夫妻俩还分在两地上学，哪里会就那么巧？

嗳，事情就那么巧。最坏的局面真的出现了。她怀孕了！

《结婚十年》里的《两颗樱桃》一节中，写到女主人公苏怀青发现怀孕的过程。先是发现身上有异，胃口不好人消瘦，于是在一个对她有情意的男同学的陪伴下，到鼓楼医院去就诊。南京的确有个鼓楼医院，很有名，是 1892 年由基督教会派遣的加拿大籍传教士、医学博士马林创建的一所“基督医院”，民间又称“马林医院”。

苏青把女主人公带孕在校的这一段生活写得有点惨兮兮的，不只因为有孕在身情况特殊、心理复杂，更是因为要与刚建立起感情的那个男同学不得不最终分手。

苏青在中央大学的生活，《结婚十年》里提到一点，说："C大的女生宿舍共有四所楼房，以东南西北为名，我住在南楼，窗子正对着大门。……每晚饭后，我凭窗眺望，只见一个个西装革履的翩翩少年从宿舍大门进来，走进会客室，一会儿门房进来喊了：'某小姐，有客！'于是那个叫做某小姐的应了一声，赶紧扑粉，换衣服，许久许久之后，才打从我窗下姗姗走过，翩然跨进会客室去了。我们一室中连我共有五个女生，她们四个都是吃了晚饭会客去的……"

这一段大体不虚，苏青的散文《女生宿舍》可与其对照。苏青在中央大学，实际住的是西楼而不是南楼，一宿舍的同学倒的确是五位，连她在内。苏青用了一种调侃的笔调写她的这几位同学，行笔非常幽默，令人忍俊不禁；也非常形象，娇嗔佯羞，宛在眼前。

至于苏青在中央大学最后一学期的学生生活到底如何度过，我们知道得不全，但可以肯定的是，她在校园里，至少仍是活泼的、出风头的。看 1934 年 7 月 5 日《上海宁波日报》上的一篇特写：

南京国立中央大学体育科女生部教授，为提倡适合女生体质之轻便柔软运动起见，特发起全校女生乒乓比赛，采用循环淘汰制，先于各学院中互相比赛，甄拔各学院中球技最上乘之一人，代表该学院，参加全校决赛。因中大女生众多，故自五月初开始比赛以来，于六月中浣，方始结束。各学院代表赛甄拔揭晓，吾乡鄞县冯和仪女士，竟荣膺中央大学文学院女生乒乓赛冠军。按文学院女生数逾二十人，竟突露头角，已引起全校之注目，嗣于前日杪举行全校决赛，事前由女生体育部登公于该校日刊，是日在中大女生健身房举行决赛，到该校男女学生甚众，校外人士亦多往参观，总计不下五百余人，历时三旬，方始决赛完竣，于欢声雷动，掌音溢耳之空气中，吾乡冯和仪女士荣膺冠军之荣誉，深镌入刻于每个观众之脑海中矣。场中同乡如旅京第一女记者庄严女士，中国地理学会干事张式愚女士，法律学者何瑞芝氏，叶梅生女士，江良规君，钟季乡君等，皆趋前道贺，并对女士发扬吾甬之不誉，表示异常欢忭欣慰。全场观众闻女士籍隶宁波，咸高声欢呼阿拉“宁波小姐”Miss Ningpo 不止。

很明显写这篇报道的记者下笔时是怀了极大热情的，把整个事件的过程，从起意原由，一浪高过一浪的初赛决赛，到圆满而皆大欢喜的结局，写得十分感性，写得不厌其详。对苏青则赞誉不迭，题目用了很大的字体：

冯和仪女士
荣膺中大乒乓赛冠军
一百五十九女生中获首选
备受吾乡旅京人士之注目
文学家并兼运动家

苏青的第一个孩子出生于 1934 年 9 月 17 日，照此算来，苏青参加比赛时，还有 3 个月就要生产了。球场上的对手、场边的观众哪里会想到，这个冠军小女生竟是一位身怀六甲的孕妇呢！

《结婚十年》里写道：“终于到了六个多月了，虽然穿着新做的宽大的衣服，我总恐怕别人要看出来，心里天生怀着鬼胎。”这说明苏青参加比赛时，衣服还能遮得住，肚子看不出来。

乒乓球运动虽然对手之间没有肢体接触，到底还是一项比较剧烈的运动。苏青妊娠已过中期，竟还挥拍上阵，是人泼辣、麻木，还是……有点故意要制造意外呢？

苏青入了大学之后，似乎一切都很好，所有方面的发展都很顺利，脚下那条道虽然不能肯定终点在何方，但道儿已显得很宽阔，是条康庄大道无疑。而忽然到来的孩子，将逼使她放弃这条道，另走一条道，而那是她所不熟悉的。这是一。二是苏青在大学，有异性追求。《结婚十年》里，就写了一个叫应其民的男生，对苏怀青很有意思，她也觉得他比她的丈夫更体贴。

苏青《结婚十年》封面。

所以苏青该怨腹中这个孩子，来的不是时候。她一定想解决这件事。一定有一个阶段，“堕胎”这个词在她心头，就像一只饥饿的老鹰在上空盘旋，觊觎草地上的兔子一样勾引着她的心思。《结婚十年》里就三处写到苏怀青，她的“口号”是：“我想打胎！”

一处是与男友夜游后湖（玄武湖），男友决定与她分手，“回到宿舍里，我简直哭上大半夜。我恨他，恨自己，恨腹中一块肉，当夜我就起了一个犯罪的念头，我想打胎。”一处是后来她瞧着男友减了饭量，情知是在痛苦中，于是又生念头，“我想打胎，但怕因此而遇到危险。几次想问问他，又觉得难于出口”。还有一处是：“我呆呆瞧看《孕妇卫生常识》与《育儿一斑》，心中考虑打胎问题。”当然结果是，拿到了冠军，孩子却还在肚子里。

显然民国时的大学，是允许学生结婚的，但不知允不允许生小孩。

一个女生，若有了孩子，要想兼顾学业与育子，在一般人是做不到的。苏青运气不好，是蜜月怀孕。生了小孩子后，便只能退学了。这在她的人生，像原来昂首阔步在康庄大道上，可是一不小心，拐到一条歧路上去了。虽然经历因此而丰富，爆发出了生命的异彩，但人生也因此变得坎坷了。

五

胡兰成曾在杭州邮局工作，因为得罪了顾客被开除了。而后他回乡赋闲两个月，忽然有一天突发奇想，想去北京念书，于是瞒着已有身孕的妻子，向中学同学借了钱只身来到北京。当时他有两个昔日的同学在燕京大学，在他们的介绍下，他在燕大谋到副校长室抄写文书一职，每日只需工作两小时，其余时间便到课堂旁听。

那时的燕大，名流荟萃，胡兰成在校园里，同学常悄悄指给他看：这是周作人，那是某某，总之不是宗师，便是豪杰。兰成却因自己志向未明，对他们只有景仰，却也没有单纯的因慕名而听他们的课，比如他就没有听过周作人的课。这样燕大虽好，却不是兰成所要的。眼看一天天过去，他感到没有什么长进，情绪低落下来。在燕大待了一年之后，胡兰成离开燕大回故乡，就这样结束了大学生活。

六

张爱玲上大学所走的弯路相较于他二人要更多些。中学毕业后，她原想出国念大学，可是因与后母发生纠纷，被父亲幽禁在家里。半年后逃到生母那里，用了三个月时间疗养身体，母亲给她两年时间学习做淑女及培养生活自理能力，同时她开始补习功课，准备投考伦敦大学。当她考出远东区第一名的成绩时，却正遇英国要与法国联合起来向德国开战，宣布暂停招收留学生，而转由它的殖民地香港代为接收，就这样张爱玲入了香港大学。

张爱玲人在香港大学，赴英留学之心却不死，所以拼命用功，想要日后被保送到英国去。与此同时，“二战”还在如火如荼地进行中，在张爱玲刚刚大学二年级的时候，太平洋战争爆发，香港陷于日军之手，港大停办。张爱玲回到上海，转而考入上海圣约翰大学，可是不久却又辍学了。其原因，张爱玲的解释是“我半工半读体力不支，入不敷出又相差过远”。

10 年后，32 岁的张爱玲再赴香港大学继续学业，可是入学两个月后，她就不想再念下去了，而欲应炎樱之招赴日本，就退了学。可在日本又未能找到合适的工作，3 个月后重回香港，想恢复学业，却遭到校方的拒绝。大学之梦终于未实现。

七

胡兰成未受过完整的高等教育，影响了他成为一个学院式的学者。他是凭着他的聪明与悟性，完全通过自学，成为一个学问家的。

一般的学者之路是在高等教育中，确立研究专业，随着在该专业用功愈多，而入行渐深，以至成为某一行业的专家。这样的学者易犯的毛病是明察秋毫之末而不见舆薪，或曰一叶蔽目不见泰山，亦即现代西方论者所谓“专业屏蔽”，简言之，专而不博。胡兰成既未受系统的高等教育，其学问素养既未受其益，同时也就免受其害，他眼界高远，胸襟宏阔，思维活跃，“博”得可以。

博的人多不专，有名的博学之士王云五就一度为此烦恼不得解，乃向他已暴得大名的学生请教。胡适的指点还不过是叫他选一个问题着手深入研究而已，并无有逾常规之良方。胡兰成却无此烦恼，他的学问看似随兴所至，随遇而迁，却因底子厚实，而能起点高，进展快，很快就相当“专”了。胡兰成又因他站得高，不致迷失于精深，而能涓涓细流入海。

却也正因胡兰成的学问专深博杂，虽然留下宏富著述可供研究，旁人还是很难摸准他的脉搏、把握他的思想、跟上他的步调。所以人们对胡兰成喜爱也罢，憎恨也罢，多还停留在“张爱玲的胡兰成”的水平与范围。

张爱玲曾自言她只是写小说与散文，“不大注意到理论”，胡兰成也说她“不看理论书”，当然也就没有撰写学术论文的经验，也不愿意写。当傅雷写了来批评她作品的文章，她写了《自己的文章》，好好地与傅雷“理论”了一回。虽然文中有不少思想的闪光点，有一些理论也相当精辟，但她终究没有把它写成学术论文，用的还是说理散文的笔法。这固然是她主观上别具只眼，超越世俗观念的束缚，客观上也应有她少受高校论文写作训练的缘故。

胡兰成虽然所受高等教育不完备，但还是不免自觉接受了“思想训练”，因此在结识张爱玲之前，仍是一个每每“囿于定型的东西”、对“凡百东西皆要在理论上通过了才能承认”、胆怯于“公定的学术界权威”的人。而张爱玲则使他将这一切都打破，还教他将体系严密的论文打散了开来，如同使纪律严明的军队解甲归田，“一路有言笑”。胡兰成还说张爱玲“你用一切定型的美恶去看她总看她不透”。也许正是因为张爱玲未受尽现代高等教育，才使她不曾不自觉地将思想关入世俗标准的樊笼，而使她长于常规之外与情理之中回旋的秉性健康生长而写出好小说。

与张爱玲对理论敬而远之不同，苏青是追求理论的。尽管她在《道德论》中说：“我是一个彻头彻尾的俗人，素不爱听深奥玄妙的理论。”但她对自己写的理论并不浅显的《道德论》与《牺牲论》却十分看重。即便是她的其他相对通俗的写妇女、婚姻、家庭问题的散文，也多透露出较强烈的理论意识。

婚姻

一生之中，苏青一婚，张爱玲二婚，胡兰成四五婚，不同的是次数，相同的是波折——苏青用一个男人换了块垫脚石，跃上人生的崖头；张爱玲吃尽了两个男人的苦头：前一个苦其心志，后一个劳其筋骨；胡兰成孜孜不倦地践行三妻四妾的理想，他对任何一个女人的感觉都“也是好的”。

苏青29岁那年，决意结束她的十年婚姻。那是20世纪40年代前期的中国，在日军铁蹄下的沦陷区上海。男子谋生都很困难，女子更不必说。大部分女子都还在扮演家庭妇女的角色，走上职场那是一种奢望。可就在那样的情形下，苏青选择了离婚。巴尔扎克说：“苦难对于弱者来说是万丈深渊，而对于强者来说则是一块垫脚石。”一句话，苏青舍弃了令她痛苦不堪的丈夫，用他换了一块得以跃上崖头的垫脚石。

也可以说，苏青的人生是从离婚开始的。因为离婚，她获得了所渴望的自由，当然代价是同时失去本可心安理得地依附之人，这使她不得不使出浑身解数去谋生存，继而求发展，发展也是为了更好的生存。而在这虽则是艰辛困苦如张爱玲所形容的“双手擘开生死路”（《我看苏青》）的过程中，她的潜能与才华得到了充分展现，人生因此变得丰富而有华彩。

换言之，苏青的故事是从离婚开始的。列夫·托尔斯泰说：“幸福的家庭都是相似的；不幸的家庭各有各的不幸。”在苏青，她的离婚，不仅为人们提供了无尽的话题；这位离婚女门前的是非，为照出世情人性准备了一面镜子，也制造出婚姻外更引人入胜的诸多故事。

张爱玲在写苏青的文章里，否认她与苏青是通常意义上的闺密，她俩的关系不过是编辑与作者的关系。张爱玲如此限定两人的关系，无论是为现实生活中不留话柄，还是为了这篇文章显得中立客观，当然有她的用意。而在亲友们的印象里，两人的关系似乎要更亲密些。所以张爱玲谈苏青的婚姻过程应是较为可信的，尽管她在下笔时不得不更多顾及苏青的感受。

> 起初的结婚是一大半家里做主的，两人都是极年青，一同读书长大，她丈夫几乎是天生在那里，无可选择的，兄弟一样的自己人。如果处处觉得，“还是自己人！”那么对他也感到亲切了，何况他们本来没有太严重的合不来的地方。
>
> 她与她丈夫之间，起初或者有负气，得到离婚的一步，却是心平气和，把事情看得非常明白简单。她丈夫并不坏，不过就是个少爷。如果能够一辈子在家里做少爷少奶奶，他们的关系是可以维持下去的。然而背后的社会制度的崩坏，暴露了他的不负责。他不能养家，他的自尊心又限制了她职业上的发展。而苏青的脾气又是这样，即使委曲求全也弄不好的了只有分开。

苏青婚姻的整个过程，张爱玲所言大体不虚。苏青与李钦后是初中同校、高中同班的同学，初中期间就由两边家长定了亲。高中毕业李钦后考入私立东吴大学法学院，苏青考入国立中央大学西洋文学系。

苏青出生于学而优则仕的耕读世家，李家是县城首屈一指的富户，家长彼此仰慕，因而结亲。

从《结婚十年》来看，苏青不失厚道；从写作来讲，她是一位较有觉悟的现实主义作家。她没有滥用对大众说话的权利，没有把出版作品的机会利用为一种泄私愤、图报复的工具，而有沉痛的自我批判与反省在其间。对于不幸婚姻的写照，既写了家庭男主人的不负责，也写了女主人的不称职；既写了妻子所受丈夫的种种伤害，也写了丈夫对妻子的许多迁就。多半真如张爱玲所说，夫妻俩是心平气和地分手的。

正因为这样，加上孩子的关系，苏青离婚后与前夫免不了时有联系，甚至引起别人的误解，张爱玲就曾说："有一阵子，外间传说苏青与她离了婚的丈夫言归于好了。我一向不是爱管闲事的人，听了却是很担忧。后来知道完全是谣言，可是想起来也很近情理。"

抗战胜利后，李钦后离开上海，先后在浙江奉化、宁海、新昌等地方法院担任推事（法官），1949年初从新昌法院调到上海地方法院。上海解放，共产党接管法院后，对法院旧员，部分留用，部分遣散。李钦后本在遣散之列，但李钦后的确有他的本事——竟有办法说动领导，把他留了下来。后来他被送到华东司法学习班学习，1950年2月结业后回到法院，任"学习审判员"。在这期间，李钦后再婚了。女方是一个资本家的女儿，家境颇为富裕，在华山路还有一座小洋楼。显然女方的性格比苏青要温顺软弱得多，这该是李钦后受够了苏青脾气、接受教训的结果。

新中国成立后，李钦后既得人民法院留用，经济上有了保障，而苏青则陷拮据，无力同时抚养几个子女，于是把一直由她照顾着的儿子与小女儿送到李钦后那里去，自己身边只留了一个二女儿。

那时的苏青，对李钦后仍然心怀怨气，在儿子李崇元的记忆里，是这样的："母亲喉咙很响，有时候来学校看我，见我带着后母生的孩子玩，非常生气，就大着嗓子跟学校老师讲她的故事。学校老师女的多，母亲讲得绘声绘色，她们都非常同情她。”不止一个当时见过苏青的人，说印象中的苏青，穿着打扮如何朴素，与一般中年妇女没有任何不同。看来不止是外表与一般妇女无异。

苏青每星期去看儿子一次，把他领到常熟路与淮海路口的一家小吃店去吃点心。子女在前夫身边，这是苏青最不放心的事情。一旦子女受委屈，这也是她最不能容忍的事情。有次儿子睡觉时，便溺在床上，李钦后很生气，打了儿子一个耳光。第二天下午放学后，李崇元跟着小姐姐，拿着向保姆借的一角钱，乘三轮车去找母亲。苏青为找工作，补习俄语，去补习班还没回家。小姐弟俩就一直坐在门口等到母亲回家。苏青见了一对小可怜儿，问明缘由，一下子就火了。第二天早晨竟到派出所去报案。派出所的人觉得这点小事太寻常了，开始不大肯管，但拗不过苏青的坚持，勉强打电话把正在法院上班的李钦后叫了去。李钦后到了派出所，连连认错。

苏青与李钦后真是一对冤家，想起对方来，心里就有气，见了面也许还会起争执。但终究没有办法完全将对方抛开。苏青对李钦后的态度，就像张爱玲对小报的态度：一边笑骂一边仍读下去。一旦对方有事，还是不能不去帮忙。

1947 年，苏青在《大家》杂志上发表了一篇散文《归宿》，里面写到有天夜里，母亲同她谈话，说到前夫李钦后，苏青说：“我已经同他离婚了，你还去提起他干吗？”母亲斩钉截铁地说出一句话来：“离婚尽管离婚，夫妻终归夫妻。”真是经典！苏青的母亲抽烟，苏青也抽烟，她的思想里，有妈妈的尼古丁。

当初抗战胜利，苏青不肯避嫌地仍与周佛海、杨淑慧联系；后来李钦后因事被政府处决，她也同样不肯避嫌以自保，而带了一对儿女去收尸。本来这事苏青即使想去也轮不到她，可是李钦后的第二任妻子，那个可怜的女人，平时就完全管束不了李钦后，案发后，惊恐焦虑，还被迫揭发丈夫不允许她加入妇联等。到李钦后饮弹横死，哪里还有一点点勇气与力气张罗后事，于是去求苏青，请她帮忙。

苏青挨个掀起棺材盖子，一个个看过去，终于找到了李钦后。因为他的身子太长，在棺材里也不能伸直，只能双脚蜷曲着躺在那里。照风俗，入殓时须由长子扶头。苏青心疼儿子，怕他夜里会噩梦，就不让他那么做。[①]

在李钦后的判决书里，有这样一句话："在敌伪时期他的前妻苏青所写风行一时的黄色小说《结婚十年》中所指的男子即为李钦后……"

苏青那天若参加公审大会，当庭听到，可能会如雷轰顶。她与他，因为这部小说，注定永远脱不了干系了。

当年，苏青在与李钦后分手后，当饱暖解决了，尤其是功成名就了，婚恋问题就提到眼前来了。对于苏青来说，原觉得谋生何其难，可到了谋爱的时候才发现谋爱更难，且生可以谋，谋爱却不灵。谋生虽难，但也可一蹴而就；谋爱则如同没有终点的马拉松。虽然她所处是一个男性社会，她周围的，整天打交道的差不多都是男子，要调情，全都举手，个个活跃；一涉及婚姻，就都鸦雀无声，或作鸟兽散了。

苏青的一生，如同她最著名的《结婚十年》，其他都不过是续章——在离开了首任丈夫之后，就再也未能迈入婚姻的殿堂，而《结婚十年》也成了她唯一的一次婚姻的墓志铭。

二

张爱玲看苏青的婚姻洞若观火，可自己的两次婚姻却处理得令人叹息：一次是爱情至上中有任性，一次是动机明晰却失算了。

---

① 中亚．有关苏青上海访问记．书城，2000（11）：14-15.

初婚是胡兰成。苏青离婚后创办杂志《天地》，约到张爱玲的作品《封锁》在杂志上刊登，又把杂志四处寄人。胡兰成在南京收到杂志，读到《封锁》，不住地击节赞叹，回到上海后即去找苏青，问到张爱玲的住址，而后不揣冒昧找上门去。张爱玲不欢迎不速之客，但一听说是曾经闻名的胡兰成，过后又回访，一谈欢洽，自此两人开始往还，很快陷入情网。

当时两人的情况是，张爱玲 23 岁，待字闺中，没有确切的恋爱经历；胡兰成 37 岁，发妻去世后，又结过两次婚，是 5 个孩子的父亲，分别在上海与南京安有两个家，上海的一位是他的填房，南京的那位且妻且妾。面对如此复杂的局面，张爱玲还是跟着感情走，不顾一切地往爱情的泥淖里沉陷。家族里的亲戚听说她交往的男友是汪伪政府的人，在背后指指点点，她仍一意孤行。

胡兰成在上海的寓所美丽园。

胡兰成说是他为顾及日后时局变动不致连累张爱玲而没有公开举行仪式，这固然也可能是个原因，但也有可能是时民国建立业已 30 多年，虽仍有人纳妾，毕竟不再是件寻常而光彩的事，更不是民国新潮人物所为之事。若公开起来，张爱玲面上未必好看，恐怕这也是胡兰成不愿公开举办婚礼而张爱玲竟也愿意悄悄进行的缘故。

随后胡兰成赴汉口接掌《大楚报》，借住在汉阳医院里，不失时机地随即与医院年轻的护士滋生感情，并且也并不将这孽缘向张爱玲隐瞒。

本来，张爱玲与胡兰成的恋爱传奇到胡兰成离沪赴汉之时，若能画上一个句号，将是最圆满的结局了。胡兰成说他与张爱玲是金童玉女，的确是的。可是金童玉女是如才子佳人一样，只合在人们的理想里才会拥有永远的幸福，在现实生活中，这样“绝配”的幸福甚至少于普通人家。其实若不能求得天长地久，退而求其次，短暂的浓烈也好，问题是要能当机立断。张爱玲虽然在她的散文里侃侃道：“不论在艺术里还是人生里，最难得的就是知道什么时候应当歇手。”什么时候，那确实是一种境界，连张爱玲也只知道什么时候应当歇手很难得，而并不知道什么时候应当歇手。

如果张爱玲也能像胡兰成那么洒脱的话……可是偏偏张爱玲是痴情的，而又有了婚约。其实胡兰成对这一纸婚约并未看得过重，但张爱玲是看重的。张爱玲的悲哀在此。就此时来看，张爱玲对于胡兰成精神世界的启示作用已告结束。可是她看不到这一点，她余情未了。她曾说“苏青的作风里极少‘玩味人间’的成分”，本来她的作风里是有着玩味人间的成分的，因为她的理性超过苏青。但是爱情蒙蔽了她的理性，于是她的姿态一时变得完全是苏青的了。悲剧于是一幕一幕，愈演愈烈，以至看得后来崇拜她的人们不堪忍受，又舍不得怪她，只对胡兰成切齿不已。

张爱玲在文学创作上才高八斗，可是应付日常生活就成了低能儿。《小团圆》里写道：那天盛九莉在家里留邵之雍吃饭，饭后她“打了个手巾把子来”，给他擦脸。因为卫生间隔得远，怕走过来时早已冷却了，所以她把热水兑得很烫，又绞得很紧，手都烫疼了，可是邵之雍不满意，说："这毛巾这么干这么烫，怎么擦脸？"邵之雍是笑着说的，两人又在热恋中，谁都不会太介意。可这件小事也可说明早在此时，胡兰成就已表现出对张爱玲某些方面是不满意的。这是张爱玲排在胡兰成的南京夫人之后，身后又有新来者的原因之一。

原因之二是两人亲热的质量。也许是因为胡兰成没有把《今生今世》当做小说来写的缘故，写到与性有关的地方总是很干净，也很巧妙，在此也显现他的语言功夫。比如他把与张爱玲狭义上的亲热，写作"淘"，淘气的"淘"，或者写作"欢娱"。比如他写与张爱玲总是喁喁哝哝，话多夜短，很快天就亮了，结果"连欢娱亦成了草草"。

胡兰成喜欢听张爱玲形容事物，问她怎么形容他俩在一起"淘"的时候，张爱玲说是："你像一只小鹿在溪里吃水。"这个形容，《小团圆》里也有，写到邵之雍，"他讲几句话又心不在焉的别过头来吻她一下，像只小兽在溪边顾盼着，时而低下头去啜口水"。

《小团圆》里对于性的描写较之张爱玲之前的作品要露骨得多。张爱玲在写到盛九莉与邵之雍的欢情时屡次提到盛九莉感到的疼痛。可能盛九莉是不好意思跟总归经验多一些的姑姑说，也可能是因为后来不疼了，就没有上医院。直到跟燕山（生活原型为导演桑弧）有了关系后，以为怀孕了，一检查，却发现"子宫颈折断过"。盛九莉马上推断邵之雍是祸手。

对于导致张爱玲与胡兰成分手的原因，以往多认为应由胡兰成的品行、观念担责。《小团圆》则提供了其他原因存在的可能性，比如两人快乐的质量。快乐中突然出现的痛苦，往往不像我们所以为的那样，会被快乐折兑或抵消，反而比常情下的痛苦感觉更痛苦。原因可能是快乐时人的神经是放松的，而抵御痛苦时神经是绷紧的——在本该放松的时候不得不紧张，就像在高速公路上开车时瞌睡上来，休息站还在远方，简直是不能忍受的痛苦。而《小团圆》里的邵之雍，偏偏是个性欲旺盛的家伙，自然更难忍受。

胡兰成与张爱玲相识不到一年，相恋时间更短，在这么短的时间里，一场倾城之恋就划了分号了。他那么快地移情别恋，那么执拗地不顾张爱玲的极力挽留，也可能与此“苦衷”有关。

张爱玲曾写道：“如果与情爱无缘了还要想到爱，一定要碰到无数小小的不如意，龌龊的刺恼，把自尊心弄得千疮百孔。”张爱玲有预言的能力，她将自己从初恋到爱尽的情形都说到了，可是又怎么样呢？就像落入了巫魇一般，她还是身不由己地要将那甘苦备尝。

不久之后抗战胜利，张爱玲因抗战期间的活跃以及与胡兰成的关系，广遭世人詈骂。其中骂得最难听的部分，就是她与胡兰成的婚恋。诸如《张爱玲写信给胡兰成说：愿为使君第三妾！》《胡兰成秀才造反张爱玲甘心作妾》《张爱玲的汉奸丈夫：胡兰成一篇家庭流水账》《从张爱玲说到禁止娶小老婆》等，而张爱玲与胡兰成的亲密关系，早在抗战期间，就已不是秘密。胡兰成的上海夫人患有精神疾病，自然不成其为张胡婚恋的阻碍，麻烦的是胡兰成那位舞女出身的南京夫人，是个厉害的角色，不能容忍胡兰成另有新欢。张爱玲与他二人演三角戏而“哄传文坛”，爱情至上，其他一切都顾不得了。

抗战胜利后，国民政府惩办汉奸，胡兰成在缉捕之列，于是逃匿浙江。张爱玲痴心不改，从上海追至藏身地探望他，一边还逼着他在小护士与自己之间作抉择，却发现他在当地又有了新的情人，终于哭回上海。上海小报立刻登出了题为《张爱玲千里寻情人》的花边新闻。张爱玲至此方幡然醒悟，写信与胡兰成决断。

《今生今世》里有段写抗战后期胡兰成与张爱玲谈到将来：“且我们所处的时局亦是这样实感的，有朝一日，夫妻亦要大限来时各自飞。但我说：‘我必定逃得过，惟头两年里要改姓换名，将来与你虽隔了银河亦必定找得见。’”

胡兰成在这一段里的用词很有意思。俗话：“夫妻本是同林鸟，大限来时各自飞。”本意是夫妻的共同生活，也不过是同在一个林子

Edinburgh House（爱丁堡公寓），如今叫常德公寓，坐落在常德路上。张爱玲从父亲家里逃出后，与母亲、姑姑住在该楼51室，在这里看病，补习功课，并从这里出发到香港去念大学。辍学返沪后，与姑姑迁入65室（现60室），从这里登上文坛并一举成名，她的最重要的作品都在这里完成。她在这里用牛酪红茶与甜咸西点招待了紫罗兰斋主周瘦鹃；在这里接到苏青“叨在同性”的约稿信；在这里使慕名前来的胡兰成吃闭门羹，后又与他热恋并悄悄结婚；在这里还曾应《杂志》编者之约与苏青对谈妇女与家庭。

里栖息，一旦遇到生死大难，就要各奔东西了。“各自飞”，是永远的分离，而不是短暂的分离。即使“找得见”，也还要“愿意找”，“找得见”也未必就意味“在一起”。

张爱玲与胡兰成的这一场“倾城之恋”，向来为惜才的人扼腕。有人把那场婚恋，归于“痴情女子负心汉”，有的归于“涉世不深女青年遇人不淑”。人们为张爱玲惋惜，还有文学创作上的原因。张爱玲因胡兰成的移情别恋，一度痛苦不能自拔；后来虽然拔出来了，当然也是经过了痛苦的抉择。经历这两个阶段，不仅精神痛苦，而且耗费心力，不可能不影响创作。人们为张爱玲惋惜，还有一个心思，就是觉得张爱玲既有过人的聪明，当然不应犯凡夫俗子易犯的低级错误。

而且在人们的印象里，张爱玲是精于算计的，与出版商斤斤计较，甚至与姑姑也是锱铢分明，虽然那是经济账，这是爱情账，可是爱情之“毛”，最终也是要附丽在经济之“皮”上的。可见张爱玲不是一个彻底的会算计的人，因为一个真正的会算计的人，不会是一个爱情至上主义者。

30 年后，张爱玲撰文谈旧作，忽然横插了一句：“爱就是不问值得不值得。”好似在对自己当年对胡兰成的痴情做评断。

张爱玲与胡兰成分手 9 年后，再披婚纱，与美国作家赖雅结婚。张爱玲时年 36 岁，选择年长自己近 30 岁的老人结婚，其成婚的仓促，其处境的窘困，都不难看出其目的性。可从后来的过程与结局来看，初愿并未达成，而将自己的文学创作、时间精力、心情健康都陪了进去，尽管夫妻之间不应如此计算得失。

一个喜欢按部就班生活的人看张爱玲的《小团圆》，一定不喜欢，因为秩序太“乱”了。正叙、倒叙、穿插、意识流……整个场面就像大众游泳池里的人头，人物游动不止，载沉载浮，一会儿从这里窜出来了，一会儿又没进水里不见了，一会儿又从那里冒出来了，令人眼花瞭乱，目不暇接。可是里面有两个人物，是难得地集中写的，一个是以周瘦鹃为生活原型的汤孤鹜，一个即是以张爱玲的美国丈夫赖雅为生活原型的汝狄。

狄是秦汉以后，中原人对北方游牧、狩猎民族的带有贬义的称谓，张爱玲用这个名字代表亡夫，其实不是不敬，而是夫妻间的玩笑，当然同时也有表明其系外籍人士的意思。

张爱玲初至美国时，通过炎樱的介绍，住进了纽约救世军办的职业女子宿舍。救世军是救济贫民出了名的，几乎成了“贫民”的代名词。它收容的人中有许多是酗酒者，管事的老姑娘们都叫她“中尉少校”，使人想起美国西部牛仔片中的情景。

张爱玲以难民身份入得美国，当时的处境也确与一般难民无异。她的小说《秧歌》虽然获得评论家肯定，但未引起广大读者的注意和欢迎，只印了一版，还销路不畅，张爱玲的收入大受影响，于是赶紧想下一步棋，有意将旧作《金锁记》的故事拓展，写成她的第二部英文小说，名字也想好了，就叫“粉红的眼泪”，仅此也可见作品的定位及对普通读者的期盼。张爱玲听说美国有一些基金会，可为文艺家提供短期免费食宿及创作的场所，她向位于新罕布什尔州彼得堡的麦克道威尔文艺营提出了为期三个月的申请，不到一个月，获得批准，即于三月中旬辗转前往营地。

年已 65 岁并且中风过的美国作家赖雅也因打算通过休养为写作积蓄能量，先于她来到这里。文艺营的规矩是，早餐与晚餐，入驻文艺营的文艺家们在一起聚餐；中餐则送到各人工作室门口；下午 4 点以后，文艺家们可以自由聚谈。

张爱玲与赖雅初次见面是在 1956 年 3 月 13 日；第二天两人见面时交谈了几分钟；3 月下旬，他们已经开始互访对方的工作室；4 月 1 日，两人并肩坐在大厅中享受复活节正餐；几天后，她将《秧歌》拿给他看，而他觉得文笔优美；此后他俩单独来往的次数增多；5 月 12 日晚，他们便做了成人的游戏，还被赖雅记进了日记：“去房中有同房之好。”此时距他们第一次见面两个月还差一天。

张爱玲与赖雅的恋情发展，是如当年与胡兰成一般神速。赖雅其实与胡兰成有几分相似：年长如父，聪明有趣，阅历丰富，善于表达，善解人意，长于文墨，更无她受不了的胡兰成的缺点。

就因为张爱玲自小缺少父爱，使得她在心理上一直存在父亲角色的补偿需要。她早年的小说《茉莉香片》的主旨便是寻找真正的父亲，但那还只是她心灵渴求的反映。胡兰成的出现，使原本以为是难以企及的冥思忽然变作了可以追求的现实，她便如同小说《沉香屑·第一炉香》里的人物“像热腾腾的牛奶似的，从青色的壶里倒了出来，管也管不住，整个的自己全泼出来了”。她在与胡兰成感情出现危机前对记者说：“男子的年龄应当大十岁或是十岁以上。”那时的她还未料到男人的这个年龄却又是危险的年龄——大的还不够。此番看上大她 30 岁的赖雅，该有吸取教训的意思。赖雅青壮年时，也是一位风流健儿。前妻是美国著名的女权运动家，离婚后，他也结交过不少动人的女朋友，可到了张爱玲认识他的时候，他已如同那个在香港请炎樱看电影的潘那矶先生，所有的辉煌都已成了过去，是个落伍的人了。在《小团圆》里，盛九莉对汝狄“也不相见恨晚”。他老是老了，力既不足，心也就无余，为妻也就再不用为他的专心与否操心，而他的智慧还在，风趣还在，其他的优点还在，当然好啦。关键是，他“早几年未见得会喜欢她，更不会长久”。这一点，张爱玲影射自己的书中人物——盛九莉心里很清楚。他也对她这样说对待女人“我向来是 hit and run”（闯了祸就跑了），可是后来竟同意与她结婚了。

《小团圆》并没有直接写汝狄娶盛九莉的原因。赖雅娶张爱玲到底有没有特别的原因，人们将猜疑聚焦到张爱玲极可能怀上赖雅的孩子这件事情上来。

人们对张爱玲怀孕的猜测有几个来源，一是张爱玲在出麦克道威尔文艺营后的 7 月份“病得很重”，这“病”，极可能与人工流产有关。

二是张爱玲在到美国之前，在香港出版过一部长篇小说《赤地之恋》。到美国后，她将这部小说译成英文，名字简略了些，就叫《赤地》。《赤地》引人注目地增加了《赤地之恋》所没有的一段内容：曾作了干部情妇的女主人公被遗弃后，做了人工流产。流产过程的细节描写，使人相信那是作者的亲身经历。三是《小团圆》中对盛九莉人工流产过程有完整的描写，而且极度的感官刺激，可以称之为骇人。

盛九莉有孕已经4个月了，她看小说里说3个月的胎儿就不能堕胎了，因为手术危险增加，但显然她仍要把他打掉。不知是不是单因孕期超限，或者是有其他方面的原因，她不到医院去做这个手术，而找了一个私人医生，花了400美元，方式是药物流产。

下午放的药，晚饭时肚子已是疼得翻江搅海，夜里她在卫生间将胎儿排了下来，“她在浴室灯下看见抽水马桶里的男胎。在她惊恐的眼睛里足有十吋长，毕直的欹立在白磁壁上与水中，肌肉上抹上一层淡淡的血水，成为新刨的木头的淡橙色。凹处凝聚的鲜血勾划出它的轮廓来，线条分明，一双环眼大得不合比例，双睛突出，抿着翅膀，是从前站在门头上的木雕的鸟。恐怖到极点的一刹那间，她扳动机钮。以为冲不下去，竟在波涛汹涌中消失了。”

张爱玲笔下的胎儿她说是鸟，其实更像天使，尚未起飞的天使。可是如胡兰成所说，张爱玲对小天使没有好感，连小狗小猫都不近，当然也不喜欢小孩。胡兰成认为原因是她像小孩。其实是她做小孩的时候不快乐。

当人们一旦发现与胡兰成始终没有“结晶”的张爱玲，在50年代的美国，本有留下子嗣的机会而放弃时，一齐将矛头指向赖雅，把张爱玲绝后的责任推向那个奔七的老男人。

《小团圆》里，对于盛九莉腹中胎儿的去留，汝狄并非自始至终坚持不要的，坚决不要的是盛九莉。“生个小盛也好，”起初汝狄说，也有点迟疑。九莉笑道：“我不要。在最好的情形下也不想要——又有钱，又有可靠的人带。”盛九莉的不要，还不是因为没有钱、没有人带。

张爱玲的第二次婚姻选择了赖雅，她过于看轻了赖雅的经济条件，又忽略了他的身体状况，她从他那里固然找到了真情，找到了精神上的慰藉，可是颠沛流离、捉襟见肘、长守病榻之侧的生活也找到了她。

令人为张爱玲的这桩婚姻叹息的是想赖雅再不济，顶多无法让妻子过上舒适的生活，谁会料到婚后的局面却是，一个土生土长的美国人，却要靠一个写作是唯一生活技能、养活自己都很困难的外国女人来养活；他中风再中风，生活中“惊人的愚笨”、连自己都不大会照顾的张爱玲，却不得不长期照顾身患沉疴的丈夫。

经济上的巨大压力，逼使张爱玲拼命写作。好处是多产，坏处是质量不高，所写的也往往并非是想写的，这对于她的才华自然又是一种浪费。赖雅其实也曾有类似的经历，不同

曾经是纽约救世军办的女子宿舍，如今已改为成人康复中心纽约西 48 街 535 号（535 W 48 St, New York, United States）。张爱玲《忆胡适之》：“有一天胡适先生来看我，请他到客厅去坐，里面黑洞洞的，足有个学校礼堂那么大，还有个讲台，台上有钢琴，台下空空落落放着些旧沙发……坐了一会出来……我送到大门外，在台阶上站着说话。天冷，风大，隔着条街从赫贞江上吹来。”大概是为保护隐私，“闲人不得入内”，因而无法进去看看餐客二厅，不知咖啡炉边上还有没有老年酒鬼站着，那宽敞无比的客厅里是否沙发钢琴依旧。很难想象当年张爱玲送胡适出来，就站在这窄窄的台阶上依依不舍、意犹未尽地说着话。而街对面如今已被楼房排满，看不见赫贞江了。胡适所住曼哈顿东 81 街 104 号（104 E 81st St, New York, NY, United States）距此四五公里远，他可以走着来，打中央公园穿过，风景不错，可是年逾花甲的老人至少要走一个小时吧。（丁钰洁摄）

1955年出版的英文版《秧歌》。《秧歌》最初以英文写成，随即又以中文来写并先由香港今日世界出版社于1954年出版。

德文版《秧歌》。根据英文版翻译，译者加布里乐·埃克哈特（Gabriele Eckehard）。书名译作“稻歌”，没有突出英文版和中文版书名中“秧”的含意，而德文中并非没有“秧苗”之类的词语。由欧根·迪德里希斯（Eugen Diedrichs）出版社于1956年出版，在书的扉页上，书名下面，写着：“一本来自今日中国的小说。”

的是她还只是追求基本生活的保障，而他当年是为了追求豪华生活。他本是一位相当有才华的剧作家，20年代起不断为各大知名报刊写稿，并经常往返于大西洋两岸，与文学巨擘庞德、乔伊斯、福特、康拉德、刘易斯等均有交往，更对戏剧大师布莱希特有提携之恩。本来以他之才，完全有可能创作出青史留名的作品，可是因了兴趣广泛、活跃好玩的性格，又是才子的风骨，不以浪掷才华为惜，宁愿为好莱坞写电影剧本而获得高稿酬。他又慷慨豪爽，不肯量入为出，习惯于

“花光了再写、写了再花”的循环。终于有一日，千金撒尽不复来，晚景于是凄凉，害己害人。

1961年秋，张爱玲为寻创作素材赴台湾香港，在台湾逗留时接到丈夫赖雅中风的电话，这是赖雅第三次中风——婚前一次，另一次是在张爱玲流产的当年秋天。张爱玲接到电话，原应当即回美国，可竟因家无隔夜粮，回去也将坐拥愁城，竟不得不转赴香港继续为电影懋业公司创作剧本，好带了稿酬回家。

滞留香港的日子，张爱玲忍受着多方面的煎熬。当她离开美国时，赖雅即因年迈与多病，几乎认定将从此永远失去这个妻子，所以情绪低落，后又多次写信催促她回美。张爱玲在拼命写作之余，还要时常写信安慰丈夫。在《红楼梦》剧本初稿完成后，因为要等电影公司方面的意见做修改，不得不延期回美，她利用这空档再写一个剧本，这样可以比计划多赚八百美元，相当于他们在旧金山四个月的生活费。在眼睛治疗的过程中，有几天空档，她也不肯休息，替一家出版社翻译短篇小说。她就像一架机器，把负荷开到最大，她没有一丝懈怠，告诉丈夫她“工作情绪高昂”。她从早上十点写到凌晨一点，因为长时间写作，身体及眼睛过于疲劳，导致结膜下出血，且反复发作，但她手中的笔不能停下来，一刻不能停。从旧金山飞来时，因为长时间坐着不动，脚肿了，想买大一号的鞋这点钱也没有。她给电影公司写剧本，是靠了老朋友宋淇的帮忙，牵线搭桥。可是当她不得不向他们借钱时，加上其他方面的原因，朋友有做不下去的危险。兹摘录学者周芬伶整理发表的张爱玲的一封家书（谢毓祥译）的片断，从中可以看她在写给丈夫的信中，透露出她那段紧张辛苦、内心充满酸楚的生活：

我工作了几个月，像只狗一样，却没拿到一分酬劳，那是因为一边等一边修改的缘故……跟宋家借钱是件极痛苦的决定，而且破坏了我们之间的一切，我无法弥补这种艰难的

> 关系……宋家冷冷的态度令人生气，尤其他认为我的剧本因为赶时间写得很粗糙，欺骗了他们。宋淇告诉我，离开前会付新剧本的费用，言下之意是不付前两部，即《红楼梦》上与下。当我提议回美再继续修改时，他们毫无回应。……这些不确定的状况……更加深了我在这儿的悲惨。……隔天待在我的小房间，觉得快要休克了，整个人要爆炸了。三个月的辛苦，一年生活的保障，还有欠他们那几百元的生活费与医药费，虽然他们不见得同意，但我估计他们会从《红楼梦》扣我的钱。我无法入眠，眼疾刚治好，走到阳台，站在一轮红红的满月下，今夜是元宵节前一天，他们已不是我的朋友了……

在张爱玲早期的一篇题为《公寓生活记趣》的散文里，说过一句非常经典的话："长的是磨难，短的是人生。"张爱玲说这话时，才20多岁年纪，尚未饱经风霜，不免给人"为赋新诗强说愁"的轻飘感。可在她经过与赖雅的婚姻之后，再来念这句话，嗓音都要变得深沉厚重起来。这段婚姻长达11年，之所以觉得它长，是因为其间磨难太多。

对于张爱玲在美国的婚姻生活，司马新先生的专著《张爱玲与赖雅》所记颇为详细。与张爱玲分别后的赖雅住在华盛顿的女儿家里，待中风好转，他便在女儿家附近、离国会图书馆也不远的地方，选定名为"皇家院"的一套普通公寓，在那里盼望夫妻重逢。

回到华盛顿的张爱玲丝毫不敢懈怠地拼命写作以维持生活，但作品出版不顺，每月只能领到50美元社会福利金的赖雅的健康又每况愈下，她自己也小毛病不断，以至于他们在皇家院住了两年后不得不搬到更便宜的黑人聚集区的一所政府廉价公寓——肯塔基院。而更致命的打击接踵而至：赖雅一天从国会图书馆出来，在街上摔了一跤，股骨骨折，接着又几次中风，终于瘫痪而卧床不起了。生活中有着“惊人的愚笨”的张爱玲，从此不仅要做全家的经济支撑，还要做照顾大小便失禁的瘫痪病人的护士，仿佛是老天爷有意要锻炼张爱玲的生活能力，要考验夫妻俩的爱情。

在赖雅卧床两年后，张爱玲申请了俄亥俄州的牛津迈阿密大学的驻校作家项目，起先计划她独自前往，而将病夫交由赖雅的女儿照管，继而又尝试交由女佣照料。

固然，张爱玲应聘牛津迈阿密大学任驻校作家，很大程度上是为了挣生活费，赚钱的同时也能满足自己的精神需要。她自认是有文学才华的，她不能任由它在日复一日的琐碎生活中荒废殆尽。但是，在谋生的名义下，她的内心当真没有一闪而过意欲喘息、试图逃避的隐秘？写作是一个特殊的工种，很多时候，一支细笔、一沓白纸，外加几本书，足矣。不被打扰的环境是需要的，更重要的是有一颗能拒杂念于千里之外沉着安定的心。显然，赖雅的病，扰乱了张爱玲的心，照顾病人，成为她不能承受的生活之重。

大多数人对张爱玲一代才女却不得不侍候一个瘫痪病人的遭遇表示同情，对她抛下病床上的赖雅独自离开华盛顿前往牛津表示理解。萦绕在人们脑海里的一个词，是“拖累”，就连赖雅自己也这么认为。对于一个能干的人来说，他或许可以做到一手照顾病人，一手继续事业，何况这“事业”是可以居家完成，但如此要求张爱玲显然不切实际。何况，她对赖雅已有所付出。只是，对于赖雅来说，在几乎丧失了生存能力而绝望无依的悲惨境地下，张爱玲的“走”，多少有那么一点残忍。

好在张爱玲在发现将赖雅无论是交给其女儿，还是交由女佣都不可行的情况下，最终还是将赖雅一同带走了，尽管她因此对赖雅的女儿满是怨怼。张爱玲将赖雅接到牛津，却以妨碍工作为由不让他与她住在一起，而欲给他另择公寓找人照料，同样是在发现实现不了时才

美国马萨诸塞州康桥（剑桥）布拉图街 83 号公寓。1967 年张爱玲与赖雅曾在此租住，这里是她夫妻俩的永诀之地——赖雅在此只住了一个来月就病逝了。张爱玲虽然没有了病夫的拖累，但也从此孑然一身，直到终老。赖雅死后，她在这里继续居住了将近两年，于 1969 年 7 月搬离。（戴劲摄）

不得不两人同住。

在 1967 年的春夏之间，有两个月的时间，张爱玲曾离开牛津迈阿密，去了纽约曼哈顿，住在一家旅馆。她告诉友人夏志清，她到那儿是为了医治“小毛小病”，但没有说明是什么毛病。夏志清和於梨华的回忆文章，都提到他们曾经到旅馆去看她，一起吃了牛酪饼干和红酒，但见她精神有些不济。那么，这两个月里，赖雅在哪里？由谁照顾？仍在迈阿密？由张爱玲雇人照料？不得而知。只知张爱玲先去的康桥，一个多月后的 8 月底，才把赖雅接来。9 月，他俩入住布拉图街 83 号公寓；10 月 8 日，赖雅去世，夫妻俩这才一个解脱、一个解放了。

三

相对于苏青、张爱玲充满辛苦与痛苦的婚姻之路，胡兰成的婚恋则是山花次第开、一路有言笑。胡兰成一生到底结过几次婚，谁也说不清——无论是以结婚仪式为准，还是以事实婚姻为准，谁都说不清，除了胡兰成自己。比如应瑛娣，胡兰成的侄女管家胡青芸显然不知她叔叔与这位应小姐有无举办过婚礼，只明确说没见到过婚书。可仅据此认为他们不曾结婚又未免武断，因为胡兰成在报上是登了离婚启事的；再如佘爱珍，是与胡兰成白头偕老、为他送终并在他的葬礼上以他的遗孀身份示人的女人，但在胡兰成笔下，也找不着什么结婚的仪式与证明。

在胡兰成的词典里，结婚、成亲、夫妻都是含混不清的字眼，与人们心目中的意思有所不同。他是男女做了床笫之事就叫结婚、叫成亲，他喜欢用“做了夫妻”，实在是颇有意味。他与发妻唐玉凤有仪式齐全的婚礼，他称之为“花烛夫妻”；他给昨夜已与之“结为夫妻之好”的范秀美的许诺是将来办“喜酒”，可见在人们心目中作为婚姻标志的花烛、喜酒，在胡兰成心目中倒并不是个重要的象征。所以胡兰成的婚姻次数只能是个大约的数字。

胡兰成小时候曾被过继给一俞姓人家，上中学时寒暑假常在俞家度过，在与有着水蛇腰、生着一双吊梢眼、人称春姑娘、年长他20岁的干妈相处中渐生思慕而情窦初开；19岁时在老家娶山村姑娘唐玉凤，5年后发妻病殁，留下一儿一女。两年后胡兰成再婚，娶全慧文，又先后生下三子一女，其中一子早夭。在他热情追求张爱玲的时候，长子已经17岁，小女儿才仅仅两岁，而这仅是故事的主线。

胡兰成因他才子的性格，婚姻内难得餍足，于是婚外到处留情，形成了他情感故事的副线。两条线相伴而生，各自发展。他在后来写的自述《今生今世》里说他当初读到张爱玲的《封锁》的情形：“我才看得一二节，不觉身体坐直起来……”小说的开头是这样写的：

> 开电车的人开电车。在大太阳底下，电车轨道像两条光莹莹的，水里钻出来的曲蟮，抽长了，又缩短了；抽长了，又缩短了，就这么样往前移——柔滑的，老长老长的曲蟮，没有完，没有完……开电车的人眼睛盯住了这两条蠕蠕的车轨，然而他不发疯。

胡兰成就如同一位经验丰富的司机，驾驶着情感生活的电车，只顾享受齐人之福地行驶在婚姻内外两条情感之轨上，虽有时也不免内外交困、左支右绌，被夫人们吵闹、掴脸、责备、逼着取舍等等，但他也不发疯。

在第一桩婚姻内，胡兰成一度逗留在他杭州蕙兰中学的斯姓同学家里，即与同学尚未出阁的妹妹暗生情愫，以至被斯母礼送出门；在与全慧文的婚姻内，胡兰成先是有了应瑛娣，后又有了张爱玲、周训德、范秀美……

20世纪30年代中期，上海舞厅生意大不如前，舞厅老板为了吸引客人，让舞女除了陪舞，增加了陪吃陪玩等项目，美其名曰“向导女”，因免不了陪睡，故而成了娼妓的代名词。应瑛娣与苏青同乡——宁波人，“自幼入菊花向导社为钟点姑娘”，比张爱玲还小几岁。胡兰成把她包养在新新公司的一个旅馆里，因给家用骤然减少，引起替他管家的侄女胡青芸的怀疑，于是跟踪到旅馆，发现了秘密，请他为节约家庭开支考虑，将应小姐带回家来。汪伪政府还都南京，胡兰成到南京就职，于是将应瑛娣安置在南京的家里。

应瑛娣（《今生今世》里写为“应英娣”）不识字而脾气暴躁，《今生今世》里的一句话：“应小姐原是我的前妻，昔年为了张爱玲，发脾气离了我。”可以作为1945年5月26日上海《申报》头版上一则广告的注脚，那则广告也只一句话：“胡兰成与应瑛娣，业经双方同意，解除夫妻关系。”

同样的广告在《新中国报》上同时刊出，不能不引人注意。果然不几日，就有人在《力报》上撰文道：“瑛娣本名英弟，胡兰成以不雅乃为之改‘瑛娣’。因‘娣’字含有媵妾之意，暗中标明‘次妻’，今以胡张恋爱成熟，应大打出手以后，反对无效，情愿仳离。张爱玲如嫁胡，乃是填瑛娣之缺，实际上无疑二皇娘地位也。”

对于“大打出手”，传闻不一，说得较多的是发生在公园里，但人物不同，有的说是胡与应二人对打，有的说是应打张，最奇的说法打张爱玲的是佘爱珍。1946年有记者称采访到应瑛娣，在《新天地》第3期上登出一篇较为详尽的应氏自述：

> 我的家庭，本是贫穷的，父亲死后，生计益艰，我看着母亲苦力维持，心里实在不忍，万不得已，我终于加入了一家向导社了，那时我刚病后，身体很弱，又加夜间生活，苦痛不堪，但是没有做了几天，便认识了胡兰成，我同他是在一个酒楼里初次相见的，那时他一见我，便对我有好感，我起初当他是经商的，后来过了很久很久，才知道他是在报馆里做事的。出入坐的汽车，也是报馆里的，从那次初识以后，他便常常约我吃咖啡，看影戏，逛马路了，我们的感情增加得很快，他常常买衣料送我，买鞋子送我，他对我实在是太好了，有一天他便要求来我家见见我的母亲，但是我母亲因为身上穿得不像样，家里的破相也太见不得人，便拒绝他了，可是他一定要来，竟给了我一笔很大的款子，说叫我为母亲做衣服，买家具去。我便照样办了，家里豁然一新，便去请了他来，母亲见他后，也觉得他人品不错，以后他便常常来

我家，我这时已几乎不再到“社”里去了。他关照我在家好好的息养。

不久他便和我谈到婚事，但是他家里已经有了老婆，我告诉他这是不可能的，你是把我当妻还是妾呢？他说他的老婆本来是很好的，后来得了精神病，一切都变态，已经是个废人了，所以他缺少正式的内助，我看他的情形也很同情他，便答应他了，订了婚后，他又送我很多的金器，又做了很多的衣服，不久我们便同居，也并没有举行正式的婚礼。

以后便是我和他住在一处，他的患病的老婆住在另一处。我们的家庭生活很安乐，他对我始终是很好的，便是有些小吵闹，也都他最后让了我的多，我很信任他，我的母亲老是盼望我早日养个儿子，便可永远定心，我却不这样想了，我觉得他没有甚么不可靠的地方。

就因为我太信托他了，所以会发生后来的婚变，真是当初所想不到的。

我早就听说他和张爱玲关系很密切了，我也劝过他几次，甚至还吵过架，但是他始终不听我，那时我们已住在南京，每次他到上海来总是同张爱玲打在一起，有一次我便跟他一齐来上海，一方面来看看母亲，一方面当然也是监视他。有一个落雨的下午，我同他还有母亲同在一位姓张的朋友家里吃饭，饭后不久，佣人拿进一张卡片来，说是外面有两位小姐要会张先生，而一看卡片，却是胡兰成的名字，上面写了几个字是：“介绍炎樱张爱玲来见，胡兰成”。我看了已经很气，那时张先生正在洗面间里，他便出去把她们接进来，他并不介绍，就引她们进了另一间屋子了，多少时多少时不见出来，我觉得他便是去陪她们，也该出来一会儿的，但他还是在里面，简直没有我们在旁的样子，我气极了，便跑进那个房间去，我不知应该怎样对付他，骂也没有话骂，只有大声地说了两个字：“回去！”他好像没有听见似的，还是坐着，我又大声地说：“穿大衣呀！”他这时才懒懒地站起来，着上大衣，预备跟我走了，但我这时实在因为感情太激动，怒不可遏了，便伸出手来，重重地向他面孔上打去，他被这一打，一句话没有说，也不还手，便直向外跑去，雨落得正大，在雨地里，他便一个子奔去了，头也不回，母亲看情形不对，便出去追，叫他乘车子，他始终不肯乘，不知跑到那里去了。

我这时气已稍平渐渐又觉得难过起来，我做得的确太火，母亲也怪我，有话应该回去说，不该当着外人面便这样对待他，使得他太没体面了，我也很忏悔我一时的鲁莽。

那天在雨中走出后，他便没有再见我面，跑到那个神经病那里去住了，不久他便回南京，也不来通知我，我知道他是负气了，便赶到南京去，打算向他认错。哪知见面以后，他一点也不理我，怎么样求他的原谅，还是不开口，我哭了两三次，他也不在意，如此过了好多时，他才渐渐地和我谈话，但是行动和谈话，都时常失常了。有时在吃饭，他同我谈得正好，忽然不响了，一句话都不说，问他也不答，有时正在拍排球，拍得正好，忽然把球一摔，又不理我了，或过了一会，又来骂我丑了，又说我变矮了，我真无法对付他，他曾对朋友说过，他是在用精神，虐待我。

某次又为了一件事，相打起来，他以前和我有冲突时，总是比较让我一点的，这次他却凶猛异常，用了拳头重重的向我脸击来，正打在我的鼻上，几乎被打歪了，我要拖他上法院去，因为朋友的劝阻，才作罢论，不久我也觉得我们是不可能再相安的住在一处了，他也同意，便协议离婚，他愿

> 意把所有的积蓄让给我，现在我便靠这些生活着的。
>
> 离婚以后，我们也并无多大恶感可言，有时碰面，还散散步，吃点咖啡，我觉得我们都有过错，所以双方都不相恨，只是不能再在一起罢了。

巧的是张爱玲的《小团圆》里也有“撞见情敌”“大打出手”这一段，虽情节有所不同——《小团圆》本是小说，照例会将真实生活变形，张爱玲的视角也会与应瑛娣有异——但仍可看出基本事实。比比影射的是炎樱：

> 这天刚巧无处可去，没电影看实在是桩苦事。九莉忽然想起来，那画家徐衡曾经把住址写给她，叫她随时去看他的画，问比比有没有兴趣，便一同到徐家去看画。
>
> 徐家住得不远，是弄堂房子，从厨房后门进去，宽大阴暗的客室里有十几幅没配画框的油画挂在墙上，搁在地下倚着墙。徐衡领着她们走了一圈，唯唯诺诺的很拘谨……
>
> 之雍忽然走了进来。九莉知道他跟徐衡很熟，却再也没想到他刚巧也在这里。他有一次在她家里遇见过比比，大家点头招呼，房间里光线暗，她也是偶然才瞥见他满面笑容，却带着窘意。比比的中文够不上谈画，只能说英文。九莉以为窘是因为言语不通，怕他与徐衡有自卑感，义不容辞的奋身投入缺口，说个不停。尤其因为并不喜欢徐的画，更不好意思看了就走，巡视了两遍，他又从内室搬出两张来，大概他们只住底层两间。欣赏过了方才告辞，主人与之雍送了她们出来。通往厨房的小穿堂里有一桌麻将，进出都没来得及细看，仿佛都是女太太们。
>
> 次日之雍来了，方才知道他太太在那里打牌。

胡兰成手书："初志不及偶得之，妇人颜色男功名。"仅由此也可见胡兰成是看重女人长相的，可是与他有染的女人大多是不漂亮的。

"偏你话那么多，叽里喳啦说个不完，"他笑着说。

她只笑着叫"真糟糕"。回想起来，才记得迎面坐着的一个女人满面怒容。匆匆走过，只看见仿佛个子很高，年纪不大。

"她说：'我难道比不上她吗？'"

他说过"我太太倒是都说漂亮的。"九莉看见过她一张户外拍的小照片，的确照任何标准都是个美人，较近长方脸，颀长有曲线，看上去气性很大，在这里，站在一棵芭蕉前面，也沉着脸，剔起一双画成抛物线的眉毛。她是秦淮河的歌女……

他讲起出狱的时候，"这次我出来之后，更爱她了，她倒——嗳，对我冷淡起来了。"他笑道："像要跟我讲条件似的呕！我很不高兴。"

昨天当场打了他一个嘴巴子，当然他没提，只说："换了别人，给她这么一闹只有更接近，我们还是一样。"

胡兰成与应瑛娣离婚、与张爱玲结婚孰先孰后是个容易被人忽略与误解的问题。胡兰成在《今生今世》里说了一句："英娣竟与我离异，我们才亦结婚了。"

从张爱玲的《小团圆》来看，先是邵之雍（胡兰成）向盛九莉（张爱玲）表达结婚的愿望，而盛九莉则提出邵之雍"使君有妇"的问题，邵说“我可以离婚”，盛则觉得离婚需要大笔的钱，而他没钱，所以心里并不抱希望。亦即盛九莉的态度是：邵之雍不与太太离婚，她是不可能与他结婚的。后来邵之雍去华中办报，搞到不少钱，除了给章绯雯（应瑛娣）钱，还给她买了辆做生意用的卡车，之后就在报上登了离婚启事，算是为与张爱玲结婚扫清了张爱玲心理上的障碍。

若事实果真如此，那么胡兰成与张爱玲结婚应该在登与应瑛娣离婚广告的1945年5月26日之后。但是从1944年11月他赴武汉，到次年8月日本投降，这大半年时间里的活动，《今生今世》都有较为完整详细的叙述：“阳历三月里我要回上海，”飞临九江时，“想起在汉口汉阳的四个月”。“我到南京，汪主席已病故日本，连丧回来，葬于明孝陵附近，”“随后我到上海，一住月余。与爱玲在一起，”而此时为“旧历三月艳阳天气”。“青芸今年三十岁，因我回家之便，送她到杭州结婚。”“阳历五月我又回汉阳……转瞬旧历端午”，“五月将尽……忽一日半下昼我到三楼小周房里……我们并肩在沙滩上走……”“六月荷花开，下午五点钟医院里下了班，我与训德去琴台……”“夏天池田来，留数日又回南京，他来是助我筹商开办军事政治学校，打算于十一月里成立。池田去后，我忽身体不佳，”“其后我的健康自然恢复了……启无已于旧历六月中旬离去，报馆的总务我亲自来管”。似乎更加走不开。而此时已至抗战胜利前夕，时局急转直下，胡兰成对即将到来的“大变”也有预感。在这样的情形下，胡兰成忙中偷闲，跑到上海去与张爱玲结婚似又有点匪夷所思。

但《小团圆》里写到一个场景：“……之雍在看报，下午的阳光照进来，她在画张速写，画他在看波资坦会议的报导。”波资坦（现译“波茨坦”）会议开在1945年7月17至8月2日，也就是说，胡兰成至少在会议期间的某几天，是有可能在上海的——他与张爱玲要在这几天里举行婚礼，单从时间上来说，是可能的。而汉口《大楚报》8月2日有篇社论，题为《南京上海怎样了？》，开头一句是：“有人刚从南京坐飞机来……”有学者认为这“人”即是胡兰成[①]，也颇有道理。

胡兰成有了张爱玲还要找别的女人，被许多张迷大骂；他在能文善画的张爱玲之后，找只会接生的周训德，更是被张迷骂上加骂。这是为什么呢？因为大才女输给了小护士。许多张迷因此都想不通，都替偶像抱屈。

当初胡兰成在张爱玲房里“男欢女悦，一种似舞，一种似斗”，虽多是他说她听，可也许应了那句“沉默是金，雄辩是银”的老话，胡兰成还是越战越气馁，是终不得不承认：“我使尽武器，还不及她的只是素手。”仿佛能听得见他说这话时吁吁的喘息声。

当初胡兰成与张爱玲“比斗”，张爱玲再赤手空拳，毕竟也出手伸拳了，演出的不过是一场“空手夺刀”“双拳对枪”之类的武艺；而今周训德遥对张爱玲，却也不比，也不斗，就屈“张”之兵了。

《今生今世》里的张爱玲，盯住胡兰成，一定要他在周训德与她之间，做个选择。《小团圆》里的盛九莉，也追着邵之雍问：“你决定怎么样，要是不能放弃小康小姐，我可以走开。”

相比之下，胡兰成笔下的周训德，当他问她，是否妒忌张爱玲时，她答道：“张小姐妒忌我是应该的，我妒忌她不应该。”胡兰成说她的态度“是这样平正，而且谦逊”。武打影片中武功至高的人，不都是十分谦逊的么！

在胡兰成的心目中，周训德的地位与应瑛娣相近，胡兰成甚至教她读唐诗，让她帮着誊稿子，俨然书童。周训德的某些性情与应瑛娣也相似，都是未成年的年轻，自然是一样的天真，使人感觉胡兰成几乎就是由周训德来填补应瑛娣的空位的。

生活中常常有这种情形：甲爱上乙，原因无他，只是缘于乙颦或笑、嗔或嗲有点像甲喜欢过的或暗恋着的丙。极可能胡兰成就是这种

---

① 秦贤次.《谎言与真相——胡兰成生平考释》. 新文学史料，2011（1）：36.

心理。他对应瑛娣的感情有点奇怪，照理他与她相知相得的程度远不如张爱玲，可是张爱玲离开他时，他没落一滴泪；面对张爱玲描绘的一幅凄别图（他送她到码头，他走后，她一人撑着伞，站在雨中的船舷边啜泣良久），他也并没有对纸泪长流。是的，他是说过，发妻之死，使他对于人世间怎样的割恩断爱都再不能流一滴泪了。可是应瑛娣走时，他却哭的。是这样，胡兰成爱上看起来并无特长的周训德，就不奇怪了。

胡兰成爱上周训德，当然还有其他因素，其中一条颇有意味的是，周训德长得与胡兰成此时喜欢后来在日本做了他妻子的佘爱珍有几分相像！胡兰成曾这样细致描绘上海极司斐尔路七十六号时的佘爱珍：

> 她长挑身裁，雪白皮肤，脸如银盆。她那种脸相，只有小时是圆脸，随着年纪成长，从她这人的聪明秀气与英断舒发出来的轮廓线条，笔笔分明，但又难说是长圆脸或长脸带有方形圆意，可比花气日影摇动，不能定准，都变得是意思无限。她眉毛生得极清，一双眼睛黑如点漆，眼白从来不带一丝红筋，真真是像秋水。

中国古籍旧戏里书童常有的机灵、活泼、淘气周训德都有。而中年男人最易被拿住的，就是年轻女子的调皮。

起初胡兰成对周训德的确只是喜欢。他与她不是一见钟情的，他比她大了22岁，单是年龄上的巨大差距也妨碍了那种不经过发酵直接膨胀的情感。且周训德看上去简直就是个孩子，所以胡兰成开始是把她当做他的学生，教她读诗等更可能缘之于此，而不是为了红袖添香的佳话。后来关系近了，又想她做女儿，爱情是在此之后发生的。爱情的标志之一便是当事人想要消弭两人之间的任何差距，比如地位长相包括年龄，以使彼此趋于般配。这种纯主观的愿望若在客观上不得实现，当事人便多会在下意识里采用“忽略”。在胡兰成，就有意忽略年龄，临床的表现是改要周训德做他的妹妹。

胡兰成是在张爱玲之后爱上周训德的，而且还不是在与张爱玲不爱了之后。虽然也不能简单地说他对周训德痴迷的程度要深过张爱玲，但可能张爱玲首先于床笫之欢就已处于周训德的下风——《今生今世》里写张爱玲说胡兰成“易生感激，难得满足”，胡兰成没有否认；《小团圆》里的邵之雍性欲强盛，而盛九莉不仅屡发疼痛，在邵之雍埋头苦干的时候仿佛是个局外人，甚至时而笑场令邵之雍泄气。

更要命的是在胡兰成的精神世界里，张爱玲较之周训德也未必完全处于上风。这当然是颇有意味的。胡兰成对周训德的确怀有一种通常父母对子女才会有的“沉痛的爱”，而他对张爱玲的爱，从他在《今生今世》对两人感情的描写可见是一种“欢喜之爱”。《小团圆》也说邵之雍在给盛九莉的来信中不断提到小康（周训德），“引她的话，像新做父母的人转述小孩的妙语。”《小团圆》里写到邵之雍在说起小康在防空洞里躲避飞机轰炸、如何随时要以自己的身体保护他时，他脸上的“正色”；写到他说起对小康的心愿时，“那么好的人，一定要给她受教育……要好好的培植她……”所表现出的郑重；写到他说“但是她那么美！……连她洗的衣服都特别干净”时，甚至“痛苦的叫出声来”。都可见邵之雍对小康不同于对盛九莉的爱。

张爱玲在《倾城之恋》里有句话，是这样说的：“一个女人，再

胡兰成最后一任妻子佘爱珍的证件照，摄于20世纪50年代。曾有人以夏志清《中国现代小说史》中分别评论鲁迅与张爱玲的页数的多少对比，作为夏志清厚张的证据。如果篇幅可以说明问题，那么《今生今世》中，胡兰成写张爱玲的著名篇章，不过2万7千字，而他写佘爱珍，所用篇幅却高达4万字，也可见其轻重了。胡兰成形容佘爱珍“她长挑身裁，雪白皮肤，脸如银盆……她眉毛生得极清，一双眼睛……真真是像秋水”云云，他可从未如此细致描绘过张爱玲的容貌。

好些，得不着异性的爱，也就得不着同性的尊重。”当然她是以批判的方式来说这句话的，她在这句话的后面补充了一句：“女人们就是这点贱。”

周训德得到了胡兰成的爱，在胡兰成笔下，仿佛是得到了医院的同行护士们的尊重，可是并没有得到张爱玲以及胡兰成最后一任妻子佘爱珍的尊重。

《今生今世》里“爱珍亦反对小周，说她做人道理上头有大不是”，大概是指1950年胡兰成从大陆抵达香港后，写信与周训德联络，这才得知周训德在他走后受连累被捕入狱两月，获释后“想想气恼”，就嫁人了。周训德这个人的确有些意思，虽年未满18岁，显得天真，有傻的时候，却不是人说什么她都信。胡兰成跟她说张爱玲，她以为他在编造；胡兰成跟她说要回南京上海一趟，说好归期，她却断定他不会回武汉了；胡兰成不惜得罪张爱玲跟她爱了一场，且少见地自己也陷进去了。1945年胡兰成逃离武汉时的分别，在胡兰成笔下是何等悱恻感人，可是直到5年后收到她的回信，才知道收到他的信之前她竟“一直以为我是不曾爱她的”。老江湖的胡兰成不敌的岂止张爱玲的“素手”，更有周训德的“素手”。

对周训德，还是情敌的张爱玲看得清楚，《小团圆》说盛九莉“她相信小康小姐是个有心机有手腕的女孩子，尽管才十七八岁，但是早熟，也已经在外面历练了好几年了”。

四

抗战胜利，国民政府缉捕汉奸，胡兰成不得不逃亡，而与周训德分离，实也未与周训德做了断，也与张爱玲一样，期待于有再见之日，所以张爱玲才会追到乡下去要胡兰成做选择。

胡兰成逃亡，又回到他年轻时对人家妹妹有意思的斯姓同学家，斯家感念他抗战中的接济，当然也清楚他的身份，愿意他来家中躲藏。可是斯宅之内还住着其他亲戚，胡兰成觉得是个隐患，四处寻找新的藏身之处。斯家四子颂远寻思让胡兰成去温州，因为他的岳家与斯家关系的亲家都在那里。颂远便与庶母范秀美商量，问她能不能送胡兰成去，也可顺便回去看看她20年不见的老母亲。胡兰成站在一边不作声，心里却生怕范秀美或为避男女之嫌而不答应，却闻得她一口应允，当下喜出望外。

那日他们一清早就上了路，两人分乘两辆黄包车，一前一后出了金华城外大桥。时令已是小雪之末，胡兰成用毯子从膝上一直盖到脚面，仍不能完全抵御刺骨的寒风。愈是觉得身冷，愈是心里对范秀美充满了感激。感激生出怜意，于是他不时回过头去，扯着嗓子向后一辆车上的范秀美嘘寒问暖，望着她一身银紫色绸缎旗袍端然而坐，不禁想起小时候家乡的新妇冬日晨起试晓妆的情景，当下只觉得范秀美真的就像是新妇——他的新妇。一时间，他被自己设想的情境打动，那逃亡奔命的颠簸于是变成了浪漫。

屠格涅夫曾道："一切感情都可以导致爱慕，导致爱情，一切的感情：憎恶、崇敬、友谊、畏惧，甚至蔑视。的确，一切的感情，除了感激以外。"此言未免武断——感激既已来了，爱情还会远吗？

走了七八里，车夫停下来换草鞋，胡兰成便走到范秀美的车前去说话，却发现她的旗袍被手炉烧焦了指头大的一块，他怕她要心疼，可她并没有痛惜不已，这又使他感激。他是这样感激不尽，所以容易生情。在胡兰成侄女胡青芸眼中，范秀美长得并不好看，而在《今生今世》里，却是一个亮烈中有楚楚可怜、端正里有温柔安详的千娇百媚的女子。

他们晓行夜宿。行的路越远，胡兰成对范秀美的心越近，危险一时不在，他便又诗化起现实来——"霜天乌桕，有日月相随，红袖护持"——他的感觉好极了。正好一路在筑建汽车道，胡兰成、范秀美不得不时而下车步行，于是胡兰成又如去年初识张爱玲时一样，一部红楼，细说从头。故事是旧的，人是新的，所以不怕听者厌倦，就像老师不用年年换讲义。话越说越亲近，他开始用话试探她：守寡这么多年来在外面可有爱人？范秀美也坦诚相告曾有过一个。如此才到丽水两人便结下秦晋之好了，距他们离开金华城只有三天。

看似胡兰成对于女人是朝秦暮楚、喜新厌旧，其实他不是见异思迁、移情别恋，而是十步香草，到处留情。他又善察人情，晓得怜香惜玉，且不论何种女人，都会欣赏，这才容易赢得芳心。但女人于他只是前行的动力，不是最终的目的，他不是那种所谓一切为了女人的人，所以才一路留情而不专情。而看似他命犯桃花，极有女人缘，其实也可以说是他不挑肥拣瘦，人皆可妻。而被他“擒获”的女人中，也多是痴傻可怜人。张爱玲之痴情众所周知，张爱玲在《色·戒》里有句借用辜鸿铭的一句“下作”的话：“到女人心里的路通过阴道。”范秀美仿佛要亲身证明确实如此，在与胡兰成春风一度的次日，往温州去的船上，竟对胡兰成说：“这我可是要蛮来了的呢！你到何处我都要跟牢你了的呢！”胡兰成自身都难保了，前途也墨黑，且也并非要与她余生共度，她却如春游遇见风流少年的女子，冲动地“妾拟将身嫁与，一生休”了！

胡兰成与范秀美草草做成了夫妻，对于前面的妻子们并不深怀愧疚，但也并非完全心安理得，但找理是他的长项。他自言道：“我已有爱玲，却又与小周，又与秀美，是应该还是不应该，我只能不求甚解，甚至不去多想，总之它是这样的，不可以解说，这就是理了。”本来苟活于乱世，命尚在旦夕，草营男女之情也无可厚非，但毕竟于道德有亏，却不肯认错，而以“存在的便是合理的”来狡辩夺理。

丽水县坐落在浙江八大水系之一的瓯江上游，胡兰成与范秀美在那里弃车登船，顺流而下，在船上过了两夜，便至下游的温州了，他们先在颂远的丈人家住下，编说胡兰成是颂远的表兄，叫张嘉仪。张爱玲曾戏言,叫胡兰成化名张牵张招,可是现在胡兰成却只用一个“张”字,“嘉仪”却也不是对张爱玲仪容的怀念,而是范秀美给她的义子取的名字,胡兰成还喜道:“我一听非常好,竟是舍不得,就把来自己用了,用老婆取的名字,天下人亦只有我。”

之后两人住到范秀美的娘家去。范秀美的娘年已古稀,又一只眼失明,一人孤苦伶仃地借住在一个徐姓人家的柴间,地是泥巴地,窗上无玻璃,糊的是报纸。范秀美原来有个弟弟,成家在外,抗战期间一家都被日军的飞机炸死了,她母亲的那只眼就是哭他哭瞎的。于范秀美,胞弟之死似并不影响她爱这么一种身份的胡兰成;于胡兰成,也并没有因为爱范秀美的缘故就特别恨起日本人来。

胡兰成与范秀美的结合,虽是爱而纵情的结果,动机却并不单纯,他自己坦承其中是包含了利用之心的——再没有比以婚姻的形式、以家庭成员的身份出现更安全的了。胡兰成虽说是对范秀美存有利用之心,却也不纯粹如此,甚至连弄假成真也不是,而是自一开始便假戏真做,投入真情。

总应是胡兰成在范家稳妥了,便给张爱玲发信报平安,结果却把张爱玲给引来了,这才演出了一场痴情女子负心汉的老戏。胡兰成当着张爱玲的面,这边不肯放弃周训德,那边又有新人范秀美,张爱玲再宽容也受不了了,这才回上海后下决心与胡兰成分手。

之后胡兰成辗转至香港,又偷渡到了日本。人身虽然安全了,但前途在哪里?不由得心忧,心忧诗情发,赋诗则无非江山美人,其中一首是这样的:“兵败英雄尽,国破王风坠。尚有好女子,委婉仍敬止。洒扫庭户净,日色亦如洗。对此无邪人,烦忧忽可理。与君度千山,又越万重水。”这首诗是他写给所借住的东京人家的女主人一枝的。

一枝家除了孩子只有三个人:一枝,丈夫及后母。一枝具有一般日本妇女的种种德行,体贴、乖巧、谦卑、勤劳、善良,还有著名的顺从。她虽已结婚十年,却仍然不失天真,是已将那天真变成了习惯。

用天真来表现风情，自然举手投足无不惹人怜爱。她的丈夫是入赘的，夫妻关系颇为冷淡，温文尔雅又有学问的胡兰成一去，自然颇得她的尊敬与好感。胡兰成对她的情意，又使她十分感激。而胡兰成的内心也正空虚着：张爱玲离他而去，周训德下落不明，范秀美远在杭州……在人生的惆怅中，也就轻易地将温良可人的一枝当做一帖安慰剂了。

日常里一枝的丈夫出外上工，一枝照看家里。胡兰成也不可能三天两头外出演讲或游览，大多数日子就总在屋里写作，吃饭是在主家包伙，由一枝端了来，举案齐眉般仿佛他是这家的夫主。他与她朝夕相处，犹如中国传统的婚姻，“亲”先有了，“爱”自然不远了。

胡兰成对一枝是刚接触就存勾引之心的。第一天去，他就暗自“留心看她在人前应对笑语清和，而偷眼瞧她捧茶盘捧点心盒的动作”，尽管女主人如同在神前一脸的正经到凛然，但是情场老手的胡兰成还是洞穿了她寂寞的内心。故而，“我搬过去第三天，晚上请阿婆与一枝看电影。在电影院里，一枝傍着我坐，暑天她穿的短袖子，我手指搭在她露出的臂膀上，自己也分明晓得坏。”关键是一枝并未避让，更未怫然不悦，而是——“后来一枝说起，她道：‘那晚临睡前我自己也摸摸臂膀上你的手搭过的地方，想要对自己说话，想要笑起来。’”听了这话，想必胡兰成也会自鸣得意地笑起来。

胡兰成手书“绝世有佳人”。在胡兰成的女人中，称得上“绝世佳人”的，恐怕读者多会把票投给张爱玲；张爱玲或许会将苏青算进去，因为她曾说苏青像“乱世佳人”；而在胡兰成心目中环肥燕瘦各有其美，所以他之所指为天下所有女人也说不定。

试探成功之后，鸠占鹊巢的故事于是继续。当胡兰成发觉自己离不开一枝的时候，便向她求婚。可是一枝经过一番犹豫，最终作出了不离开丈夫的选择。胡兰成这场跨国之恋，遂告无果。

胡兰成在一枝家住了两年之后迁出，原因不明，但想来无非是一枝一直未能首肯，或是她的丈夫与后母不能容忍。胡兰成到另一人家，初时一枝还时来探望，毕竟不如自家方便，后来胡兰成另娶了他的旧识佘爱珍，两人的联系也就断了。

佘爱珍早胡兰成一年到香港。丈夫吴四宝抗战中死后，她淡出江湖，过闲散日子。迨至抗战胜利，遂以汉奸之罪被抄没财产，投进南市监狱，与李士群的遗孀叶吉卿关在一室。经数月审理，被法院判处七年有期徒刑，三年半后被允保释。她随身带了些金银细软出境到香港，后随义子到日本做生意，便因此成全了她与胡兰成的一段姻缘。她是冬天才到日本，春天便与胡兰成做成了夫妻，可是也只形同试婚。世上一般的事情多要讲究实质，独独婚姻却要特别强调形式。形式不备，在道学家则视作苟且，在一般人也易视为不作数。在佘爱珍，就并未因此而决定嫁给胡兰成，而胡兰成似也并不非要娶佘爱珍不可。胡兰成说："原来夫妇的相敬爱,亦是生于义气。"一语道破他对她的"爱"其实还是一个"敬"字,而且是敬于一股义气。他对她的爱仿佛哪里不对，可是爱情就是这样不可定义：很像爱情的往往半途而废，不像爱情的倒常常善始善终。胡兰成当时肯定没有多想，佘爱珍是他人生中的最后一个女人，他虽对前面的几个女人都说过要与她们白头偕老的话，可是真的白头偕老的却是佘爱珍，这也应该是他没有想到的。

胡兰成与佘爱珍最终偕老而当初彼此却并不太和谐，胡兰成自己对此也坦言不讳。主要责任当在胡兰成，至于原因，胡兰成自言"只为我生来是个叛逆之人。而且我总是对于好人好东西叛逆"。自然还有他未说出口的原因。

此时的胡兰成正虚龄五十，半百之龄对于中国人来说有其特殊的意义，作为一个文人，伤春悲秋、感慨人生更是免不了的，"两日来天气又变得春雨寒冷，考虑自己的行止，心里不快"类似的句子，不时出现在他的著作中。何况壮志未酬身先老，空有长技无处展，再豁达的人到此时也不能不发急。胡兰成由急而躁，对佘爱珍也就每每不逊起来。而佘爱珍本乃上海滩滚打出来的泼辣女子，虽事过境迁、雄风不再，可是虎死尚有余威，自然不会像前面的女人那么迁就与顺从。

胡兰成对张爱玲的爱多的是慕；对一枝的爱与对周训德的相仿，多的是惜；对佘爱珍的爱与对范秀美的爱相仿，多的是敬。不同的是对范秀美敬重，而对佘爱珍则是敬畏。佘爱珍在上海滩叱咤风云的派头、为人的豪爽义气、做事的雷厉风行与果断决绝，还有无法无天的包天之胆，视权威为粪土的“白相人”气概，出手阔绰无事想不开的豁达心肠，都是他心目中不让须眉的女中豪杰派头。胡兰成自小在家，上面哥哥好几个，从心理上讲，从小做惯弟弟的，便有喜寻依靠的倾向。胡兰成当时初到香港，一听说佘爱珍在港，立刻登门拜访，仿佛亲人相见，满腹的话竟是无从说起。随后佘爱珍应其所请到他的旅馆来看他，他竟一时情不自禁，拉着她的手，蹲下身去，将脸贴在她的膝上。他是这样把她当作了精神上的依靠。有此作底子，胡兰成才会唱念做打完了自己找台阶下，不仅不怪佘爱珍，反而这样说：“她的不听话，也许还比顺从更好。”这是他自知之言。他自然清楚自己症结所在，几近胡搅蛮缠种种，其实不过是如弟弟对姐姐的耍赖，而心中块垒不便明言。

胡兰成当时住在奥泽，她与义子住在新宿，犹如现代周末夫妻，每隔几天他去看她一回，如此尚未朝夕相处，即龃龉不断，更多显示的是他与她在思想意识与秉性上的差异。

佘爱珍的义子在日本涉足毒品买卖，胡兰成起初并不知情，后来到佘爱珍住处看到有些形迹可疑的人进出，即劝佘爱珍搬出，不要与其义子住在一起，可是佘爱珍尚未来得及找到合适的房子，其义子便已东窗事发而入狱，佘爱珍因与其同住，受连累被捕接受警方调查。胡兰成本是个清高的人，向来不愿四处求人、看人脸色，但此时为了佘爱珍，不得不频繁出入于拘留所、检察厅、麻药课甚至入国管理局。交涉辩护本不易将事情说清，其间又不时受人呵斥，自尊心自然大受损伤。而又有杂志由佘爱珍说到胡兰成，使他的名誉受损，自然更叫他恼火。人要是觉得自己无错便只会发怒，而恼火则往往是自亦有短处。佘爱珍此番及其后屡受警方骚扰，虽然是有个别警员故意刁难的因素在内，毕竟佘爱珍也的确是有嫌疑在身，这才授人以柄。胡兰成真正恼火的应不是那警员，而是佘爱珍。

胡兰成自小受的是学校教育，对于鸦片海洛因等毒品，近于仇视；而佘爱珍是罪恶渊薮的上海滩教育出来的，头脑中完全是另一套处世哲学，在她心底，对于通常的社会准则不仅不信奉，而常常是蔑视的，所以她对义子的所作所为，并无一点道德上的责备。胡兰成对此“诧异而且生气”，后者是因为他不能说服佘爱珍，前者则是他不能理解。

后来佘爱珍又开酒吧，募了一批小姐，仿佛有重作冯妇、再操上海滩旧业的样子。胡兰成虽不高兴，却也无法反对，只得由她去，且仍然分居。总是因为“前科”的缘故，开张不久，酒吧便被麻药课的警员突击，大肆抄查，佘爱珍也被带回警局讯问。胡兰成不得不又往警署去交涉，其心情可想而知。最后一次是他带了池田同去警署，当着所长的面将那刁难的警员种种行径揭穿，这才绝了后患，从此太平。

其实胡兰成的愁也不新，仍是旧绪。眼见他的人生如一列火车，昼夜夜行，离终点越来越近，而他的宏志大愿，却如车窗外的树木，背道而驰，越来越远了。当初他踏上日本土地，并未就想要在岛国终老，他想的还是有朝一日可以回大陆遂他的壮心。可是时光列车的巨轮一点点碾碎了他的梦想，他说：“我不知何时可以回大陆，与一代人开创新朝，也许如与美人的誓盟，终于误了佳期。”

胡兰成娶了佘爱珍后，应瑛娣又成了他家的客人。应瑛娣在香港做小生意，卖日本的小玩意儿，时来日本进货。当年他与她离异，是因为有了张爱玲，而张爱玲如今也成了当年的应瑛娣了。

刊缘

苏青办《天地》杂志，因向张爱玲约稿而成朋友，给胡兰成寄刊而使他多了一个妻子；张爱玲是给《天地》稿件最多的作者，胡兰成是《天地》的长期作者；苏青办《小天地》，张爱玲与胡兰成又极力捧场；胡兰成把《苦竹》杂志办成了夫妻店。

张爱玲在《我看苏青》里写到两人的关系："至于私交，如果说她同我不过是业务上的关系，她敷衍我，为了拉稿子，我敷衍她，为了要稿费，那也许是较近事实的，可是我总觉得，也不能说一点感情也没有。"就张爱玲、苏青、胡兰成三人而言，实际的情形是，苏青、胡兰成办杂志，需要笔健的作者；张爱玲以写作挣稿费为生，胡兰成一肚子的话、一脑袋的观点亟须倾吐，杂志当然需要，无论是别人办的还是自己办的杂志。而在这彼此需要的意愿中形成了合作关系，如果相处愉快，感情自然会滋生。

苏青是一个能力强心也大的女人，当离婚后的她忽而一天丰衣足食了，换个人也许就那么惯性地维持下去，沿着已经驾轻就熟的道路。可是她不肯，她要开创新事业。她又是一个自尊心极强的女人，虽然为人豪爽，但人家若伤过她的自尊，让她受过委屈，她不会完全不在乎，也不会轻易淡忘。

苏青想做编辑的愿望由来已久，那是她早年辛苦写作，却又经常被一些刊物退稿的时候，就想着将来一定要做个编辑，可以随心所欲地发表自己的文章。30年代末也曾与丈夫合办过一个《小评论》，虽然因为经验不足，出版了两期便关门大吉，但那办刊的滋味并未使她倒胃口。

而又有两件事，对她一再形成刺激。一是《古今》杂志的总编周黎庵，在老板都同意聘她的情况下，仍然反对她去做编辑；二是连载《结婚十年》的《风雨谈》的主编柳雨生，在《结婚十年》引起巨大社会反响的情况下，连老熟人陶亢德的建议也不听，不肯将《结婚十年》移到杂志的卷首位置上来，说杂志的销路主要还要靠名气大的作家的号召力，言下之意自然是说苏青名气不够。

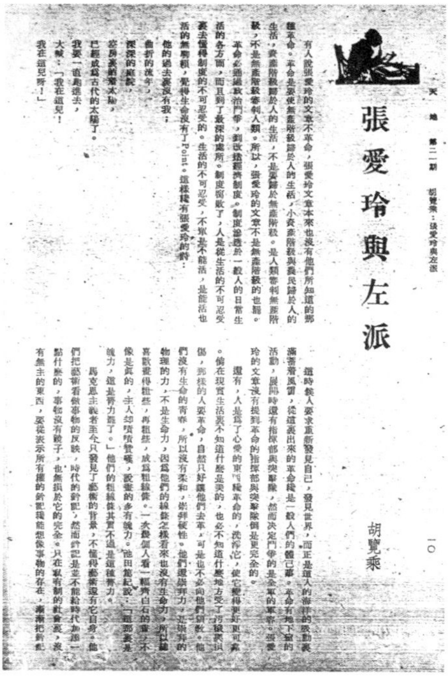
天地 第二期 胡覽乘：張愛玲與左派 一〇

張愛玲與左派

胡覽乘

有人說張愛玲的文章不革命，張愛玲文章本來也沒有他們所知道的那種革命。革命是要使無產階級歸於人的生活，小資產階級與農民歸於人的生活，資產階級歸於人的生活，不是要歸於無產階級。是人類審判無產階級，不是無產階級審判人類。所以，張愛玲的文章不是無產階級的也罷。

革命必通過政治鬥爭，到改造經濟制度。制度滲透於一般人的日常生活的各方面，而且到了最深的處所。制度腐敗了，人是從生活的不可忍受裏去懂得制度的不可忍受的。生活的不可忍受，不單是不能活，是能活也活的無聊賴，覺得生命沒有了Point。這樣便有張愛玲的詩：

他的過去裏沒有我；
曲折的流年，
深深的庭院，
空房裏晒着太陽，
已經成爲古代的太陽了。
我要一直跑進去，
大喊：「我在這兒！
我在這兒呀！」

這時候人要求重新發見自己，發見世界，而正是這人的海洋的脈動裏滿著着風雷，從這裏出來的革命纔是一般人們的體己事。革命有地下室的活動，展開時還有指揮部與突擊隊，然而決定鬥爭的是全軍的軍容。張愛玲的文章沒有提到革命的指揮部與突擊隊倒是更完全的。

還有，人是爲了心愛的東西纔革命的，洗淨它，使它變得更好更可靠。倘在現實生活裏不知道什麼是美的，也必不知道什麼地方受了污損與損傷，那樣的人要革命，自然只好讓他們去革，可是也不必向他們領教。他們沒有生命的青春，所以沒有柔和，崇拜硬性。他們還崇拜力，近崇拜的物理的力，不是生命力，因爲他們的線條怎樣看來也沒有生命力，所以纔喜歡畫得粗些，再粗些，成爲粗線條。一次幾個人看一幅齊白石的畫，不像是真的，主人却嘖嘖贊嘆，說畫的多有魄力。池田篤紀說：「這那裏是魄力，這是脊力罷了。」他們的粗線條其實不過是這種脊力。

馬克思主義者至今只發見了藝術的背景，不懂得藝術還有它自身。他們把藝術看做事物的反映，時代的紀錄，然而紀錄是並不能給時代加添一點什麼的，事物沒有鏡子，也無損於它的完全。只在私有制的社會裏，沒有無主的東西，要從表示所有權的紀錄纔能想像事物的存在，漸漸把紀

胡兰成写张爱玲的文章发表在苏青的杂志上，一篇文章就把三个人连在一起了。

更主要的是，如今的她羽毛渐丰，眼界大开，她再不是五六年前那个在《宇宙风》杂志社连小职员也做不好的冯和仪了，再不是那个饥不择食战战兢兢凄凄惶惶托人四处找工作的可怜人儿了，此时的她官场也经历了，有权有势的大人物也交往了，世面也见过了，人脉也积累了些，她对自己充满了信心，她要做番事业。

苏青与且师且友的陶亢德商议，说预备办一个杂志。在苏青当初出来找工作的时候，陶亢德还劝过她“现在根本不是做事业的时候”，可也许现在看见苏青“成长”起来了，能力也显现出来了，甚至于可

以说都有“后台”了，于是不再反对，也可能情知反对她也不会听从的了，只得予以帮助与指点。从内心来说，她若成功，他还是高兴的。

苏青请汪伪上海市市长陈公博支持，陈公博给了5万元，在当时相当于50令白报纸。周佛海的妻子杨淑慧听说后也送了两万元贺仪。

1943年10月，苏青办的“天地出版社”在上海爱多亚路（后改为大上海路，如今为延安东路）160号601室挂牌开张，与此同时，综合性月刊《天地》创刊，苏青集老板、编辑、作者、发行于一身。在工作室里，她捋着袖子，手脚伶俐，眸子发亮，嘴角挂着笑意，脸上荡漾着幸福的光彩，仿佛浑身是劲，真得喜气洋洋，像除夕之夜或大年初一早上在厨房里忙碌的主妇一样。“天地”地处租界，是一栋比较有名的写字楼，人称泰晤士报大厦。中国海上意外保险公司总部曾设立在这里，还有一些报社、律师事务所等。孤岛时期，《大英夜报》《中美日报》等社也在这里，门前经常被日伪特务扔炸弹，作者去领稿费都提心吊胆，拿了就走，不敢逗留。天地出版社后于1945年2月迁至上海拉都路388弄9号。

苏青之所以敢于自办杂志，与身边的几位朋友都是办杂志的老手有很大关系。尤其是陶亢德，帮助苏青更是诚心实意。苏青在《天地》创刊前，当然不会忘了向陶亢德约稿。当时陶亢德正在东游日本，他没有应约撰稿，只是给苏青回了封信，说他“一向是编而不作的”，到了日本后，“更打算读而不作”了。苏青也有苏青的办法，她就将陶亢德的信以“东篱寄语”登在《天地》上。

陶亢德给苏青的建议，就像一个仁厚长者对晚辈的絮絮嘱咐，又像一个和蔼的老师在谆谆教导学生，他希望《天地》要“多带一点巾帼气，女中的丈夫总还是女性……你总记得你的出世作是《科学育儿经验谈》，你总明白《结婚十年》的何以誉满江南。这不是说女性只宜办女权妇德之类，而是说女性对于女性的一切总比男性冷暖自知一点……贵杂志一方面固须老作家撰述，一方面亦不妨多使非作家写写文章。”对于陶亢德的建议，苏青自然是看重的。在《天地》的《发刊词》里，可以发现苏青是听了陶亢德的话的。

《天地》开市大吉。创刊号说是10月10日出版，其实8号那天刊物即已上市，待10号早晨各报将《天地》出版的广告刊出，更多的报贩直如过江之鲫，涌向杂志经售处，捷足者满心欢喜而去，迟到的人则只能遗憾地空手而归了。于是15日即又再版，可不到两天就又告售罄。仿佛全上海的人都来捧场了。洛阳纸贵，这等好事竟应发生在了她身上，苏青不由地心花怒放。《续结婚十年》里写道：“我的杂志出版了，三千册不日售完，居然又添印二千册。戚太太听了很开心，找我去闲谈，向我祝贺。”说的就是当时的情景，戚太太影射的是杨淑慧。

《天地》最初几期的封面是谭惟翰应苏青之约而设计的。图案是婆罗门教即印度教的三大神之一的婆罗马的坐像的变异。传说婆罗马的鼻祖先创造了水，然后在水里投下一粒种子，而后那粒种子变成了一个金蛋，从金蛋里又诞生了一个婆罗马。这个从金蛋里出来的婆罗马将金蛋的两个半壳一个作为“天”，一个作为“地”，这才有了人类的天地，因此他被称作“创造者”。

“创造者”婆罗马原有四头四手，脸上长着胡须。他一手拿着象征权力的王杖，一手拿着印度《吠陀经》，一手拿着一瓶圣水，一手拿着一串念珠。在谭惟翰的画笔下，“创造者”被剃掉了胡须，因为作者不喜欢他老气横秋的样子。他手里的东西也统统换过了：王杖变成了笔杆，经卷变成了稿纸，圣水变成了墨水，拿念珠的那只手却空着，作者的意思是要婆罗马不仅做一个文艺创造者，还要腾出手来做创造新天地的工作。苏青对谭惟翰的设计相当满意，评价是“别致得很”。这是她的衷心赞美，否则她后来出版她的散文集时，不会把它印在书的封底上。

《天地》从第11期到第14期的封面，用的都是张爱玲的设计稿。

画面也是切合刊名，有天有地，以云代天，以一个仰卧的丰腴女人的头颈侧面像代地，她的鼻尖是山峰，下巴是悬崖，使人想起张爱玲在《谈女人》里提到的“地母娘娘”。“地母娘娘”是1936年获诺贝尔文学奖的美国戏剧家尤金·奥涅尔的《大神勃朗》里的角色，自称不信教的张爱玲曾说：“如果有这么一天我获得了信仰，大约信的就是奥涅尔《大神勃朗》一剧中的地母娘娘。”

张爱玲喜欢画，在她头脑里经常出现的是女人躺倒的画面。比如法国印象派画家高更的《永远不再》，张爱玲称之为是她“永远忘不了的”画之一，画面上就是一个睡在沙发上的夏威夷女人。张爱玲在文中还曾提到超写实派的一幅画：“一个女人睡倒在沙漠里……沙上的天……想是汲水去，中途累倒了。一层沙，一层天，人身上压着大自然的重量，沉重清净的睡，一点梦也不做……”

张爱玲给《天地》设计的封面，女子头上的云，又像是她呼出的气息，又像是她做着的梦。《天地》是苏青的梦。

苏青的能量不小，政坛的显要人物及妻子，还有文化界的，不是耆宿，就是名宿以及笔健的作家、崭露头角的作家，大多在“天地”上露过面。胡兰成在《天地》上发表的作品并不多，但算得上是“持之以恒”的，是《天地》的长期作者。第二期上就开始有他的作品，最后一期上也还有他的名字。

苏青在《天地》的《发刊词》里，从杂志的本义出发，说杂志乃是“取一切杂见杂闻杂事杂物而志之”，宣称《天地》的作者“不限于文人”，“所登文章也不限于纯文艺作品”；作者“不论是农工商学官也好，是农工商学官的太太也好”，她都欢迎。曾任伪政府宣传部次长、行政院法制局局长的胡兰成既是特别能说的官，又是特别能写的文人，更与苏青是大同乡，都是浙东人，苏青睃巡作者，自然会把胡兰成看在眼里。

胡兰成与苏青相识，是吴易生介绍的。在《天地》创刊半年前，上海新面世了一本杂志叫《人间》，主编就是吴易生。胡兰成在《人间》上发表过《人间味云云》《关于花》《谈谈周作人》《论书法三则》等作品。吴易生也是《天地》的作者，奇怪的是苏青却不是《人间》的作者。

胡兰成与《天地》的关系，不是单纯的作者与杂志的关系。他因《天地》生事，也给《天地》惹事。苏青的回忆录里有这样几句话说胡兰成："此人与汪精卫、陈公博、周佛海诸汉奸关系很坏，因此陈几次劝我将刊物停办，免得累他得罪人，此刊物能赚多少钱，他愿贴给我，但我不肯听从。"

《天地》草创时，定下了作者目标，就准备发征稿信了。苏青原打算用统一格式油印征稿信，后因一时借不到油印机，只好改用手写。也幸好如此，否则张爱玲就不会收到那么一封有意思的约稿信了。

张爱玲登上文坛的时间，大体也就在《人间》创刊前后。她分别拜见了鸳鸯蝴蝶派作家、《紫罗兰》杂志的主编周瘦鹃，在鸳鸯蝴蝶派的大本营《紫罗兰》上发表了《沉香屑·第二炉香》；又去拜见了《万象》的老板平襟亚及主编柯灵，在《万象》上发表了《心经》；还在上海的期刊重镇《杂志》上发表了《茉莉香片》和《倾城之恋》。除了这些小说外，她同时还在《杂志》《紫罗兰》

张爱玲为苏青办的《天地》杂志设计的封面。她与胡兰成认识，可以说是拜苏青所赐，拜《天地》所赐。

及英文月刊《二十世纪》上接连发表散文和影评，一时间，她成了天黯星稀的上海夜空上的一颗耀眼的新星。这么一位风头正健，正令文坛惊诧的作家，不知有几家报刊社抢着要她的稿子呢，而苏青要以她新创刊的杂志分一杯羹，当然是不大容易的，何况她跟张爱玲并不熟。而当时跟她俩都熟的朋友似乎都在办杂志，恐怕他们自己还在动脑筋如何拉到张爱玲的稿子呢，如何有暇顾及苏青。苏青当然只有自己想办法，而事实证明，聪明的她是有办法的，她在写给张爱玲的"征稿信"中，有"叨在同性"的话，使张爱玲看了忍俊不禁。这一笑，便失了矜持，消除了陌生，乐于将文稿奉上了。

"叨在同性"也的确给张爱玲印象深刻，她不仅在一年半之后写《我看苏青》时提到此语；在《小团圆》里写到蕊秋与项八小姐一见如故，还用了"叨在同是离婚妇"这样的句子。

在《天地》的众多作者中，张爱玲竟是给《天地》稿件最多的一位。《天地》共出版了 21 期，16 期上都有张爱玲创作的文字作品，有《封锁》《公寓生活记趣》《道路以目》《烬余录》《谈女人》《童言无忌》《造人》《打人》《私语》《中国人的宗教》《谈跳舞》《"卷首玉照"及其他》《双声》《我看苏青》等，还不包括她的画作和译作。

张爱玲在她有了些名气后，稿件给什么杂志，很有选择，她弟弟与同学办了个刊物向她索稿，她都回绝了，说她不能给没有名气的报刊稿子。她把许多作品交由《天地》发表，固然很为苏青撑台，但首先是因为《天地》这个杂志够分量，她的作品发在上面不委屈，其次是她与苏青的相处还算不错，最好的时候近于闺友。

当时也不知是苏青向张爱玲与胡兰成约稿迟了，还是张、胡两人动作慢，或是《天地》一期稿满，结果张、胡两人的稿件同时刊登在《天地》第二期上。这多半是苏青的无意，于无意中多出事来。

其实以胡兰成对文艺的注意，也不能肯定若非《天地》，他与张爱玲就一定走不到一起。何况他还未与张爱玲相识，张爱玲就与苏青

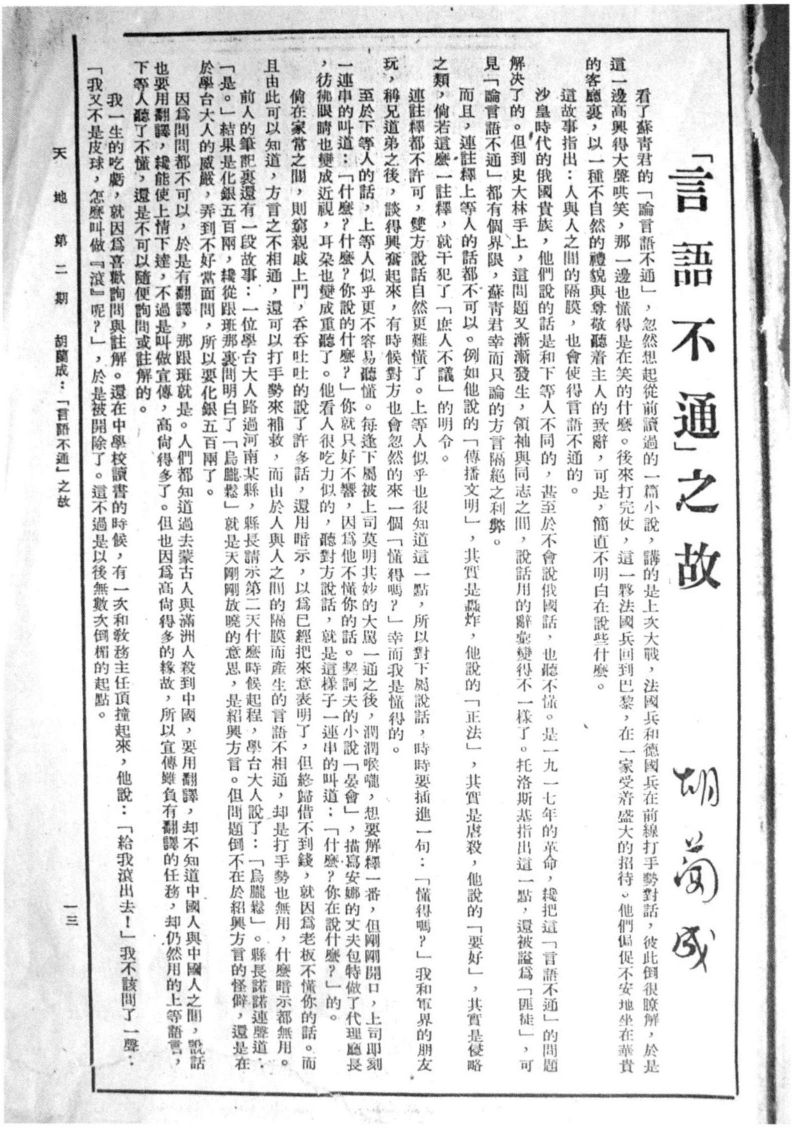

「言語不通」之故

胡蘭成

看了蘇青君的「論言語不通」，忽然想起從前讀過的一篇小說，講的是上次大戰，法國兵和德國兵在前線打手勢對話，彼此倒很瞭解，於是這一邊高興得大聲哄笑，那一邊也懂得是在笑的什麼。後來打完仗，這一夥法國兵回到巴黎，在一家受着盛大的招待。他們侷促不安地坐在華貴的客廳裏，以一種不自然的禮貌與尊敬聽着主人的致辭，可是，簡直不明白在說些什麼。

這故事指出：人與人之間的隔膜，也會使得言語不通的。

沙皇時代的俄國貴族，他們說的話是和下等人不同的，甚至於不會說俄國話，也聽不懂。是一九一七年的革命，纔把這「言語不通」的問題解決了的。但到史大林手上，這問題又漸漸發生，領袖與同志之間，說話用的辭彙變得不一樣了。托洛斯基指出這一點，還被謚爲「匪徒」，可見「論言語不通」都有個界限，蘇青君幸而只論的方言隔絕之利弊。

而且，連註釋上等人的話都不可以。例如他說的「傳播文明」，其實是轟炸，他說的「正法」，其實是屠殺，他說的「要好」，其實是侵略之類，倘若這麼一註釋，就干犯了「庶人不議」的明令。

連註釋都不許可，雙方說話自然更難懂了。上等人似乎也很知道這一點，所以對下屬說話，時時要插進一句：「懂得嗎？」我和軍界的朋友玩，稱兄道弟之後，談得興奮起來，有時候對方也會忽然的來一個「懂得嗎？」幸而我是懂得的。

至於下等人的話，上等人似乎更不容易聽懂。每逢下屬被上司莫明其妙的大罵一通之後，潤潤喉嚨，想要解釋一番，但剛剛開口，上司即刻一連串的叫道：「什麼？什麼？你說的什麼？」你就只好不響，因爲他不懂你的話。契訶夫的小說「晏會」，描寫安娜的丈夫包特做了代理廳長，彷彿眼睛也變成近視，耳朶也變成重聽了。他看人很吃力似的，聽對方說話，就是這樣子一連串的叫道：「什麼？你在說什麼？」的。

倘在家常之間，則窮親戚上門，吞吞吐吐的說了許多話，還用暗示，以爲已經把來意表明了，但終歸借不到錢，就因爲老板不懂你的話。而且由此可以知道，方言之不相通，還可以打手勢來補救，而由於人與人之間的隔膜而產生的言語不相通，卻是打手勢也無用，什麼暗示都無用。

前人的筆記裏還有一段故事：一位學台大人路過河南某縣，縣長請示第二天什麼時候起程，學台大人說了：「烏朧鬆」。縣長諾諾連聲道：「是。」結果是化銀五百兩，纔從跟班那裏問明白了「烏朧鬆」就是天剛剛放曉的意思，是紹興方言。但問題倒不在於紹興方言的怪僻，還是在於學台大人的威嚴，弄到不好當面問，所以要化銀五百兩了。

因爲問問都不可以，於是有翻譯，那跟班就是。人們都知道過去蒙古人與滿洲人殺到中國，要用翻譯，卻不知道中國人與中國人之間，說話也要用翻譯，纔能使上情下達，不過是叫做宣傳，高尚得多了。但也因爲高尚得多的緣故，所以宣傳雖負有翻譯的任務，卻仍然用的上等語言，下等人聽了不懂，還是不可以隨便詢問或註解的。

我一生的吃虧，就因爲喜歡詢問與註解。還在中學校讀書的時候，有一次和教務主任頂撞起來，他說：「給我滾出去！」我不該問了一聲：「我又不是皮球，怎麼叫做『滾』呢？」，於是被開除了。這不過是以後無數次倒楣的起點。

天地　第二期　胡蘭成：「言語不通」之故　一三

苏青在《天地》上先发表了一篇幽默文章《论言语不通》，故意说“不通”的种种好处。胡兰成读了，有感而发，写了一篇并不幽默的《“言语不通”之故》，坐实“之故”。张爱玲则迟至数十年后，在《小团圆》里说：“影星埃洛弗林有句名‘男女最好言语不通’也是有点道理。”

去求周佛海营救他出狱了呢。但要不是苏青，要不是《天地》，张、胡两人相识的时间可能会推迟，当然也不排除因时局动荡、个人命运偶然性增加，彼此就失之交臂的可能。

在《天地》第二期上，张爱玲发表的小说《封锁》，写的是城市街道临时戒严，公共汽车上乘客们被困在车厢里，一对男女闲来搭讪，以至煞有介事地调起情来。当戒严解除，汽车开动，两人又回到各自原先的生活状态——彼此是路人。

胡兰成写的是议论文《"言语不通"之故》，篇幅只有《封锁》的六分之一，是由创刊号上苏青的一篇《论言语不通》而生发的感想。苏青的《论言语不通》是一篇幽默散文，苏青故意"妄言"彼此方言不通的好处，而胡兰成则老实地指出言语不通除了方言缘故之外的缘故，乃是人与人之间的"封锁"——隔膜。除此之外，胡兰成在《天地》上的作品还有四五篇文章。

自第二期开始，《天地》每期都有张爱玲的作品，这样不间断地持续了整整一年（1943 年 11 月—1944 年 11 月）。1945 年元月出版的第十五、十六期合刊未见张爱玲的作品，之后又连续三期《天地》上见到她的名字，直到 1945 年 5 月为止。《天地》再往后只出了两期就遽然终止了。

张爱玲给《天地》的散文，多是一些不过于严肃的、重大的、理性的话题，内容常是切身的、轻松的、隽巧的。与她发在《杂志》上的作品相比，可以看出她对《杂志》如对师长，对《天地》则似姐妹。对前者用的是敬重，对后者求的是亲切，"叨在同性"的亲切。这是《天地》的风格使然，也是张爱玲对它的定位。

张爱玲除了为《天地》撰稿，为它设计封面，还为它配插图。苏青写的一篇《救救孩子》，题头即有张爱玲的画：一个两岁左右的小胖囡，一边一只羊角辫支棱着，一脸的担惊受怕的表情，一只手扒在栏杆上，上嘴唇就也搁在栏杆上，可怜极了。

1944 年 8 月，苏青又创办了《天地》的姊妹刊物《小天地》月刊。《小天地》确实“小”：小 32 开，薄薄一册。苏青这次只做老板，不做主编，主编请她的老朋友周班公担任。在开场白中，《小天地》宣称：它主要登一些短小的、轻松而不低级趣味的文章；内容上，除了无病呻吟的新文艺腔的文章，其他都要；不捧人也不骂人。《小天地》创刊的日子正好是抗战胜利整一年前，苏青本意是要以它来挽救《天地》的颓势，创刊号上的“名作如林”，也即是张爱玲、胡兰成的极力捧场，张爱玲竟同时给了两篇作品：《散戏》和《炎樱语录》，还为苏青的人物系列作品《女像陈列所》配画了插图。

许是看见苏青办刊的热闹而手痒，在《小天地》面世两个月后，胡兰成也创办了一个月刊，取名《苦竹》。这之前张爱玲在《杂志》上发表一篇散文《诗与胡说》，其中一段：

> 周作人翻译的有一首著名的日本诗：“夏日之夜，有如苦竹，竹细节密，顷刻之间，随即天明。”我劝我姑姑看一遍，我姑姑是“轻性智识分子”的典型，她看过之后，摇摇头说不懂，随即又寻思，说：“既然这么出名，想必总有点什么东西吧？可是也说不定。一个人出名到某一个程度，就有权利胡说八道。”

封面是请炎樱画的：满幅浓密的竹枝竹叶，一根粗壮的竹竿留白，斜过画面，也把这首诗安在留白处，以此道明杂志题旨，颇为新颖。杂志的内容则颇杂乱，有史、诗、散文、小说，也有时事、政治、外交。

胡兰成后来回忆道：“我办《苦竹》，心里有着一种庆幸，因为在日常饮食起居及衣饰器皿，池田给我典型，而爱玲又给了我新意。池田的侠义生于现代，这就使人神往，而且好处直接到我身上，爱玲更是我的妻，天下的好都成了私情。”池田侠义大概指的是一年前他搭救胡兰成，后面说张爱玲云云，言下之意《苦竹》是他夫妻店。夫妻店不仅出售自家个人作品，还互相吆喝。被视为张爱玲宣称自己创作主张的《自己的文章》，原在《新东方》杂志发表过，胡兰成把它又拿来在《苦竹》上再次发表，还在《编后记》里特别解释，极力推荐："《自己的文章》，虽然是已经在别一刊物上边发表过了，但是因为它是近十年来的重要文献，无法不将它重印，以延揽它的读者。为读者，为我们的文章界，其中一条新路的发现，要请多数人知道。"

张爱玲在《苦竹》上发表的另两篇作品一是散文《谈音乐》，一是短篇小说《桂花蒸阿小悲秋》。还拉了炎樱来给了《苦竹》两篇小品，并且亲为其中一篇做翻译。

《谈音乐》发表后，即被收入随后出版的张爱玲的散文集《流言》，作了集子的大轴，也是该书中最好的篇什之一，典型地体现了作者的散文风格，一贯地使读者求浅可见其美，求深可见其识，而且隽永的思想都成了警句，比喻都成了神来之笔，如：

> 我最怕的是凡哑林，水一般地流着，将人生紧紧把握贴恋着的一切东西都流了去了。胡琴就好得多，虽然也苍凉，到临了总像着北方人的"话又说回来了"，远兜远转，依然回到人间。
>
> ……交响乐常有这个毛病：格律的成分过多。为什么隔一阵子就要来这么一套？乐队突然紧张起来，埋头咬牙，进入决战最后阶段，一鼓作气，再鼓三鼓，立志要把全场听众扫数肃清铲除消灭。而观众只是默默抵抗着，都是上等人，有高级的音乐修养，在无数的音乐会里坐过的——根据以往的经验，他们知道这音乐是会完的。
>
> 我是中国人，喜欢喧哗吵闹，中国的锣鼓是不问情由，

劈头劈脑打下来的，再吵些我也能够忍受，但是交响乐的攻势是慢慢来的，需要不少的时间把大喇叭小喇叭钢琴凡哑林一一安排布置，四下里埋伏起来，此起彼应，这样有计划的阴谋我害怕。

幽默是张爱玲的长项，表面上是在以俏皮的笔调调侃音乐，实际是以社会学的研究方法对西方音乐形式进行解读。

紧接着的12月号《苦竹》第二期上，张爱玲发表了《桂花蒸阿小悲秋》，主人公是一个在公寓里给外国人当佣的妇女。小说保持了张爱玲一贯的刻画心理与生活的细致入微，保持了她作品一贯的苍凉意味，与前期的巅峰之作相比，对人物的刻画少了令人心灵战栗的力量，但水准总还在其优秀作品的平台上。《桂花蒸阿小悲秋》是张爱玲私爱的一篇小说，除了写作的自然满意度之外，想来与她对公寓生

苏青在创办《天地》月刊10个月之后，亦即抗战胜利前一年，又创办了《天地》的姊妹刊物《小天地》，由周班公任主编。苏青本意是要以它来挽救《天地》的颓势的，可是整个社会都处于更激荡更动乱的颓势中，在这样的背景下，苏青的努力就成了逆大水行小舟，结果可想而知。《小天地》先后发表了张爱玲的《散戏》《炎樱语录》《气短情长及其他》等作品。

活的情有独钟有关。

《桂花蒸阿小悲秋》九月里就完成了，可张爱玲却硬是将它搁置了两个月，也许就只是为了等着给《苦竹》，可见她对胡兰成的上心。从同期张爱玲在其他报刊上发表的作品的优劣也可清楚看出张爱玲的内外有别、厚此薄彼：11月，《殷宝滟送花楼会》（短篇小说，《杂志》）、《谈跳舞》（散文，《天地》）、《被窝》（小品，《新中国报·学艺副刊》）；12月，《等》（短篇小说，《杂志》）、《罗兰观感》（散文，《力报·副刊》）、《写〈倾城之恋〉的老实话》（散文，《海报》）。

《殷宝滟送花楼会》说了一个师生恋的故事，女主人公有作者自

兰心大戏院。1944年秋，胡兰成又忙起来了，先是在南京创办《苦竹》杂志，继而又远赴武汉，去接办《大楚报》，张爱玲则试着把她的小说《倾城之恋》改编为同名话剧。该剧后来在上海新光大剧院上演，排练却在兰心大戏院3楼排戏室，而张爱玲不时亲临观看。曾参与排演的文亦奇，对张爱玲的装束记忆深刻："她穿橘黄色缎子旗袍，下面却像依丽沙白（伊丽莎白）时代裙子般撑出，但下端却又生着宽紧带收紧，中间放一只大圆圈的藤圈，真像个大灯笼。在同时工作的职演员，个个对她的怪装笑个不止。"

《苦竹》月刊第一期。在南京创刊，时间为 1944 年 10 月。胡兰成在版权页“编辑兼发行者”一栏使了个障眼法，填的是“苦竹社”，但“南京石婆婆巷廿号”的地址，却暴露了底细，因为那正是胡兰成的住址。胡兰成在《今生今世·汉皋解珮》里有一段话：“我越发与政府中人断绝了往来，却办了个月刊叫《苦竹》，炎樱画的封面，满幅竹枝竹叶。虽只出了四期，却有张爱玲的三篇文章：说图画、说音乐及桂花蒸阿小悲秋。”与张爱玲实际刊载的作品有出入，说漏了一篇《自己的文章》；“说图画”很可能就是《谈画》，但不见于 3 期杂志目录，而第 4 期《苦竹》如今又不见于世。

己的影子，比如爱说“忘了”；父母是离了婚的，表白“我小时并不比别的小孩特别地不快乐”等等。而且另一个人物就叫“爱玲”。也许就是因为小说里太直接地让作者自己亮相，反而摆弄不好人物了，如同导演在自己的影片里也串演个角色一样，又像中医左手去把自己右腕的脉，外人看着别扭，自己也觉得异样。

《等》写的是推拿诊所的一群病人在治病与等着治病时的交谈，一味交谈，只有世相人情，没有矛盾冲突，没有情节的发展。张爱玲选择了生活的一个片断，是特定的环境，但不是典型的环境，作品是平面的。

《罗兰观感》与《写〈倾城之恋〉的老实话》的话题来自正在上演的舞台剧《倾城之恋》，可视作张爱玲为其所作的宣传。《被窝》

石婆婆巷，一条宽不过丈的小巷子。巷子两边的房屋都已改建，巷子却留了下来——肯定是原来的，改造过的巷子不可能再这么细小。当年胡兰成就从这条细小的巷子进进出出，他住在这里，也在这里办《苦竹》杂志。《苦竹》第二期发表了沈启无的一篇《南来随笔》，其中有一段这样写着："我住在我的朋友家里，朋友的家住在一个背静的小巷子里。我喜欢进门靠西墙根的一排红天竹，密密地丛生着一簇簇的红果子……"使人相信这一定就是胡兰成的石婆婆巷的家。

虽体现了张爱玲的笔风，毕竟分量较轻。

相比之下，只有张爱玲给苏青的《谈跳舞》要好一些，分量也厚实一些，但给人的感觉一如她对苏青作品的评论："仿佛是走进一个旧识的房间，还是那些摆设，主人也在家，只是精神有些不佳。"不如《谈音乐》轻灵、神气，佳句一个接一个，爆发着思想的流星雨。《谈音乐》犹如晚上华灯高朋聚会上的举杯欢言；《谈跳舞》则是下午一觉方醒后客厅里的就茗清谈，而且是次日下午——带着前晚的疲惫与筵散的惆怅。

《苦竹》一共出了4期，第3期本该元月出版，却迟了一个月，自然是胡兰成分身乏术，或不愿分身。杂志是在南京申请登记的，到第三期才获批，是"宣传部登记证京志三一〇号"。杂志上写的编辑兼发行者为“苦竹社”，地点是南京石婆婆巷廿号，是胡兰成那时的住址。

《苦竹》第四期迄今不见，而第三期上就已没了张爱玲的作品，这可能与胡兰成去了武汉有关。《等》里的奚太太有句话：“本来男人离开了六个月就靠不住”，不知张爱玲言之凿凿得如此精确的日期得自何处，照理她应将时间写得更短些才是，她应清楚爱情生发的神速，以她的经验。而胡兰成4个月后归来，已经在武汉有难舍难分的牵挂了。

《苦竹》上自始至终不见苏青的作品，当然可以理解为苏青忙自己的杂志还来不及。

出走

张爱玲17岁逃离父家，27岁挣脱胡兰成怀抱，32岁借口学业离开大陆，先香港后美国，不惜做难民；苏青29岁因夫妻反目，连稳定的居处尚未找好就决然离家，36岁时潘柳黛叫她去香港也未听；日本投降，39岁胡兰成从武汉潜往温州藏匿，继而偷渡日本，子女也可不见，逃脱了国民政府的法网。

一

张爱玲的《走！走到楼上去》就是一出讲“出走”的戏。她在同名散文里写道：“中国人从《娜拉》一剧中学会了‘出走’。无疑地，这潇洒苍凉的手势给予一般中国青年极深的印象。”不管张爱玲有没有把自己算在“一般中国青年”之内，其实她都是在内的，而且“出走”所给予她的不止是“极深的印象”，更有切肤之痛。因为在她的人生里，“出走”的第一个主角是她的母亲，而且她看见母亲走之前“伏在竹床上痛哭”。对于一个还牵在佣人手里的实龄4岁的幼儿来说，家长痛哭总是一件使人惊心动魄的事情，尽管她不明白哭泣的原因。而20年后她把当时的情景写出来，写得那么细致，写得那么清晰，可见“出走”在她幼小心目中留下了难以磨灭的印痕。

张爱玲说从《娜拉》学会了“出走”的中国人，所指很可能就是她的母亲黄逸梵。黄逸梵早在20世纪20年代前期就开始了她的第一次“出走”，大概要算是中国第一代“出走”的娜拉。从这一点来说，也大概可以算作开中国“出走”风气之先的人。

在张爱玲的童年生活中，母亲出走是其中重要的一章。在张爱玲小学尚未毕业的时候，母亲又二次出走。虽然那时黄逸梵已与张爱玲的父亲张志沂离婚，不再具有娜拉的意义，但对身为女儿的张爱玲来说，母亲这一次出走与第一次并无不同，所以当黄逸梵到张爱玲住宿的学校来与她告别了转身离去后，张爱玲“在校园里隔着高大的松杉远远望着那关闭了的红铁门……渐渐地觉到这种情形下眼泪的需要，于是眼泪来了，在寒风中大声抽噎着……”

黄逸梵的出走给张爱玲留下的印象无疑是“极深的”，在张爱玲的印象里，母亲出走的“手势”岂止“潇洒苍凉”，而且还很悲情浪漫——母亲穿着缀有绿色光片绿衣绿裙在竹床上颤动的身体，就像透过船窗看到的一段波涛起伏的大海。

后来张爱玲之所以对她父亲的家“什么都看不起”，固然有父亲颓废、她在那里生活得不愉快等原因，但母亲出走对她的心理所产生的影响也显而易见——母亲一回国，父亲就觉察到女儿的态度有异。换句话说，如果没有母亲的影响，张爱玲或许与父亲及后母可以相处得好一些，甚而不致发生与后母及父亲的激烈冲突。也许在她的潜意识里，一切都是在为后来她的出走——逃向母亲——制造条件和理由。

张爱玲成年后，竟也与母亲一样，不能忍受丈夫泛爱的荒唐，在感情遭受重创之后，写信与胡兰成分手，从她与他的婚姻中决然“出走”了。当初胡兰成与张爱玲在热恋中曾谈起张爱玲登在《杂志》月刊上的一张相片，居然也会联系到“出走”。那是张爱玲凝神坐在池塘边，表情木然，胡兰成却觉得她“眼睛里有一种惊惶，看着前面，又怕后头有什么东西追来似的。”他给它命名为“逃走的女奴”，他当时不会想到有一天这位已被他用“爱的魔力”收服的“女奴”竟会“逃走”。

1952 年张爱玲以早年在香港大学学业未完为由，申请出境获得

华懋公寓（西北面）。张爱玲与她的姑姑1948年迁出爱丁堡公寓后，曾在此公寓短期住过。

华懋公寓（南面）。抗战后期，苏青在上海香水大王周邦俊的女儿周文玑的介绍下，以7万元的价格向一位卢姓小姐不过户地顶下公寓301号房间，后该公寓被日本人占用，这才迁往伟达公寓5楼的一个房间。

允准。但从大陆赴香港的整个过程，从张爱玲内心的感受来说，颇似一次历险，所以记忆尤深，在小说散文里多有提及。

张爱玲的《浮花浪蕊》是一篇自传性较强的小说，她自称是社会小说的实验，其中女主人公洛贞乘硬席卧铺火车去广州、从罗湖桥过境等等情节，应是张爱玲的亲身经历：

> 罗湖的桥也有屋顶，粗糙的木板墙上，隔一截路挖出一只小窗洞，开在一人高之上，使人看不见外面，因陋就简现搭的。大概屋顶与地板是原有的，漆暗红褐色。细窄横条桥板，几十年来快磨白了，温润的旧木略有弹性，她拎着两只笨重的皮箱，一步一磕一碰，心慌意乱中也是踩着一软一软。桥身宽，屋顶又高，屋梁上隔老远才安着个小电灯，又没多少天光漏进来，暗昏昏地走着也没数，不可能是这么个长桥——不过是边界上一条小河——还是小湖？罗湖。
>
> 桥堍有一群挑夫守候着，过了桥就是出境了，但是她那脚夫显然认为还不够安全，忽然撒腿飞奔起来，倒吓了她一大跳，以为碰上了路劫，也只好跟着跑，紧追不舍。
>
> 是个小老头子，竟一手提着两只箱子，一手携着扁担，狂奔穿过一大片野地，半秃的绿茵起伏，露出香港的干红土来，一直跑到小坡上两棵大树下，方放下箱子坐在地下歇脚，笑道："好了！这不要紧了。"
>
> 广东人……不知道怎么忽然童心大发起来，分享顾客脱逃的经验，也不知是否亲眼见过有人过了桥还给逮回去。言语不大通，洛贞也无法问他；天热，跑累了便也坐下来，在树荫下休息，眺望着来路微笑，满耳蝉声，十分兴奋喜悦……

在《重返边城》里，张爱玲写她回台湾的经历，也提到她当年入境香港的情景："我们火车上下来的一群人过了罗湖桥，把证件交给铁丝网那边的香港警察。拿了去送到个小屋去研究，就此音信杳然。正是大热天，我们站在太阳地里等着。这香港警察是个瘦长的广东靓仔，戴着新款太阳眼镜，在大陆来的土包子眼中看来奇大的墨镜，穿的制服是短袖衬衫，百慕达短裤，烫得褶痕毕挺，看上去又凉爽又倔傲，背着手踱来踱去。中共站岗的兵士就在我们旁边，一个腮颊圆鼓鼓的北方男孩，穿着稀皱的太大的制服。大家在灼热的太阳里站了一个钟头之后，那小兵愤怒地咕噜了一句，第一次开口：'让你们在外头等着，这么热！去到那边站着。'他用下颏略指了指后面一箭之遥，有一小块阴凉的地方。我们都不朝他看，只稍带微笑，反而更往前挤近铁丝网，仿佛唯恐遗下我们中间的一个。"

1953年，美国政府颁布了个难民法令，允许少数学有所长的人士入境，有机会成为美国永久居民。时在香港的张爱玲得知这个消息后，怦然心动。她自前一年以申请就读香港大学为由离开大陆来到香港，在这一年里所经历的求学与求职的种种不愉快，已经完全轰毁了原本对香港的好印象，何况她原也并非想要在香港定居，所以她还曾在1952年11月18日，也就是她入香港大学刚两个月，就退学去日本找出路，因未能如愿而在3个月之后不得不回到香港。如今忽然有这个去美国的机会，毋宁是老天为她开了一扇可供出走的门。

但张爱玲要到美国去，并非一无顾虑。她除了手上一支笔以外别无长技。也就是说，要在异域生存，靠的只有这支笔。可是她最终能否在美国那种陌生之地，重开她的文学之花，让真正"肥白如瓠"的美国人像看似"肥白如瓠"的上海人那样成为她的热心读者，她并无把握，但是她有破釜沉舟的决心，她也想到可以找国民党政府驻美大使、住在纽约的胡适帮帮忙，于是先写信寄书联系，而终于出走美国。

Carlton Mansion（卡尔登公寓），张爱玲在内地的最后一个居所，如今叫长江公寓。她从这里前往香港，从此再也没有回来。在如今高楼林立的市区，它给人的深刻印象不是“高”（只有8层），而是“大”，像一只巨型的蛙类，雄壮而又有些蛮横地蹲伏在路口。

卡尔登公寓大门。

美国旧金山 50 号码头。张爱玲以难民身份抵达美国的第一站，她在此没有停留，旋即乘火车去了纽约。（生兆欣摄）

二

苏青是当丈夫表现出对家庭的极度不负责任、夫妻感情出现严重危机的时候，果断地将她的十年婚姻结束，只身离家出走。她的这个决心比张爱玲难下多了，因为与子女有骨肉分离之痛，她自己既无稳定的职业，甚至连安稳的住处尚未找好，所以需要更大的勇气，敢于不顾一切。

苏青 12 万字的《续结婚十年》，因为主人公的生活前后发生了巨大的变化，所以《续结婚十年》就与《结婚十年》的内容有很大不同。《结婚十年》写的是婚姻内的生活，而《续》则写的是婚外，生活的场景豁然增大。《结婚十年》写的是两个人的抗战，《续》则写了一群人的抗战，而那一群人是特殊的一群，是真实的舞台剧里黑色的或灰色的一群。

《续结婚十年》与《结婚十年》相同的是，人与事“仿真”度极高，人物多能找出生活原型。这也是苏青的自传体小说的突出特点。有人将此归结于苏青的想象力弱。其实很可能苏青无意在这种体裁的作品里过分发挥想象，因为这种作品本身不宜过分发挥想象。换句话说，若要尽情发挥想象，又何必选择这种体裁呢？

《续结婚十年》里，苏怀青与丈夫签字离婚后，为觅栖身之地，去找她的一位堂姑丈。“堂姑丈住在福明路上，我的堂姑母早已死了，现在所娶的一个填房，年纪还不过二十七八岁。姑丈的年纪已经有四十九了，他是一个沉静而精明的商人，身体孱弱，居家十分节俭。他们的家里不雇老妈子，只有一个姑母的老奶奶在替他们烧饭洗衣，我平日同他们也不常往来，可是见了面，他们总是待我很客气的。”

从书中的描写来看，这位堂姑丈与平襟亚还有几处相合，比如，说他住在“福明路”，平襟亚实际住在福州路，相差一字。上海并无福明路，宁波倒有条路叫福明路，显然是被作者借用的。堂姑丈的年龄与平襟亚也相符，而且都是商人——平襟亚虽然是作家，此时的主要身份还是商人。

史实是，苏青离家后，曾一度暂住在平襟亚家里。若非关系特殊，苏青不大可能借住在他家。试想，什么关系，能使一个遇到急难的人向另一个平日里不大往来的人家求助呢？答案只能是：不大亲密的亲戚。

从史料中看，平襟亚只这一次在苏青的人生轨迹线上出现过，其他时候两人就像素不相识的人。要不然，苏青要找工作，要投稿，平襟亚一手有书店，一手有杂志，那还有问题吗？可是，未见苏青在他的《万象》杂志上发表过一篇文章，也没有一点苏青要在他的中央书店或《万象》杂志编辑部谋一职位的迹象。而其时《万象》正缺编辑，前任主编陈蝶衣 4 月份就不干了，柯灵 7 月份才接任，中间两个月是

苏青故居，原静安寺路 591 弄 133 号 1 室。弄堂里同样的楼房有多幢，一字排开，迄今仍在。 1947 年 4 月，苏青在这里开办了“四海出版社”，将之前自己的作品没出版的出版，已出版的再版，赖以为生。

身为老板的平襟亚亲自出马顶下来的，而他显然并无长期躬操编务的打算，苏青恰恰在那段时间内为找工作四处奔走托人。苏青为求职业，写文章奉承陈公博，平襟亚还撰文讽刺挖苦。这样的亲戚实不多见。苏青结识了陈公博后，用陈给的 4 万元，顶下了一处房子，这才得以从平襟亚家里搬出来。

这是苏青一生唯一的一次出走，虽然跨出门时非常的坚决，可风餐露宿得久了，又不禁回望来处。她对家庭成员的牵挂，她沉重的儿女心，使她的“出走”在精神上不堪重负。所以抗战期间有人建议她去大后方她不去，共和国成立后有人建议她去香港她也不去。而当前夫以子女为由向她提要求时，她就心软了。

当初苏青与李钦后分居而离家时，李钦后坚持孩子归他，苏青想到自己将要出去谋生，前途未卜，有孩子在身边弄不好会害自己也害了孩子，便同意了。正式离婚时，虽然苏青经济上已经胜过李钦后，但李钦后仍不肯放弃孩子，于是离婚证书上仍写明孩子归父亲抚养。

《续结婚十年》里有一段写道：贤（李钦后）有天来找怀青，说他打算去内地，可孩子无人照管，想把孩子送回老家，道路又不通。怀青眼前闪现出孩子们凄惶的面孔，答应回去照顾孩子们。贤拖延着迟迟不动身，有天怀青病倒，贤端汤送药十分殷勤，怀青受了感动，任由贤将去内地的计划无限期推后。贤因找不到工作，家庭开支都由怀青承担，在家里也就似乎收敛了往日的习气，一对昔日的夫妻就又如同夫妻一般生活在一个屋檐下了。

“凤还巢”“破镜重圆”的传言于是不胫而走，《续结婚十年》里写道：“戚太太有一次怪不自然的对我说道：‘苏小姐，我听到关于你们言归于好的这个消息，真是极高兴，夫妇总是夫妇……’她从前曾同情我受委屈，现在听见我毫无志气的又吃回头草了，不免没意思，所以敷衍着说。”

张爱玲也听说了苏青复婚的消息，不禁为苏青担忧起来。她认为苏青当初的离婚并不是出于一时的赌气，是经过仔细考虑过的，而现在“跑出来，在人间走了一道，自己觉得无聊，又回去了，这样地否定了世界，否定了自己，苏青是受不了的”。她担心苏青因此“会变得喑哑了，整个地消沉下去”。她甚至觉得如果苏青能另外找到爱人，哪怕只有短暂的热情或只为了经济上的帮助，也总比回到原先的丈夫那里去好。

事实上苏青当初离开丈夫不是一时冲动，李钦后对苏青不好也不是一时过失，苏青与李钦后的家庭生活方式及观念都存在不可调和的差异，这就决定了他两人不可能有复合的一天，即使为一时感动而复合了，也不会成为琴瑟和谐的夫妻的。从《续结婚十年》里来看，日本一投降，社会环境一变，贤马上旧态复萌，苏青就又回到自己一个人的生活里去，可这回是连出走的名分也没有了。

三

显然胡兰成与苏青不是同一种人：抗战胜利他潜逃途经上海，可以做到不见子女即飘然远走，且其原因也并不是出于安全考虑——期间曾与张爱玲一再相聚。

张爱玲在《走！走到楼上去》里写道："一样是出走，怎样是走到风地里，接近日月山川，怎样是走到楼上去呢？……即使不过是从后楼走到前楼，换一换空气，打开窗子来，另是一番风景，也不错。"仿佛说的是胡兰成。胡兰成的出走是长亭更短亭的，在不同的时段不同的地点拥有不同的景致，对他来说当然"不错"。而他遇山爱山，遇水爱水，善解风情，将伤心留给痴心人，而将惬意留给自己。

苏青、张爱玲、胡兰成对待出走的不同态度，终究决定了他们三人不同的个人命运。胡兰成的滥情而不专情，使他不迷恋于情，故可轻易斩断任何情丝与牵连，张爱玲除了对胡兰成，对其他人、事、物多是冷漠的，也是悲观的，这使她对事情的发展与结局从最坏打算，不抱幻想，也就得以避免落入最坏的境地；苏青看似精明，其实本心忠厚。朋友都说她有男子气概，其实满腹都是妇人之仁，既讲男子的义气，又怀女子的情意，终于受尽连累与磨难，死于凄凉。

三角

张爱玲把苏青划为好友，可是好不过她与炎樱，虽然在《我看苏青》里说她“本心忠厚”，到底不能消除戒心；苏青主观为自己，客观为张爱玲，两下得益；胡兰成对苏青甜言蜜语也只不过是对天下女子的喜欢，爱情之门则紧闭；苏青初将胡兰成视为谋爱对象，一旦发现走眼当即反目，不留情面。

一

张爱玲、苏青、胡兰成他们三人的这个“小圈子”究竟于何时，因囿于史料，尚存未解之谜。胡兰成在1943年年底至翌年年初，曾有一次牢狱之灾，而他的这次厄运，很可能是他们三人首次联系到一起的纽带。《今生今世》《小团圆》里分别有所提及。

《今生今世》中提到，“张爱玲因说，她听闻我在南京下狱，竟也动了怜才之念，和苏青去过一次周佛海家，想有什么法子可以救我。我听了只觉得她幼稚可笑，一种诧异却还比感激更好。”

《小团圆》中提到，“汪政府的官邵之雍给文姬的杂志写了篇书评，对盛九莉的作品予以好评，文姬在正式刊出前将书评的清样寄给盛九莉过目，盛九莉寄还后，文姬来信告诉她，邵之雍被关进监牢了。盛九莉有点担心书评因此搁浅，一边也在做着援救邵之雍出狱的‘白日梦’。”

胡兰成是在获得自由后方才结识张爱玲的，而他在结识张爱玲前，似乎并未写过评论张爱玲的文字。所以尽管《小团圆》对盛九莉做“白日梦”的描写看似非常合乎逻辑，即邵之雍对盛九莉先有褒扬之举，而盛九莉对邵之雍后怀报答之心。可是假如前因不存在，那么后果出自何处呢？

很可能，胡兰成读到张爱玲《封锁》的时间，并非如他在《今生今世》里所说是在他出狱之后，而实为在他入狱之前。《封锁》发表于1943年11月10日出版的《天地》第二期，而胡兰成身陷囹圄是在12月7日。也就是说，胡兰成在被捕前有将近一个月的时间可以读到《封锁》，而常为报纸撰写社论的胡兰成笔头很快——前已述及，他的与《封锁》同时发表在《天地》第二期上的一篇《“言语不通”之故》，就是读了10月10日出版的《天地》创刊号上苏青的一篇《论言语不通》有感而发——在入狱前，他是有写一篇评论《封锁》或包括之前张爱玲发表的其他作品的时间的，《小团圆》里盛九莉看到的清样应该就是这一篇。

由《小团圆》叙述的“清样”与“入狱”的时间接近，可见很可能苏青原打算在《天地》第三期（12月10日出版）发表，只不过因胡兰成入狱的凶险性，若发表他的作品，对杂志，对张爱玲或有不利影响，“九莉有点担忧书评不能发表了”——连对政治不关心也无概念的张爱玲都有此担心，苏青撤稿当然在情理之中。

1944年3月15日，胡兰成出狱去上海首见张爱玲方月余，《新东方》杂志第9卷第3期出版，其中有胡兰成的一篇《皂隶·清客与来者》，很可能即是张爱玲曾看到清样、苏青原拟在《天地》发表却终未发表的那篇文章。《小团圆》里，盛九莉笑着告诉比比：“有人在杂志上写了篇批评，说我好。”《皂隶·清客与来者》中果然就有这样一段：

> ……张爱玲先生的《封锁》，是非常洗练的作品。在被

> 封锁的停着的电车上，一个俗不可耐的中年的银行职员，向一个教会派的平凡而拘谨的未嫁的女教员调情，在这蓦生的的短短一瞬间，男的原意不过是吃吃豆腐消遣时光的，到头却引起了一种他所不曾习惯的惆怅，虽然仅仅是轻微的惆怅，却如此深入地刺伤了他一晌过着甲虫一般生活的自信与乐天。女的呢，也恋爱着了……她为男性所诱惑，为更泼剌的人生的真实所诱惑了。作者在这些地方，简直是写的一篇诗。

胡兰成与张爱玲恋爱后，有次两人说起对报刊上评论自己的感受，张爱玲笑道："我是但凡人家说我好，说得不对我亦高兴。"

从《皂隶·清客与来者》也可看出，胡兰成最初被张爱玲吸引，固然是因为她的作品中透出的不俗才气，而在很大程度上，更是因了作品中弥漫的绰约风情，那些对男女之间微妙心理的堪称妙绝的描写，连带着作者的才气也有了一种撩拨人心的靡丽。风流才子的胡兰成对此当然也就更有超越一般人的感受。可是张爱玲的外表与他心目中的形象反差过大，所以一见之下不免大失所望。结果仍回到张爱玲的作品上来，爱了她的思想以及情调。

1944 年 2 月上旬，张爱玲去胡兰成家中会面。在此之前，苏青就已分别与胡兰成、张爱玲相识，而胡、张两人因同为苏青所办杂志《天地》的作者，相互仰慕而结识。

苏青与张爱玲相识是苏青为办《天地》向张爱玲约稿，与胡兰成相识则通过画家作家吴易生。1941 年吴易生与另一位画家胡金人创办了《上海艺术月刊》，胡兰成 1942 年及 1943 年在这个杂志上发表了好几篇作品，主要是谈艺术，比如艺术与政治、战争、时代，艺术的严肃性，论书法，还有一篇《五四以来中国文艺思潮》。

胡金人与胡兰成关系颇为亲密，也是人在上海，家在南京。胡兰成在《今生今世》里几处提到胡金人，连胡金人的妻子都被他"看在眼里”。比如他在苏青的《天地》杂志上读到张爱玲的《封锁》击节赞叹，“见了胡金人，我叫他亦看，他看完了赞好”；他在南京法制局任局长时，闲暇时常与金家来往，“春日好天气，我偕妻女及胡金人太太殷萱连同殷萱的小女孩，还有卫士的女人阿毛娘，去屋后鸡鸣山采松花。松花日影里，殷萱立在树下向我含笑，颜面好娇艳”；那时他很少到同僚家里串门，常走动的只有三家，一是汪精卫公馆，一是吴四宝家，还有一家便是“上海小户人家”的胡金人家；他还在法制局为胡金人的几个朋友安排工作；1944 年 1 月 24 日正是农历除夕，他被日本人搭救而获释回到家时，“英娣与胡金人太太殷萱等正在堂前做汤圆”。“新年我只成日带同妻小及胡金人殷萱夫妇游街逛夫子庙”。

吴易生 1943 年又创办了《人间》杂志，胡兰成又在上面发表了《人间味云云》《谈谈周作人》《关于花》以及在《上海艺术月刊》上发表过的《论书法三则》。吴易生与苏青认识也自向她约稿开始。苏青只以答应帮忙含混作答，实际上一篇稿子也不曾给他，反倒在《天地》创办后，拉了他的稿子来，吴易生为此心里颇不高兴，但也无可奈何，因为他们成了时常来往的朋友。

抗战胜利后，吴易生被骂为苏青的面首，吴易生的太太因为在报刊上看到“面首”之说，写信去质问丈夫。吴易生既为了向太太表明实无此事，又为了自己向大众证明清白，故而特地写了《我是苏青的“面首”乎？》，发表在 1946 年的《大沪周报》第 3 期上。

俗话说赌场失意，情场得意。胡兰成在《今生今世》里写道：“我在南京无事，书报杂志亦不大看。这一天却有个冯和仪寄了天地月刊来，我觉和仪的名字好，就在院子里草地上搬过一把藤椅，躺着晒太阳看书。先看发刊辞，原来冯和仪又叫苏青，女娘笔下这样大方利落，倒是难为她。翻到一篇《封锁》，笔者张爱玲……细细的把它读完一遍又读一遍……我仍于心不足。”

胡兰成读到张爱玲的作品，叫好不迭，就迫不及待地想要与她结识。《今生今世》写张爱玲第一次到他家来，两人长谈后，“我送她到弄堂口，两人并肩走，我说：‘你的身裁这样高，这怎么可以？’只这一声就把两人说得这样近，张爱玲很诧异，几乎要起反感了，但是真的非常好”。胡兰成觊觎文学外的张爱玲已十分明显；《小团圆》写邵之雍与盛九莉恋爱后谈及当初的心情，说他无论如何都要去找她，“所有能发生的关系都要发生”。《小团圆》里，张爱玲屡言“发生关系”，都是特指男女之间性关系的。所以在此实为暗指邵之雍对盛九莉主要还是意欲性的占有与征服。

当初胡兰成要见张爱玲迫不及待到什么程度？《今生今世》：“及我获释后去上海，一下火车即去寻苏青。”胡兰成此番身陷囹圄，决非组织内部惩戒性的关关禁闭令其思过那么简单，因为触及集团核心利益，惹得汪精卫勃然大怒，受到最严厉的惩处都是有可能的——连张爱玲在《小团圆》里都说邵之雍出狱时，这“一条性命是拣来的”，所以寻花问柳是都可以原谅——如此鬼门关走一遭、脱险归来，还不急见亲人？上海病笃的妻子、全心为他管家的侄女、一群孩子他都不急着先去见一见，而先去找苏青索要张爱玲的住址。

胡兰成在南京时就曾写信给苏青问“这张爱玲果是何人？”因为民国作者化名成风，男冒女名也并不少见，故有此问。因此苏青的回答首先向他确定性别：“是女子。”但苏青的这个回答也未必不是一种抢白，以她对男人的了解。

胡兰成“赴沪问址”一场，他在《今生今世》里给自己画的路线图颇有意思，也可见他写文章心思缜密，其用心程度绝不亚于张爱玲：他到上海见了苏青，“苏青很高兴，从她的办公室陪我上街吃蛋炒饭，随后到她的寓所。我问起张爱玲，她说张爱玲不见人的。问她要张爱玲的地址，她亦迟疑了一回才写给我……”

简单问一个地址，竟然从办公室到街上，又从街上到寓所。这一个圈子绕得不小。这是什么缘故呢？从这里也可看出，他俩不是初次相识的朋友。胡兰成把他向苏青“问起张爱玲”一句，放在到了苏青的寓所之后，这不单是说话的语序，而是实际的时序。他在苏青的办公室一见面时，没有马上说明来意，尽管那时苏青显得很高兴；其后两人一同上街吃饭，也还是不提张爱玲。他是怕扫了苏青的兴。他是将苏青的兴致安顿妥帖了，方姗姗启齿说明主题。

胡兰成与苏青的确不是一般朋友，否则再劫后重逢恍若隔世，也尽可以在苏青的个人办公室（《天地》编辑部）里以及随后的饭桌上，诉说够了，为何还到了苏青的寓所里？苏青的《续结婚十年》与张爱玲的《小团圆》都可作为注脚。

苏青说“张爱玲不见人的”虽是实话，可还是使人感觉到其中多少带了些情绪，且还“迟疑了一回”。苏青的“迟疑”，恐怕还是她心下不大情愿胡兰成去见张爱玲。而以张爱玲轻易不见读者为理由是牵强的，因为张爱玲先前都跟着苏青为胡兰成获释奔走过了，他可不是普通的读者。而后来张爱玲随即回访胡宅也说明张爱玲并无拒他于千里外之心。而苏青不大愿意胡兰成见张爱玲的原因，是一个女人本能地不愿将自己的男友介绍给其他女子，还是不愿看到一个几乎连恋爱也未谈过的小妹被一个有家室且风流的中年男子“网住”？心里尽管不愿，可是怎么能拒绝得了胡兰成呢。

于是，胡兰成与张爱玲，本来处于一条河的两岸，彼此不相干的两个人，本是连蓦然撞见、惊问一句“哦，原来你也在这里吗”的机会恐怕也不一定会有的，却因了苏青这个人，这个人的杂志，中间有了一座桥，可以互相走动，走到对岸去了。

胡兰成与张爱玲关系的发展，不知会不会出乎苏青的预料？胡兰成按址上门，吃了张爱玲的闭门羹，苏青尚未来得及心下大快，次日张爱玲就成了胡家的座上客，而且首次会面便长谈不止！苏青若知道了，恐怕会大诧其异。不是诧异胡兰成的举动，而是诧异张爱玲的表现。

胡兰成与张爱玲是二月里才相识的，春天尚未结束，两人就已经如火如荼了。苏青看在眼里，心情应该复杂，不论是作为张爱玲的朋友，还是与张爱玲同为女人。

二

张爱玲最初与胡兰成交往，虽大有相见恨晚之势，却不是一见倾心的。张爱玲不是，胡兰成也不是。从根本上说，他的确是爱她的才，而不是她的人，即便有她的人，也是爱屋及乌的结果。张爱玲虽然喜欢胡兰成，但她最初以为自己是不会陷进情网里的，而只限于两情相悦。所以她对不时离开上海去南京的胡兰成说："你说没有离愁，我想我也是的。"而且表示不在意胡兰成有妻有女友，即是她初以为自己不会爱上胡兰成。

胡兰成对张爱玲颇为谦恭，在他已与张爱玲开始交往的那年，无论是发表在《新东方》上的《皂隶·清客与来者》，还是发表在《杂志》上的《评张爱玲》，一律一口一个"张爱玲先生"。相比之下，他对苏青的态度就有些"降格"。他发表在《天地》上的《"语言不通"之故》，以"苏青君"称之，在《今生今世》里，写他在自家院草地上读到《封锁》一节，更以"有个冯和仪""女娘……"称之。在他记述的诸多情人中，苏青甚至未被列入"之一"，她的名字在他的风流史中付之阙如，一如张爱玲在《对照记》中只字不提。她之于他，可能真只是未付出真情的一时兴之所至的对象。

苏青究竟是何时与胡兰成走到一起的，又何时结束亲昵的关系，就与张爱玲的相关性而言，是值得探究的两个问题，因为答案有助于了解张爱玲与苏青对待对方的真实心理，而可能出现的状况或有以下三种：

①两者都发生在胡张恋爱之前；

②前者发生在胡张恋爱之前，后者发生在胡张结婚之前；

③前者发生在胡张恋爱之后。

如果是①，那么与张爱玲无涉，苏青尽可毫无愧怍地坦然面对张爱玲；如果是②，而苏青、张爱玲若都明知对方是胡兰成的女友，那么苏张彼此两不亏欠，或“人欠欠人”；如果是③，则苏青有负张爱玲。

而上述的两个问题迄无明确的答案，而只能从三个当事人的作品里略窥端倪。张爱玲的《小团圆》把邵之雍（胡兰成）与文姬（苏青）的“那一次”，设在邵之雍刚出狱时。如果与史实对照，那是发生在张胡认识之前。苏青的自传体小说《续结婚十年》则将苏怀青（苏青）投入谈维明（胡兰成）的怀抱写的是在一个“燠热异常”的“春之夜”。上海的气候，要满足这两个要求，只可能是在夏日将至的暮春(5月5日或6日立夏)。而胡兰成与张爱玲相识于早春（2月4日或5日立春），如果苏青是据实下笔，那么她与胡兰成春夜的故事发生在胡兰成开始追求张爱玲之后。

《续结婚十年》里的谈维明，与《小团圆》里的邵之雍，这两个“胡兰成”在追求女人方面非常接近，一样的“缠夹”手法，谈维明是天天到苏怀青家去，“坐谈到午夜，浓的茶叶，强烈的香烟味，使两人兴奋而忘倦”。邵之雍是天天到盛九莉家去，“在客室里关着门一坐坐很久……他走后一烟灰盘的烟蒂”。胡兰成在《今生今世》里竟也写到“天天”：

> ……我每隔一天必去看她。才去看了她三四回，张爱玲忽然很烦恼，而且凄凉。女子一爱了人，是会有这种委屈的。她送来一张字条，叫我不要再去看她，但我不觉得世上会有甚么事冲犯，当日仍又去看她，而她见了我亦仍又欢喜。以后索性变得天天都去看她了。

胡兰成征服女人不单靠腿勤，还靠对女人表示特别的关心。谈维明“急切地扳住”苏怀青的肩胛道：“你不了解我。唉，你不知道我是如何关心你的一切呢！”《今生今世》写到胡兰成与张爱玲初次见面即也嘘寒问暖，他的理论是：“对着好人，珍惜之意亦只能是关心她的身体与生活。”

口才此时也甚是重要。面对苏怀青，谈维明表现出“博学多能，于社会经济文学美术等无所不晓”的样子，也“滔滔说述他自己的生平”，而终于使苏怀青“震慑于他的智慧”，“被他说得死心塌地的佩服他了”。邵之雍对盛九莉“讲些生平的小故事，也有许多理论”，从对共产主义的认识，到对汪伪“和平运动”的观点等等，虽然她对他的有些理论不以为然，但到底也开始崇拜他了，以至于把他遗留的香烟灰也收藏起来。

苏青与张爱玲笔下的胡兰成也有完全不一样的地方，不只性生活方面，给人印象至深。早年张爱玲写男女之间，颇为隐晦婉转，与放胆直言的苏青的风格差异明显。小说《浮花浪蕊》里写女子洛贞走在街上被流氓占便宜：“老远晃着膀子来了个人，白衬衫，唐装白布裤。她早有戒心，饶躲着让着，还是给撞上了，正中要害。”恐怕没有什么词句比“正中要害”更恰当、更令读者会心的了，这是常见的张爱玲笔法。《结婚十年》：“婚姻虽然没意思，但却也能予正经女人以相当方便。一对男女便再没情义些，同睡在一张床上，总也不能全然的相安无事吧……一个男人同女人睡在一起，不想放肆而只顾到拘束方面，那才怪哩！”这是典型的苏青叙事。

苏青的《续结婚十年》以第一人称“我”（苏怀青）叙述在“不由自主投入谈维明怀抱”后的一幕：

> ……房间似乎渐狭窄了，体积不断的在缩小，逼近眼前，使人透不过气来。我闭了眼睛，幻想着美丽的梦。美丽的梦

是一刹那的，才开始，便告结束。天花板徐徐往上升，房间显得荒凉起来了，燠热的空气似乎发散开去，不久便使人心冷。谈维明抱歉地对我说："你满意吗？"我默默不语……他轻轻问："你疲倦吗？"我心里暗笑男子的虚荣可怜，无论怎样在平日不苟言笑的人，在这种场所总也是爱吹牛的。从此我又悟到男人何以喜欢处女的心理了，因为处女没有性经验，可以由得他独自瞎吹。他是可怜得简直不敢有一个比较的。他们恐怕中年女人见识广，欢喜讲究技巧。其实女人的技巧有什么用？你的本领愈高强，对方的弱点愈容易因此暴露出来……谈维明见我良久不说话，心里也觉不安。但是他却不甘自承认，只解嘲似的诿过于对方说："怎么啦？你竟兴趣索然的，渐渐消失青春活力了？"我听了心中不悦，也就冷笑一声，反唇相讥道："是老了，不中用了。"……他忽然插进一句道："你不像一个女人。"我低下头去不语。我是一个女人，而且情愿做女人的，为什么会不像呢？那是因为在我眼前的男人不像个男人……谈维明也是骄傲的人，他没有什么实力，却想控制支配我，那就证明他的失败了。

当谈维明继而表明他与苏怀青上床只是"欢喜"她，而从未想过要与她结婚，并且笑问苏怀青是否也"欢喜"他时，苏怀青的表现是"骤然把脸闪开来"，怒笑道："我是不满意。在我认识的男人当中，你算顶没有用了，滚开，劝你快回去打些盖世维雄补针，再来找女人吧。"谈维明"显然愤怒了，但却又装得鄙夷不屑……郁郁地走了"。

这不仅仅是一对男女偷情中的口角，更是一场女权与男权的交锋，写得何其酣畅淋漓！谈维明的失败自床上始，又不止于床上。

上床之前的谈维明，胸怀天下，睥睨一切，世界的革命，时代的苦闷，国家的困境，他都相应有一套自己的理论。他臧否人物，粪土万户侯，从昏庸的高官，到虚伪的文人，也都看得非常透彻，分析得头头是道；他满怀理想，淡泊名利，宠辱不惊……总之，在苏怀青心目中他是一个“脾气刚强，说话率直，态度诚恳，知识丰富，又有艺术趣味”的，外表“有一种令人崇拜的风度”的“十足像男人的男人”。

可惜的是，谈维明只是“像”而不“是”，他登高远望的宽阔胸襟、宏大气魄与他在床上的“才开始便告结束”形成了巨大的反差，苏怀青这才醒悟原以为他是指点社会的“政论家”，原来不过是个“蛊惑士女”的“宣传家”。

若纯为身体的单薄也就罢了，偏偏谈维明不止于此。他一方面自知不强，这才会“抱歉”问“满意”；另一方面，他又是骄傲的，他的骄傲使他不肯面对自己的不强，甚而幻想自己是强的，故而对方才会“疲倦”，而将草草收场的原因归结于对方“消失青春活力”了的“兴趣索然”。

可以想象，如果谈维明的“对手”不是苏怀青，而是盛九莉，那么他的日子就轻松愉快多了，非但不会败下阵来，还会一直处于上风。事实上邵之雍自始至终是主动在握的，甚而给人以“翻覆”盛九莉于股掌之上的感觉，而盛九莉则似张爱玲在《忘不了的画》里说到的“与情爱无缘了还要想到爱”的女人，“碰到无数小小的不如意，龌龊的刺恼，把自尊心弄得千疮百孔”，就是因为盛九莉 22 岁了还未有过恋爱的经历。胡兰成曾说张爱玲“看她的文章，只觉得她甚么都晓得，其实她却世事经历得很少”。苏青说的更直接：“处女没有性经验，可以由得他独自瞎吹。”而苏怀青有过 10 年婚姻史，如张爱玲说苏青的，是“有经验的”，离婚后更阅人多矣，属“见识广，欢喜讲究技巧”的“中年女人”，她虽一时会被男人迷惑，但醒悟得也快，不会像盛九莉那样痴迷。显然谈维明太大意了，这才败得狼狈。他认为苏怀青不了解他，而他既然关心她的一切，自应是了解她的，其实大不然。

胡兰成虽然是一个有着过人的聪明也十分敏感的人，且特别善解人意，懂得怜香惜玉，但他到底是一个自视甚高并以自我为中心的男人，他知道自己是聪明的，如同曹禺话剧《雷雨》里的四凤知道自己是漂亮的，这种自负的情绪使他对女人的判断流于主观，遮蔽了他的聪明。即以他与张爱玲的恋爱来说，其间不可谓不大用心，热情不可谓不高，而张爱玲对他也痴情如斯，照理两人心灵应相通无碍，精神应高度契合。即如任督二脉欲打通，之间隔了一张嘴，在别人这或许成为天堑，在胡、张二人则应不成其为问题：胡兰成的如簧巧舌自可作桥，张爱玲也曾对胡兰成说“还没有过何种感觉或意态形致，是她所不能描写的，惟要存在心里过一过，总可以说得明白”。但实际上，胡兰成对张爱玲的了解还是有限。即以《今生今世》与《小团圆》对照，彼此思想的隔阂显而易见。

胡兰成对他的女人们是否相妒颇为在意，不时以此来探问他的新欢。在张爱玲之后有了周训德，他就问她，答是：“张小姐妒忌我是应该的，我妒忌她不应该。”胡兰成听了很愉快，赞她一个“平正谦逊”；在周训德之后有了范秀美，他也问她，答是：会妒忌别人，但“不妒忌爱玲与小周”。胡兰成听了也很欣慰，夸她“现实明达知礼”。

胡兰成俘获女人的路数与一般米未成饭之前先隐瞒婚姻的男人不同，他在追求女人的初期即将自己的婚姻状况如实相告，若对方无意中止交往，即视为不在乎不妒忌。他对范秀美就是如此，“她明知我有爱玲与小周，当时她却竟不考虑”；对张爱玲也是如此。他又把张爱玲认作不是凡女，当然希望、甚至于自己就先断定他哪怕再荒唐张爱玲也不会生妒，所以《今生今世》写道：“我已有妻室，她并不在意。再或我有许多女友，乃至挟妓游玩，她亦不会吃醋。她倒是愿意世上的女子都喜欢我。”

单从这段话中也可以看出胡兰成对张爱玲的误解。所谓张爱玲不在意他有妻室，是当时她并未想到要与他结婚；及至想到结婚，也觉得困难很大，因为认为他无法了结现存的婚姻。只不过虽然结不了婚，但她仍愿意与他保持爱恋关系，也就是她在给胡兰成的信中说的“我想过，你将来就只是我这里来来去去亦可以”，实则是退而求其次的无奈之举，而并不是主观的“不在意”。

至于不吃醋云云，可能只是对他以往的放浪不计较，或是对他的这种秉性的宽容，接近于一种溺爱，而不是认同。张爱玲的真实心理在《小团圆》里表述得十分清楚，比如写邵之雍“去华中后第一封信上就提起小康小姐。住在医院里作为报社宿舍，因为医院比较干净。有个看护才16岁，人非常好，大家都称赞她，他喜欢跟她开玩笑”。之后的信中更常常提及康小姐：“引她的话，像新做父母的人转述小孩的妙语。九莉渐渐感觉到他这方面的精神生活对于他多重要。他是这么个人，有什么办法？如果真爱一个人，能砍掉他一个枝干？”盛九莉体谅他“在内地客邸凄凉，更需要这种生活上的情趣”，实则未必真的“愿意世上的女子都喜欢他”，就算真的愿意，也不等于“愿意世上的女子他都喜欢”。

在对待康小姐以及后来的辛巧玉的态度上，盛九莉之所以一度表现出大度，是因为她以为邵之雍与她们都未发生肉体关系，而不过调调情、满足一种精神需要，所以才会“信上常问候小康小姐”。即便如此，盛九莉妒心还是有的，她在给邵之雍的回信中，一边表示看他身边有康小姐而“高兴你在那里生活不太枯寂”，一边却也不无警告意味地来一句“我是最妒忌的女人”，只不过为了掩饰，她用了一种开玩笑的口吻。

在胡兰成与张爱玲的实际交往中，张爱玲像这类“有妒”的表现一定也会有，可是胡兰成会选择忽略，忽略不了就另寻解释，他在《今生今世》中写道：“当初有一晚上，我去苏青家里，恰值爱玲也来到。她喜欢也在众人面前看着我，但是她又妒忌，会觉得她自己很委屈。”后一句应当将语序颠倒一下：“张爱玲虽然妒忌，但她喜欢在别人面前看着我。”胡兰成就是这样，他的过度自信以及自喜，妨碍了对别人心理与感受的细心体察。

至于苏青，张爱玲都知道离婚后的苏青是“谋生之外也谋爱”的，苏青的“浪漫”，固然难免“谋生”的需要，但并非完全没有自尊，更不是人皆可夫，她的核心目的是“谋爱”。这个“爱”，不是恋爱的爱，也不是做爱的爱，而是婚姻。如她在张爱玲面前谈及于此用了一种藐视的神情说的“没有爱”，她这也是将跟她“厮混”的男人对她的“欢喜”，与想跟她厮守一生的爱情区分开来。

《续结婚十年》里苏怀青与谈维明初识时，她是看好这个人的，一度当做知音：“我终于遇到了一个知道我的人……什么叫做有缘千里来相会，谈维明就是千里而来的。”可是这个人最终却使她深深地失望了，并且使她失望的方式那么简单粗暴，以至她的自尊心与刚强的脾气使她禁不住发作。

胡兰成在《今生今世》里写的自己，似乎把张爱玲的唾咳，都当做珠玉，可是张爱玲在《金锁记》里的一句话他却并未在意：“男子对于女子最隆重的赞美是求婚。”谈维明与苏怀青，假如仅限于两情相悦，苏怀青若不提婚嫁，也不必将话说穿，彼此尽可在交往中悟出对方心思，如苏怀青与鲁思纯（陶亢德）的关系。可是谈维明偏要直言不讳，甚至还用了一副“严肃”的口吻：“我可从来没有想到要同你结婚过。你不是一个安分守己的女人，怀青。谁会向你求婚便可表明他不了解你。”这种伤人心的话换了谁听了也不会高兴，难怪苏怀青当即翻脸。谈维明明明是误解对方，还自诩为解人，何况是一个不安分守己的男人却要求女人安分守己。

如果在实际生活中胡兰成对苏青说过同样的话，那么当苏青得知胡兰成与张爱玲“好上”，以至谈婚论嫁以后，内心应当是有酸楚的吧。

三

张爱玲的《我看苏青》于1945年4月发表于苏青的《天地》月刊，迄今多被人视为张爱玲对苏青怀有真挚情意的篇章，乃至文人相亲相重的佳话。其实此文字里行间大有深意，而明眼人也早有。1946年，《香雪海画报》就发表过署名“木然”的一篇文章，题为《张爱玲讽刺苏青》，文中说《我看苏青》“这篇文章，一望而知，她在女人的不同的立场上主观地讥刺了苏青，但苏青也真是可人，她让这篇文章就登在她所编的《天地》上”。可惜作者点到辄止，语焉不详。

不知《我看苏青》是否出自苏青邀约，也不知当时苏青接稿在手，是什么心情。可以想见，就算苏青当时读了此稿心中不舒服或打翻了五味瓶，也难以做到退稿不发。张爱玲本即也未将丑话说穿，且许多话也是旁敲侧击、模棱两可，不同的角度可有不同的解释，苏青自然不便发作，况且还有《天地》杂志所处的窘境。

《天地》的兴盛只在前10期以内，随后便出现纸价飞涨，配给供应又无保障等问题，不仅大大影响了苏青的书的销量，杂志也面临亏本。苏青又气又急，大呼文化的末日到了。其后苏青又创办《小天地》，亦即意在幻想以新杂志新面孔的出现，重现《天地》当初的兴旺，至少可以与《天地》起到“连锁”的作用。虽说这两个刊物均通过胡兰成与伪宣传部说好每月的白报纸配给量，但《天地》仍免不了每况愈下，早期的许多“高手”作者在《天地》上都早已不见了踪影，最后的几期基本处于惨淡维持状态。《小天地》更是出出停停，难以为继。在这种情况下，张爱玲的作品几乎是救命稻草。有这些缘故，苏青当然更能也更愿意“隐忍”，何况文中毕竟也有不少好话。

可是到了抗战胜利以后，形势变化很大，苏青的大小《天地》杂志都关门歇业了，再也不用苦心思虑要仰仗什么人苦撑刊物了；张爱玲与她一样，都面临着新的社会形势下的困境，胡兰成更逃亡得不见踪影，彼此自顾不暇，昔日的友情也都渐趋疏淡如风中云烟。苏青本是有话不说如骨鲠在喉的人，此时生活又处于逆境，正没好气，心里的不悦、憋屈、羞恼等便再也藏掖不住。1946 年《吴淞江》上刊载了一篇署名“阿九”的文章，说苏青“胜利以来，此婆亦销声匿迹久矣，一月前始见其短文，开口骂人，肝火奇旺，曾编《山海经》，因毫无噱头，早已寿终报摊，最近乃在报上出现其连载小说，坐不改名，行不改姓，于是乎《中央日报》目为妖孽，振笔直扫，闻苏青见后，语人曰：‘领配给纸等于领户口米，至于说我和什么人什么人睏觉，退十万八千步说，就算真有其事，我卖我的 ×，管人家鸟事，论法律，不是虽嫁与敌伪为妻也不为罪吗？’闻之者莫不引为笑话奇谈”。

这篇题为《苏青妙语惊天下》的短文，虽刊登在行文十分自由的小报上，且转述的粗话，使人本能地怀疑是否真的出自苏青之口。但从该文所列苏青举动来看，诸如编《山海经》杂志，连载小说《九重锦》等，均为事实。而粗口虽可能有所夸张，但也不能说完全不像苏青的口吻。苏青在 1947 年 2 月出版的《续结婚十年》的序言里，针对社会上对她无稽而恶毒的谩骂，就这样写道：“笑骂且由他去笑骂罢了。再说得通俗一些，便是当他‘放屁’。”也印证了张爱玲说她的，是“什么都说得出”的人。可是一句“论法律，不是虽嫁与敌伪为妻也不为罪吗？”可不指的是张爱玲？

这一句要说是苏青对张爱玲的回敬也完全可能，因为在此前三月张爱玲在她的增订出版的《传奇》一书的序言《有几句话同读者说》里为自己抗战中的行为辩解，有一句是“我……也没有拿过任何津贴”，固然是实话，可是一定会刺痛苏青，因为苏青是“拿过津贴”的。

苏青曾在上海市伪市长陈公博的安排下，做了伪市政府秘书处专员，陈公博许以每月千元薪水。两三个月后陈公博又说女人搞政治不合适，使苏青辞职，而薪金照发。

苏青的《续结婚十年》，既写于天地遽变物是人非之时，写的又是成为过去时的抗战中的经历，下笔自然更无所忌讳。

张爱玲在《我看苏青》里说苏青“她应当是高等调情的理想对象，伶俐倜傥，有经验的，什么都说得出，看得开，可是她太认真了，她不能轻松，也许她自以为轻松的，可是她马上又会怪人家不负责。这是女人的矛盾么？”

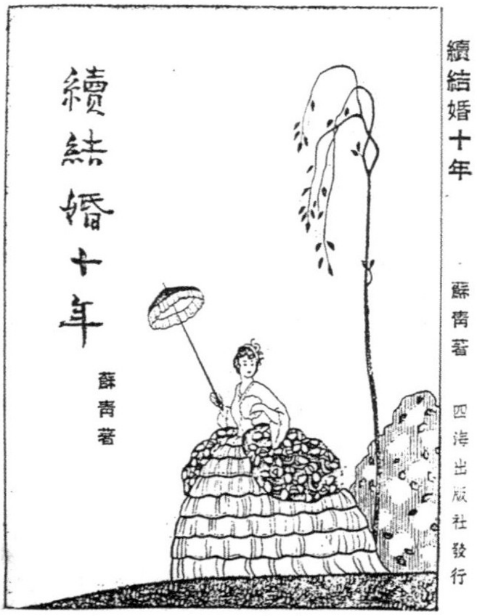

《续结婚十年》封面。

倘若以寻常眼光来打量，会觉得这段话多是赞扬之语，“高等”“理想”“伶俐倜傥”“有经验”“看得开”等等，都是褒义词；“太认真”“怪人家不负责”也不是什么坏话——太认真总比不认真好吧？对不负责的人还不应该责怪吗！可是《续结婚十年》一出，其中谈维明与苏怀青下床后有段负不负责的对话，毋宁是给张爱玲的文字作了注脚，原先所以为的泛泛之言却原来可能系确指，居然有出处，意思因而陡变。那是谈维明在向苏怀青明确表示他只是“欢喜她”而绝不是要与她结婚之前，还有这样几句：

“你恨我吗？”他严肃地说。

“……”

“恨我什么呢？”

“你不负责任。”

“我要负什么责任？”他忽然贴着我的脸问：“同你结婚吗？”

《续结婚十年》影射的是抗战中的人和事，张爱玲应有一读的兴趣。书中有关谈维明与苏怀青交往的描写，张爱玲应不难感受得到苏青笔下的情绪与意气，当时是何心情不必妄猜，但从《小团圆》中的描写来看，回敬犹如夏日里高远的闷雷之声隐隐在云中。

张爱玲本来还算是对苏青比较了解的，可一旦戴了胡兰成的眼镜看苏青，马上就有了隔膜了。既要调情，又太认真，还怪男人不负责，这的确是某些“女人的矛盾”，但不是苏青的。苏青之所以看似矛盾，恰是因为她在“谋爱”，而不是在“遣骚”。恋爱原是婚姻的序曲，调情应是恋爱的前奏，可是男人们对苏青的兴趣仅限于调情，不再往下发展，苏青不能不急眼，不能不光火。

若以张爱玲的闺中好友炎樱为镜来对照，张爱玲与苏青的关系就更加明了了。张爱玲与苏青的关系，尽可以用“亲切”来形容，亲切到衣裳也可以换穿（苏青女儿告诉笔者），却不是“亲热”，张爱玲把“亲热”给了炎樱。盛九莉与比比曾光腿睡在一起，以至三姑告诫她两人不可发生同性恋。张爱玲与胡兰成结婚时，媒证人不请大姐姐般的苏青担任，请的却是仿佛尚未成人的炎樱，这当然也有意思。在张爱玲心里，许多事情是分得很清楚的。

还有关键的一条，对于胡兰成，炎樱没有让张爱玲不放心。胡兰成虽然对肥环瘦燕、西施无盐同样都能欣赏，而显然活泼可爱淘气的年轻女性更容易打动年届不惑的他。那个在张爱玲之后出现的、令张爱玲颇为头痛以至于亲至温州去与之争短长的周训德，就颇有几分炎樱之风。

胡兰成在《今生今世》里屡屡提及炎樱，说她“非常俏皮”，比张爱玲“淘气”；又说“爱玲每赞炎樱生得美，很大气”，当然他也是觉得炎樱美的，说“她像敦煌壁画里的天女”，说他“与炎樱说话，的确好像闻得见香气”。炎樱的思维十分活跃，且与一般人的思维不同，如有次胡兰成问她：“你们印度的独立领袖鲍斯若要招募女兵，你也去么？”炎樱道：“去可以，但是先要照我的心意剪裁出好看的兵装。”诸如此类，当然为胡兰成所激赏。

胡兰成还在《今生今世》里说知道他也喜欢炎樱，“爱玲很高兴”。其实张爱玲高兴的未必是看他毫无例外又一次显露喜尽天下女子的秉性，而是高兴地看到他两人常常“鸡同鸭讲”，虽则喜欢但好在难以有深入的交流。

在上海时，张爱玲、炎樱、胡兰成三人常在一起玩耍，胡兰成回忆道：

> 炎樱每来，活动不停，三人在房里，我只觉笨拙，不但是我英文不行之故，即使她是讲上海话的，恐怕我亦应接不及。她又喜理论，但她滔滔说了许多，结果只像一阵风来去得无影无踪。有时爱玲要我评评，我就试与炎樱辩答。我说，但是事实如此，她道：“真可怕！”我说社会本来就是这样的，她道：“怎么可以这样愚蠢！”都只是小女孩的责怪，我的逻辑只好完全失败，而且甘愿认输。

胡兰成去武汉后，炎樱还曾用相当亲密的口吻给胡兰成写过一封长信，后来就名以《一封信》发表过。这样危险的游戏，张爱玲却不仅一点都不介意、反而乐见他俩调笑似的，把信翻译成中文。

炎樱在信里，称胡兰成为“兰你”。除了一口一个“兰你”，还有“哦兰你”“可怜的兰你”。信的内容，以炎樱的鬼灵机巧，当然是充满智慧与妙趣的；信的遣词用句，因为是张爱玲翻译的缘故，当然是精致而有韵味的。可是信的语气，却是夸张、任性与撒娇的，诸如“你真不知道……有多讨厌”，“但是，怎样的呀！”完全是女友间往来才常出现的语句，而用于写给一个中年男子，那男子却又不是她的情人，而是她的女友的情人；信又不是直接邮寄的，而是通过她的女友转发的，这就不大寻常而有些意味了。

炎樱在信的结尾说，要预备社会学的考试。那年她与张爱玲一同从香港大学回上海，一同进了圣约翰大学，不久张爱玲即退了学，炎樱应该一直在读，写信时大概就还在圣约翰里。武汉是长江四大火炉之一，所以炎樱在信中说“你今年在你那个地方要煮熟了”。

当时可能胡兰成尚未与小周护士生出事来，或即便已生出事来，张爱玲还懵然不知，所以还有心思玩这种游戏。对于炎樱那样称呼胡兰成，张爱玲只觉得非常别致而有趣，这都是因为她还陷在恋爱的肥皂泡里。等到事过30年，台湾的《幼狮》杂志要重登张爱玲译炎樱的《浪子与善女人》与《一封信》，张爱玲事先得知消息，就受不了了，赶紧打电报去，希望不要刊载那封信；又担心已经发排，在她写给友人的信里，说她为此而“头痛万分”。

张爱玲虽然对炎樱与胡兰成之间不可能发生小说的素材有基本的判断，但实际上她也不敢完全掉以轻心，或者说，她并没有高枕无忧到闭目塞听。《小团圆》里盛九莉听到邵之雍在阳台上问比比，一个人有没有可能同时爱两个人。心里一黑。盛九莉知道他说的两个人是指她与小周，不是她与比比，但比比也可能误会。

苏青在1945年3月出版的她的《天地》月刊第18期上，刊载了张爱玲的一篇记录她与炎樱的对话的《双声》，里面有一段谈三人关系的，颇有意思。说起来是泛泛而谈，但因当时张爱玲已有胡兰成，泛谈就也不免有确指之意。可到底因了张爱玲与炎樱两人的关系不是一般的好，所以还能做到有猜无嫌：

炎樱说道：“妒忌这样东西真是……拿它无法可想。譬如说，我同你是好朋友。假使我有丈夫，在他面前提起你的时候，我总是只说你的好处，那么他当然只知道你的好处，所以非常喜欢你。那我又不情愿了……如果是你呢？”张爱玲答道：“我也要妒忌的。”

事实的确如此。炎樱仿佛在给张爱玲打预防针，同时也表达了一种对朋友的诚意，对张爱玲说："你答应我，如果有这样的一天，你就对我说：'貘梦，我妒忌了。你留神一点，少来来！'"

这样的坦荡，张爱玲听了当然顺耳，所以笑着答应："好的，一定。"炎樱不喜欢张爱玲给她起的这名字，于是改称"貘梦"。

两人接着谈到如果发现自己的丈夫在吻对方，自己会怎么做。炎樱说她会大闹，事过之后又与朋友和好；张爱玲则说她"是不会当场发脾气的，大约是装做没看见，等客人走了，背地里再问他到底是怎么一回事"。

胡兰成与炎樱在阳台上，张爱玲的表现，确如她所说的。张爱玲与炎樱之所以能保持友谊，与这样的"演习"不无关系。通过这样的"演习"，彼此表明了观点与态度，彼此更了解对方的内心，自然也就放心了。

四

人有多面性，正面与侧面，阴面与阳面，里面与外面，不会完全一致；情感世界更是复杂且易多变，常常爱恨交织、云翻雨覆。因为性格的缘故，加上写作总需观察别人与自视自省，张爱玲的内心较之别人更加纤敏，心理也更微妙。

小说《浮花浪蕊》里，从大陆到香港的女子洛贞，乘了"小挪威船公司"的一艘"特别小"的货轮去日本东京"投奔老同学"。听说她要去日本，香港的朋友告诉她日本"现在找事难"，而且在日本的"美国人就要走了"。洛贞知道："也许去得不是时候，美国占领军快撤退了，不懂日文怎么找事？"但"日本入境证也难，难得现在有机会在那边替我申请"。而她又"想走得越远越好，时机不可失"。洛贞的情形显然是张爱玲自况。

1952 年张爱玲离开大陆到香港大学续读才两个月，便向校方提出退学申请，要到日本去。表面上看来是她的闺中好友当然也是“老同学”的炎樱时在日本，代她办理了当时不易办到的日本入境申请，她想去试一试寻找生活出路。而实际的原因是否与胡兰成在日本有关？就算她虽然早与他分手而未必怀了很大的怨恨，但从一般人的心理上来讲，至少也希望离他远些，而不是趋向前去。明知是一个语言不通的国度，仍坚持前往，莫非因为想到同样不懂日语的胡兰成——他敢去，我也可以？

也许张爱玲去日本，心中真的一无杂念，也只是有自信，像许多离了婚的情侣可以安然做朋友。她是1947年初夏与胡兰成一信绝交的，十年后的一天，她却又写信给他了。胡兰成在《今生今世》里写道：“新近收到爱玲写来的一张明信片，是由池田转来的，信里并无别话，连上下款亦不署。只写：‘手边如有《战难和亦不易》《文明的传统》等书（《山河岁月》除外），能否暂借数月作参考？请寄’（底下是英文，她在美国的地址与姓名）。”

这封信，张爱玲不把它封在信封里，而用了一张明信片，张爱玲是费了心思的，当然也是聪明的。因为信是寄由别人转交的，用明信片，避免了中间人的猜测以及可能产生的误解；明信片又不是正式信件，不必署上下款——否则到底该称呼他什么又自称什么呢？假若仍称“兰成”“爱玲”，岂不又回到了从前？

可是智者千虑，仍不免有失，收到明信片的胡兰成还是兴奋起来了，浮想联翩了。因为胡兰成也可以这样理解，“上下款亦不署”那是因为她把他当做自己人，自己人才可免礼节客套。胡兰成也许会想起张爱玲在《我看苏青》里写苏青与她离婚了的丈夫的一段：“‘还是自己人！’那么对他也感到亲切了，何况他们本来没有太严重的合不来的地方。”

张爱玲要借胡兰成抗战中写的论文集，可能是为她受美国新闻处处长麦加锡之约而翻译的台湾作家陈纪滢的小说《荻村传》做参考。

小说反映的是自义和团到1949年之间中国北部农村的变迁，在作者笔下，一个叫傻常顺儿的人，先后被北洋军阀、日本人以及共产党利用，最后惨遭活埋。该书原本是请台湾大学外文系的英千里教授翻译，但麦加锡嫌其译笔太过典雅，便改请张爱玲用较通俗的文笔译出。张爱玲采取意译的方法，将题名也改作适合美国一般读者口味的“笨伯在芦苇中”。原著采用的是人物与资料穿插的写法，张爱玲既要忠实原著，又要易于美国读者理解，自须增加些说明，故需查阅参考资料，向胡兰成所索之书，是想参照抗战等内容。

胡兰成给张爱玲回信道：

爱玲：

《战难和亦不易》与《文明的传统》二书手边没有，惟《今生今世》大约于下月底可付印，出版后寄与你。《今生今世》是来日本后所写。收到你的信已旬日，我把《山河岁月》与《赤地之恋》来比并着又看了一遍，所以回信迟了。

兰成

胡兰成著作《战难和亦不易》。

胡兰成自与张爱玲结交之始，就一直存着比试之心，他对此也直言不讳，说：“我向来与人也不比，也不斗，如今却见了张爱玲要比斗起来。”直到张爱玲此番写信来时，他仍此心未泯，他因听说《山河岁月》出版后，香港有记者曾就此去问张爱玲的看法，而张爱玲不答云云。他又将张爱玲要借书参考，视为她与他的比斗，所以他斗兴愈炽，不仅急将《山河岁月》与《赤地之恋》作对比，连尚未成书的《今生今世》也要迫不及待地先亮出来，像一个血气方刚的后生，其实是青春焕发。

《今生今世》的出版并不顺利，印了10个月，上册才面世，已经是秋天了。胡兰成一拿到书，就急忙邮寄过海。胡兰成也是心急脑热，若单是寄书，张爱玲还有可能与他一来一往。可他偏偏又写了信去，并且“在信里写了夹七夹八的话去撩她”，这一下子就把张爱玲惹毛了，才开了一条缝的心扉就又“咣当”一声关上了。这是张爱玲生平给胡兰成写的最后一封信：

兰成：

你的信和书都收到了，非常感谢。我不想写信，请你原谅。我因为实在无法找到你的旧著作参考，所以冒失地向你借，如果使你误会，我是真的觉得抱歉。《今生今世》下卷出版的时候，你若是不感到不快，请寄一本给我。我在这里预先道谢，不另写信了。

爱玲

在张爱玲，似乎自始至终——自写明信片至再次表明“不再写信”——都心如止水，但外人仍不免存有疑问：张爱玲译《荻村传》，胡兰成的两本书，就算真的是美国各图书馆均失藏，但它们的确是不可替代的参考书吗？

话说回来，张爱玲写信，即便不是心如枯井，显然也不是旧情复炽，而胡兰成以为是。张爱玲在《谈女人》中早已有言：“女人恨起一个人来，倒比男人持久得多。”张爱玲写信时对胡兰成已谈不上还有恨，她所“持久”的是“不爱”。

张爱玲写此信后过了 9 个月，《今生今世》下册出版，想必胡兰成会寄一册给张爱玲。《今生今世》中有一章《民国女子》，是专写张爱玲的，读者大多交口称赞其慧美双修；不喜欢胡兰成的或为张爱玲抱不平的，也都一边骂胡兰成，一边引用这段文字。可是张爱玲对这段却似乎很不喜欢。她在 1966 年 11 月 4 日写给夏志清的信中道：

> 胡兰成书中讲我的部分缠夹得奇怪，他也不至于老到这样。不知从哪里来的 quote 我姑姑的话，幸而她看不到，不然要气死了。后来来过许多信，我要是回信势必"出恶声"。

20 世纪 70 年代的某一年过年前后，张爱玲给夏志清的信中道：

> 三十年不见，大家都老了——胡兰成会把我说成他的妾之一，大概是报复，因为写过许多信来我没回信。

世人都说女人怕老，其实男人也怕老——尤其怕被女人说老。因为"老"是"不行""不中用"的同义词，广义里面还有狭义。张爱玲在两封信里都说胡兰成老了。话说得这么重，看来她是真生气了。

张爱玲多半会后悔写信向胡兰成借书，可是胡兰成的为人与行事风格她应是了解的，胡兰成的"缠夹"并非"老"了以后才有的。胡兰成在《今生今世》里写到他对张爱玲说起汉乐府有"来日大难，口燥唇干"之句，张爱玲说："这口燥唇干好像是你对他们说了又说，他们总还不懂，叫我真是心疼你。"这"说了又说"不就是"缠夹"吗。当时她心疼，如今却嫌烦了。可见胡兰成没变，变了的是张爱玲。

胡兰成没能仔细理解张爱玲话的深意，她心疼，固然是不忍见胡兰成的舌敝唇焦，可是对牛弹琴，愚蠢的仅仅是牛吗？胡兰成只从张爱玲的话中感受她的怜爱，接受对他的赞美而自我陶醉，却对他说话的对象的感受不大在意。他肯定读过《庄子》，却似乎没记住其中《天下》篇中说齐宣王时的宋钘、尹文："虽天下不取，强聒而不舍者也，故曰上下见厌而强见也。"那两位古代贤士为何使人人讨厌，胡兰成如果明白个中缘由，可能就不会"见厌"于张爱玲了。

但是话说回来，外人永远看不到"里面"，不然怎么会有"清官难断家务事"的话呢。张爱玲在写给朋友的信中，说胡兰成"缠夹"，说胡兰成是"无赖人"，好像厌烦怨恨死了他似的，其实很有可能不过是迁就朋友的态度——人家都在为你抱不平，为你被人所负而愤慨，你自己却没事似的，太没出息。

《小团圆》里有不少地方用揶揄的腔调来写邵之雍，把他写得颇为可笑，尤其写两人的缱绻。在盛九莉总是被动、消极、敷衍、置身事外的衬托下，邵之雍的嗜欲、蛮干、执着、萎而不甘显得滑稽。但也因此把邵之雍塑造成了一个性欲亢奋、不知疲倦、有着不竭动力的男人，颠覆了苏青《续结婚十年》里那个谈维明给读者留下的"语言的巨人、行动的矮子"的印象。张爱玲这是无意之举，还是有意为之呢？

胡兰成在《今生今世》里屡言与张爱玲比斗，比如"我竟是要和爱玲斗""我向来与人也不比，也不斗，如今却见了张爱玲要比斗起来"。但给读者的感觉彼此也并非尖锐对立，而实也如他自己形容的是"男欢女悦，一种似舞，一种似斗"，如此而已。彼此也不过是比学问，比悟性，比见地，比灵性，有"逗"的成分。而《小团圆》里，虽不用"比斗"之词，却隐约给人以严峻的感觉。邵之雍与盛九莉比的是社会经验与心机，是渔翁与鱼之斗，盛九莉"输"得毫无悬念。

盛九莉走在与邵之雍恋爱的途中，并非一直向前，也曾有期以"其患遂绝"、恨不得中止的时候，当然最终未能战胜心的软弱、情的吸引，而其间邵之雍的一些手法也起了作用。比如他不止一次对盛九莉说：

“我看你很难。”意思是说她很难找到喜欢她的人。邵之雍反复说这样的话，很明显是在予对方以心理暗示，即我是唯一的、也是“最……”的那个。再比如邵之雍在与盛九莉初吻，使她产生了“这个人是真爱我的”感觉之后，马上问婚嫁，在对方略显矜持时，一反常态，一两个星期不出现，果然就使盛九莉心生怅惘，太明显的欲擒故纵。

男女

张爱玲看低女人，所以说女人可爱，俯视女人，所以可怜女人；苏青平视女人，不肯原谅与宽容女人；胡兰成将女人看作对手，每个女人都具挑战性地勾起他征服的兴趣。

苏青奋斗于男性社会中，对男人的体会丰富而深刻；张爱玲置身男人群外，看男人洞若观火；胡兰成自负，以男性为中心。

张爱玲的《有女同车》，写她在电车上听到女人话家常。一个女人谈与恋人冷战，仿佛决不肯妥协似的，可是旁人可以听出她的内荏；另一个女人谈的是被不成材的儿子得罪，丈夫叫儿子给她下跪，她却万不忍心，而且早已气消了。结果儿子只捧了一杯茶来算是道歉，她竟当即笑出声来了。这等寻常家事，谁都司空见惯，可张爱玲却从两性中的妇女处境与心理上感受到女性的悲哀，因此写道："电车上的女人使我悲怆。女人……女人一辈子讲的是男人，念的是男人，怨的是男人，永远永远。"

同在 1944 年 3 月出版的《天地》第 6 期上，苏青与张爱玲各发表了一篇散文，题名一样，都叫"谈女人"。

张爱玲的《谈女人》很可能是应苏青之约而写的。在这篇文章里，出现了大段的引文，这种景象，在张爱玲昔日的散文中从未出现过。不排除这种可能，即张爱玲对此命题本无甚兴趣或没有什么感触，但又不忍扫苏青兴或对苏青爽约，这才勉强下笔，而想了一个以书评复命的办法，而且评的是外文书，想必同胞读者能读的有限，这样便可以自由摘译，当然省劲。但也不排除这种可能，即张爱玲动笔前已先将想法告诉了苏青，而苏青不反对。粗算下来，引文与正文的比例高达 2 比 3。说句笑话，如果这篇文章苏青是以字数计发稿酬，那么她就亏大了。

女人在张爱玲眼里是可爱的，她说：“可爱的女人实在是真可爱。”这是因为张爱玲看低女人的缘故，因为看低而要求不高。即便是被西方人称为“猫”的阴险刻薄的女人，即使她们“恶得无孔不入”，张爱玲也还是愿意原恕她们，因为程度低，再坏也是有限。

女人在苏青眼里却是聪明的，她说：“聪明的女子真是聪明得令人可畏。”这是她的由己度人之言，尽管她并非聪明到可畏的女人。她在文章的开头写道：“许多男子都瞧不起女人，以为女人的智慧较差，因此只合玩玩而已；殊不知正当他自以为在玩她的时候，事实上却早已给她玩弄去了。”聪明的坏总是较难使人原谅，所以苏青是有点嫉“女”如仇的。

论及婚姻择偶，张爱玲与苏青虽然都认为男女的处理方式不同，但评价各一。张爱玲虽也承认人的相貌体格于优生学上有意义，但对男子挑选妻房纯粹以貌取人不以为然，认为女人比男人较有择偶常识，以至“非得要所有的婚姻全由女子主动，我们才有希望产生一种超人的民族”；苏青则认为男人只爱女人的青春美貌，而无涉其他，是男人在性的方面比女人诚实。

对于所谓正经女人或曰上流女人的心理，张爱玲与苏青的观点相当接近。张爱玲说：“正经女人虽然痛恨荡妇，其实若有机会扮个妖妇的角色的话，没有一个不跃跃欲试的。”话已说得较为婉转，苏青所言就犀利得多了：“我敢说世界上没有一个女人不想永久学娼妇型的，”“要是卖淫而能够自由取舍对象的话，这在上流女人的心目中，也许倒认为是一种最能够胜任而且愉快的职业。”

张爱玲与苏青在撰文中涉及相同或相似的话题，多半不是事先相约的，而因为它们多是妇女的基本问题，也可能那些问题是她俩在平日的交谈中议论过的，这才不约而同了。

从相同的议题中最能看出各人思想观点性格秉性的差异。张爱玲爱读书，话题便每自书中得来；苏青读得多的是社会，话题便总离不开红尘。所以张爱玲下笔比苏青轻灵清逸又虚幻，苏青则比张爱玲世俗务实而具体；行文张爱玲是不意渐往云上，苏青是有心没入人间。

胡兰成有一幅字，写的是："平生知己乃在敌人与妇人。"这句话意思多重，字面上的，女人是他两个知己之一；字面后的，女人虽属知己，却不是一般意义上朋友般的知己。其与敌人并列，有"比斗"的意味在内——与敌人是斗，与女人是比。

虽然胡兰成不只一次承认他斗不过张爱玲："我使尽武器，还不及她的只是素手。"而实际上他是一边认输，一边又不服输的。直到彼此写了《山河岁月》与《赤地之恋》，他还将两书"比并着"来看，又说："《赤地之恋》与《秧歌》皆是爱玲离开大陆到香港后写的小说。我读自己的文章时，以为已经比她好了，及读她的，还是觉得不可及。"话虽如此，究是心里不服，"《山河岁月》是香港小报曾提到有人以此书问张爱玲，她不置一词，我知道她的心思。但我总也不见得就输给她，所以才爱玲的来信使我感激。我而且能想象，爱玲见我的回信里说到把她的文章与我的比并着来看，她必定也有点慌，让她慌慌也好，因为她太厉害了。"

胡兰成小时听他四哥讲故事，记住的一个是 5 个人以比试口才争船上唯一的座位，如刘三姐对山歌那般你来我往，胡兰成对那"斗智逞能"颇为欣赏，觉得"可爱"。胡兰成古书读得多，一定记住了不少"二桃杀三士"那样的故事，鲁迅打开五千年中华史，看了半夜看见的是"吃人"两个字，胡兰成看见的大概是"谋略"两个字。

张爱玲与苏青的生活情形有着很大不同，张爱玲单纯一个作家，作业于家。虽然她的家也不是完全封闭的，她的"阳台外是全上海在天际云影日色里，底下电车当当的来去”。[①] 还有胡兰成会带来官场见闻；她也并不完全自闭于室，她会乘电车听人闲谈，会徜徉大街看橱窗，会随炎樱外出喝茶、与老板还价，会陪苏青到裁缝那里去试衣……毕竟都还是逍遥的生活，玩票似的，即使上街买菜去，也是带了“一种落难公子的浪漫的态度”，[②] 与职场生活性质全然不同。

而苏青除了作家的身份外，因为办了杂志，从编辑到发行，集于一身，当然是劳神费力的。

张爱玲说苏青“今年过年之前，她一时钱不凑手，性急慌忙在大雪中坐了辆黄包车，载了一车的书，各处兜售，书又掉下来了，《结婚十年》龙凤帖式的封面纷纷滚在雪地里，真是一幅上品的图画”。

画面固然美艳，那是因为张爱玲是看风景人，与画中人心情有天壤之别。张爱玲说“苏青的作风里极少‘玩味人间’的成分”。生活的情趣，苏青并非不能领略，只是因为生活的负荷使她不得轻扬放松。

苏青的生活，较之张爱玲，明显的有“挣扎”的意味，虽然并不是那种底层的奋斗。她比张爱玲多了孩子、母亲、弟妹等人的负担；写作之外，多了办刊的繁杂事务。除去这些，还有她——作为出走的娜拉的归宿问题也有待解决，也就是张爱玲说苏青的“谋生之外也谋爱”。而谋生，是在封建意识笼罩社会、男人掌管一切的环境里谋生，谋爱则更是无例外地要向男人去谋求。而张爱玲，是待在暖巢里的。两人若伸出手来比一比，一定是一个细嫩一个粗糙的。写《我的手》那样文字的，就注定是苏青而不是张爱玲。

所以对男人的看法与结论，苏青与张爱玲有许多是不同的。即便是相同的，得来的过程也会有差异，张爱玲可能只是费了些推究的功夫，而苏青则往往是亲身感受而不免中含辛酸的。

---

① 胡兰成《今生今世》，台北远流出版公司 1990 年版，第 276 页。

② 张爱玲《童言无忌·钱》。

胡兰成签名。字体有章法又不拘泥章法，三个字长短宽瘦均不同，表明此人生性多变；最后一字的连笔，显示了超常的自信。

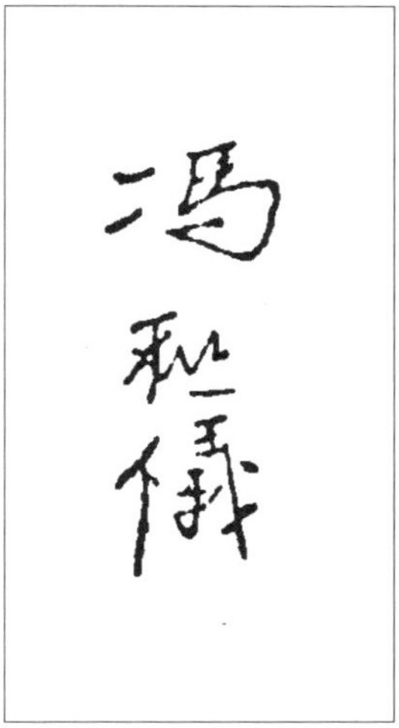

苏青（冯和仪）的签名。字迹显示的信息是：此人有一点矮胖，清秀，干练，大气。

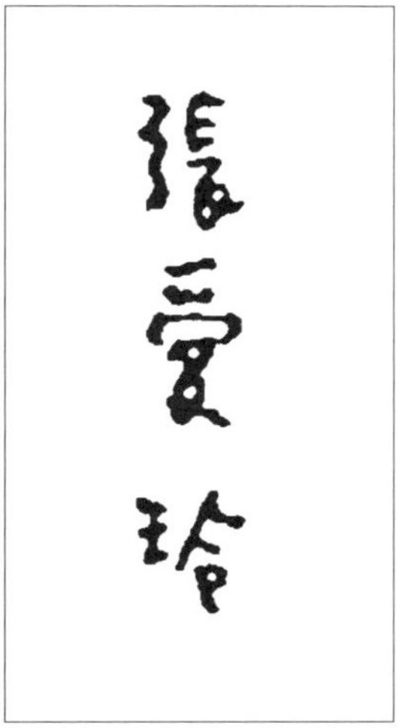

张爱玲的签名。字体稚拙，有女童的可爱，没有一点锋芒，结尾不匆忙。字的上下拖得很长，与她的高挑身材相对应。

胡兰成印鉴。

苏青印鉴。苏青本名冯和仪。有人臆断冯氏改用“苏青”，系在上海沦陷后为遮人耳目，苏青自己竟也记不得何时始用“苏青”。苏青之名起用于抗战爆发前两月，在《宇宙风》杂志第41期上发表《算学》时。

“好色”这个词，在张爱玲的散文中竟不曾出现，在1950年以前的小说中也只出现过一次（《创世纪》），想来这是因为她生活圈狭小，不大有被好色男人骚扰的经历[①]，也就对男人的好色不大有愤激与厌恶的情绪。

苏青就不同了，她须与之应酬、打交道的，从官员、文人到书贩大多为男性，她独自周旋于一群异性之中，既要应付别人又要保护自己，领教过男人的好坏种种，一定受过不少委屈，各种滋味和感受较之旁人也一定多且深。所以她仿佛下结论似的说：“没有一个男人不好色的。”

这话永远不会出自张爱玲之口，因为从她的理性来想，不可能世上所有的男人都一个秉性吧。

苏青的话当然说得很绝对，却是她与男人们打交道后得出的结论。一个人的思想总是他经历的反映，比如有人说“世上好人多”，也不过是他多遇到了几个“好人”而已。而同样的，命运多舛的人就会觉得“坏人”多。其实世界上“好人”有多少，“坏人”有几何，孰多孰少，谁也没有、谁也无法统计。何况何谓好人，何谓坏人，世上也并无统一的、非常科学而合理的标准。在各人心里，好人与坏人的概念也是各个不同的吧。所以人们说话，常常并未说着事实，倒是泄露了他对事物的观点以及他的经历遭遇。

张爱玲说苏青只有常识，而“没有过人的理性”。实属不然，单以苏青对待“好色”的态度，就可证明张爱玲对苏青的评论有偏差。

“好色”在苏青的辞典里是个不含褒义也不含贬义的中性词，苏青说男人好色，并没有道学家的意思，也没有因自觉吃过男人大亏而变态的女子的负气，她只是觉得男人如此而已。

---

① 张爱玲《浮花浪蕊》中有一段写洛贞路遭流氓骚扰，躲无可躲而钻进电影院的情节，使人疑心那并非作者的凭空想象，而是亲身经历。

苏青把好色的男人分为几种，一种是“内心苦思”型，他们表面上是规矩的，在学校里是好学生，在社会上做事沉稳，因而往往被女子认作标准丈夫。可是这些人“顶可能犯手淫”，而且婚后夫妻生活不易和谐。另一种是“随意发泄”型，这种人有染上性病的危险，自然是“很可怕的”。还有一种是肉体上得不到满足，便泄诸精神，因而有产生“伟大的艺术”的可能，如但丁之于《神曲》。苏青认为此类是“有益的”；苏青所认为的最合理想的丈夫是“能够发泄得适当”，既同女人接触又没有不当的行动，可是她觉得此类人“为数不多耳”。

苏青没有把好色作为男人的“缺点”，反觉得那是男人的天真与直率，是他们易于冲动的天性使然，在移情别恋的当初并“没有恶意”，只是出于本能。但因在感情纠纷中毕竟会有女子受到伤害，所以仍会产生“惨剧”。

苏青理解男人爱情的不专一，但理解不等于喜欢，所以她仍说爱情不专一的男人是“坏的”；虽则不喜欢，但她将之与女人嘴上宣称爱男人的道德学问、心里却在算计他的地位金钱的虚伪相比，认为后者更为可耻。

苏青原谅男人的好色，却不原谅社会对男人好色的纵容。她说：“昔齐桓公好色，管仲云无害于霸；舜为圣君，也有二个美人做伴；其余的例更是不胜枚举。因此可见男人要拣几个有‘色’的女子来‘好’一下，对于自己的地位身份仍可丝毫不受影响：君子还是君子，圣人还是圣人，英雄也仍旧不失为英雄；人们不但不会攻击他，甚至还要引为美谈。”可见苏青的社会批判意识。

1944 年 4 月张爱玲提到她写过一出戏，名叫《走！走到楼上去》。戏的内容说的是有个人拖儿带女投奔亲戚，可是有天和亲戚闹翻了，他愤然跳起来道：“我受不了这个，走！我们走！”一副很有骨气的样子。他的妻子不禁哀求道：“走到哪儿去呢？”他把妻儿聚在一起，道：“走！走到楼上去！”——开饭的时候，一声呼唤，他们就会下来的。

自上世纪20年代挪威剧作家易卜生的名剧《玩偶之家》进入中国后，妇女离家出走以后的命运就成了中国人一直关心、探究、争论的问题。对于娜拉出走之后将往何处去，可往何处去，就像是猜维纳斯失落的断臂的姿势一样，众说纷纭，一人一个答案。鲁迅于1923年底在北京女子高等师范学校作了题为《娜拉走后怎样》的演讲，料定娜拉只有两条路："不是堕落，就是回来。"

张爱玲戏的主角当然是"回来"了，自尊终究被肚皮征服了。在众人都在关注妇女命运的时候，张爱玲却目光宽广，同时"瞄发"男人命运。在那个时代，妇女的经济地位问题固然没得到彻底解决，而男人们又何尝人人都能经济独立呢？可见张爱玲的眼光独到。

民国的建立，标志着封建王朝的结束，可是人们在封建时代里浸泡得太久，如同换了一身衣裳，但身体上多少还残留着些腐臭的气息；有时候周围的人乃至自己都觉得没有味道了，可总还是有人一闻就闻出来了，张爱玲是嗅觉灵敏的人。

文艺作品的男性视角，是个颇有意思的问题。在一个较少封建意识的社会，男性视角更多地反映性别的差异。而在一个封建意识未铲除干净的社会，男性视角往往是男权思想的折射。一般人对此通常不察，而独张爱玲对此敏感。她从根据美国影片《情谎记》改编的《桃李争春》中，就看出了封建的男性视角。

《桃李争春》写了一个妻子如何忍辱负重地照顾怀了丈夫骨血的情人，阻止她堕胎，为情敌的两个女人却情同姊妹。影片将妻子与情妇的有悖常情的举动，表现成理所当然，张爱玲指出这是以宗祠为重的传统观念在作祟；她批评影片中典型反映男性数美并陈愿望的"妻子与外妇亲狎地、和平地、互相拥抱着入睡的那一幕"，自然"尤其使男性观众感到满意"；她所说："导演李萍倩的作风永远是那么明媚可喜"，表面上是夸赞，实际上是讥讽。

自我为中心的主角总是自私的，被父母溺爱的孩子是如此，被封建社会溺爱的男性也是如此。与《桃李争春》具同样视角、反映男性同样心理甚至妻妾关系情节也有相似之处的京剧传统剧目《红鬃烈马》（又名《王宝钏》），说的是大唐丞相女儿王宝钏不顾父亲反对，与贫困的薛平贵共同生活，薛平贵离家从军征战西凉王，赢得西凉公主代战芳心，被招为驸马，后更继位做了凉王，又做了唐王，将阔别已久的发妻接到宫里。王宝钏与代战你敬我爱，都谦让着不肯做正宫娘娘。薛平贵赐给二人各一对龙凤宝剑，允诺三人共同掌管天下。

在大多数男人与不在少数的不觉悟的女人看来，薛平贵是有情有义的；三人的结局是皆大欢喜的；王宝钏是苦尽甘来了，多年的贫穷与孤寂最终都得到了补偿。

而张爱玲却见解不同。她对薛平贵"被写成一个好人"不以为然。她认为他是个自私的男人："致力于他的事业 18 年，泰然地将他的夫人搁在寒窑里像冰箱里的一尾鱼"，并且以为团聚的快乐足以抵偿发妻所付出的一切。

三人的共同生活在张爱玲看来也并不是幸福的，虽然王宝钏被封作皇后，但她仍不外是"在一个年轻的、当权的妾的手里讨生活！"张爱玲将王宝钏封后 18 天就去世的原因，作为并不幸福的证明。

胡兰成虽然自诩懂得女人，赢得高傲的张爱玲的芳心更使他对此坚信不疑，可是他的视角也仍不过是男性的。胡兰成在这个问题上的局限，妨碍了他对张爱玲的全面"懂得"。换句话说，他对张爱玲只知其一，不知其二，否则张爱玲不会提出与他分手。

胡兰成固执于男性视角，是因为在他心目中，是以男性为本位的，这不仅使他后来很使张爱玲恼火与反感，也是他遭世人诟病的原因之一。

苏青与张爱玲，虽然同是才女，又是同行，但是是有差别的。张爱玲虽然很女人，而且自己也很有女人的自觉，但给人留下的印象，排在第一的还是她横溢的才华，其次才是"女人"。而她的女人味，在很大程度上，也是因其才华的折射，才愈发彰显的；苏青给人的感觉正好相反，首先她是一个女人，其次才是才华，女人的才华。所以在人们，尤其是男性心目中，张爱玲是可敬而难以亲近的，苏青则完全不同。所以张爱玲说："以苏青来提倡距离，本来就是笑话。"

张爱玲在《我看苏青》中写到有一次她与炎樱谈苏青，炎樱说："我想她最大的吸引力是：男人总觉得他们不欠她什么，同她在一起很安心。"（此话像是在夸苏青，从另一个角度也可以说是在说苏青浪漫，因为男人只有占淑女便宜易生亏欠感，而对浪漫的女人不易生欠亏感）虽然苏青对此自认为很吃亏，其实使人安心正是她的长处，也即张爱玲所谓："苏青最好的时候能够做到一种'天涯若比邻'的广大亲切。"正是这种能"唤醒了往古来今无所不在的妻性母性的回忆"的亲切，使人坦然与安心。相比之下，张爱玲则往往会使人感到不安①，虽然胡兰成将她的这一点归为优点，但看了他对苏青的赞美，又使人觉得不是所有的优点都会使人喜欢的。

1945 年 2 月下旬的一个下午，报社记者约苏青与张爱玲在张爱玲寓所"对谈"，话题为妇女职业婚姻家庭，其中谈到"标准丈夫"问题。苏青提了 5 条："第一，本性忠厚。第二，学识财产不在女的之下，能高一筹最好。第三，体格强壮，有男性的气魄，面目不要可憎，也不要像小旦。第四，有生活情趣，不要言语无味。第五，年龄应比女方大五岁至十岁。"张爱玲一面肯定苏青提出的标准"是在情理之中，任何女人都听得进去的"，一面又以众人所嫁的人往往与她想嫁的人有距离却又不无满意为由，她因此"决定不要有许多理论"；只提出两条，一是"男子的年龄应当大十岁或是十岁以上"，二是"女人应当天真一点，男人应当有经验一点"。

以她二人所提的条件来与胡兰成对照，可见都是基本相合的。有

① 胡兰成《今生今世·民国女子》："好的东西原来不是叫人都安，却是要叫人稍稍不安。"

意思的是，两人都未将男人对家庭的责任心作为条件。而离了婚的苏青，对前夫不满的最大一点就是他的不肯负责。而此时的张爱玲与胡兰成相识正好一年，成亲也才半年，也许她以为胡兰成对她不会不负责任，也许她知道男人多是不负责的，所以不提了。

张爱玲是要人懂得她的，善解人意的当然只有聪明人能做到。她说“男人应当有经验一点”。会积累经验的当然也是聪明人。胡兰成之所以打动她，也还是因为他是聪明的。胡兰成在《今生今世》里对此有记录：“两人坐在房里说话，她会只顾孜孜的看我，不胜之喜，说道‘你怎这样聪明，上海话是敲敲头顶，脚底板亦会响。’”张爱玲在给胡兰成的信中曾有言说他“因为懂得，所以慈悲”。他对她不仅慈悲，而且尊敬。

苏青则不同，她是要人爱她的，而对尊敬不屑一顾。她在《结婚十年》中就曾说：“女子是决不希求男子的尊敬，而是很想获得他的爱的！只要他肯喜欢她，那怕是调戏，是恶谑，是玩弄，是强迫，都能够使她增加自信，自信自己是青春，是美丽的。但要是男子对她很尊敬呢？那可又不同了，尊敬有什么用呀？”在《谈女人》一文中也有几乎相同的语句：“我知道上流女人是痛苦的，因为男子只对她们尊敬，尊敬有什么用？”果然没有用，胡兰成与张爱玲虽经一场“倾城之恋”，甚至在分手前夕，他还在对她宣称“我待你，天上地上，无有得比较”，也还是离弃了。仿佛苏青一语成谶。

互看

张爱玲对苏青是亲切的，一种居高临下的亲切；苏青似无同行之妒地把张爱玲看得很高，未必不是近乎客气的热情；胡兰成看苏青是简单的男人看女人的眼光，苏青看胡兰成既喜又恨；胡兰成把张爱玲视为天人又弄作弃妇。

一

苏青因办《天地》杂志与张爱玲相熟了以后，曾经问她："怎么你小说里从来没有一个人像我的？我一直留心着，总找不到。"其实张爱玲的中篇小说《倾城之恋》里的白流苏，是与苏青有点"像"的。白流苏离过婚，因此"在恋爱市场上给人家估低了价"，这正是苏青的处境，只不过苏青并没有将白流苏当作自己。后来张爱玲吃惊地发现她的白流苏竟与苏青同庚，把这当作巧合，而实际上可能是有来由的。

《倾城之恋》是 1943 年 9 月起在《杂志》上开始连载的，早在这年 4 月苏青就开始在《风雨谈》上连载自传体小说《结婚十年》了，她随即因了《结婚十年》的轰动而成了上海滩的"闻人"，而她在杂志上谈论离婚的时间更早。张爱玲为《倾城之恋》寻找人物模特，注意到苏青，从时间上讲是可能的。

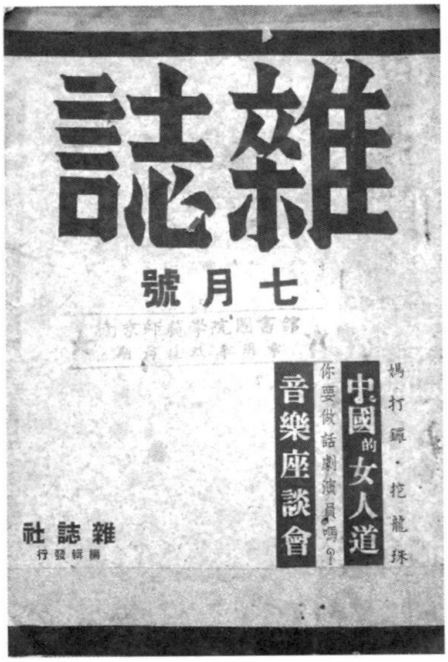

《杂志》封面。《杂志》对于张爱玲来说有重要意义，张爱玲对《杂志》也很看重。她的一些重要篇什，如《倾城之恋》《金锁记》《红玫瑰与白玫瑰》等小说，还有一些散文都发表在《杂志》上，她的第一本也是她生平最重要的小说集《传奇》，也是由《杂志》社出版的。所以有人说张爱玲是被《杂志》社捧红的。

在《倾城之恋》改编成话剧公演之前一个星期，苏青曾写了带有宣传话剧意味的评论《读〈倾城之恋〉》，发表在《海报》上。白流苏先被范柳原看中，后又“一座城市的倾覆”使她正式成了他的妻子，说来该是多么的幸运；范柳原在白流苏眼里应该是个不错的对象，可苏青却是要对他摇头的。苏青认为“好女儿”的白流苏却是个“可怜的女人”，因为范柳原不过是一个吃喝嫖赌样样都来的华侨少爷，虽然这样的人真正谈起恋爱来，会给女人带来“美妙的刺激”，但对一个离过婚的女人来说，求归宿之心总是大于求爱情之心的。何况结了婚，也未必可以高枕无忧，因为她的幸福仍依赖于他的施舍，而“取悦于范柳原是太吃力的事”。

或许就是因为苏青看张爱玲的小说里没有像自己的，所以也警觉地不使自己的小说涉及张爱玲。在《续结婚十年》里，她都已经写到胡兰成了，仍不要说以张爱玲为模特了，就连与张爱玲有几分相似的人物都没有出现。

而张爱玲的小说里，却终于有了苏青了，这就是《小团圆》。不止像，根本就是。照苏青单纯的头脑，她不曾料到，“没有”未必是坏事，“有”也未必是好事。也不知她倘若还在人间，看了《小团圆》

里对她的写照，会作何感想，有何反应。

在《小团圆》里，张爱玲给苏青取名“文姬”，她这一招，可真是“坏”！真是如胡兰成在《今生今世》里故意耸人听闻说她的“心狠手辣”。文姬，表面上可以解释为那个“归汉”的蔡文姬。《后汉书》里说，蔡文姬的父亲是东汉著名学者，她“博学有才辩，又妙于音律”。用她的名字来代苏青，那是多么看重苏青，看高苏青！可是，文姬，音也近“文妓”——在抗战胜利后，不知有多少人曾把这个“名字”用在苏青身上！这一点，张爱玲是清楚的，甚而也是曾有同痛的，因为在当时，“文妓”这顶帽子并非苏青的专利，把它戴在张爱玲头上的也不乏其人。

林佩芬在台湾杂志《书评书目》上发表过一篇评张爱玲作品的文章《看张——〈相见欢〉的探讨》，在引言里谈及《色·戒》，猜测“王佳芝”这个名字，是谐音“价值”，她认为《色·戒》是张爱玲在探讨人心中“价值感”的问题。

张爱玲在她的小说《留情》的结尾，有一段景色描写：“出了弄堂，街上行人稀少，如同大清早上。这一带都是淡黄的粉墙，因为潮湿的缘故，发了黑。”有人在《中国时报》副刊《人间》上撰文，认为那墙的黄色，代表黄皮肤的中国人，张爱玲在此表达的是民族观念。

张爱玲对以上两人的猜测分析都予以否认，她在 20 世纪 80 年代后期发表的散文《表姨细姨及其他》中，说《红楼梦》之所以人名寓意是因为“当时还脱不了小说是游戏文章的看法”，而时至今日，谁“还幼稚到用人物姓名来骂人或是暗示作书宗旨？”似乎可以消除关于“文妓”的猜想，其实不一定。

文姬出场时，《小团圆》已经写了一半。有意思的是，以胡兰成为生活原型的邵之雍也在此时首次出现！而苏青与胡兰成的男女关系，是张爱玲心中的一根刺。所以两人在同一页出现，不管张爱玲是刻意安排，还是一不小心如此，都意味深长。

《小团圆》写到邵之雍出狱之后去见文姬，两人苟且之后，有两句对白："你有性病没有？"文姬忽然问。他笑了。"你呢？你有没有？"

苏青曾在文章里悲观地感叹婚姻生活中，性之快乐与养育之苦，说十分钟的快乐换来的却是数十年的辛苦，言下之意是两者太不成比例。文姬在婚姻外，性是自由的，没有了为对方传宗接代的责任，仿佛可以单纯地享受性的快乐了，其实却又不然——对方是干净还是有脏病，这又成了一个问题。你狐疑对方，对方同样待你，彼此带着担心寻欢，快乐当然就打了折扣了。

抗战胜利后第三年的春夏，苏青出版了她的《续结婚十年》，内容取自她离婚到抗战胜利这一段生活。小说中的人物大多可以找出生活原型，其中许多情节也都实有其事。比如住在福明路上的经商的堂姑丈，影射的是住在福州路上经营中央书店的平襟亚；办了一个纯文艺刊物《文光》的潘子美，其实是办《风雨谈》的柳雨生；鲁思纯是陶亢德；苏怀青是苏青自己；里面还写到一个人：

> 他的脸孔是瘦削的，脑袋生得特别大……有着惊人的聪明，加以博学多能，于社会经济文学美术等无所不晓……他又滔滔说述他自己的生平。他当过什么次长，也做过什么报馆的社长，但是他是一个理想主义者，是政论家而不是政治家，因此到处碰壁。他的个性是顶坚强的，他得官固然欢喜，失官却决不肯表示悲哀，他说他志不在乎名利……他只爱同朋友谈天，尤其同女朋友谈得投机……

这个被苏青取名叫"谈维明"的人，这个有着过人的聪明、尤其在女人面前话多的人，不是胡兰成又是谁！胡兰成在《今生今世》里也说过他自小头大，以至于"上重下轻，有时自己跑快也会跌一跤"。

《小团圆》说邵之雍："他对他的朋友都是占有性的，一个也不肯放弃。”这里说的虽然不限于女性，也当然是包含女性的。邵之雍对于女性也的确是“一个也不肯放弃”的，就像雁过拔毛，每一只自他头顶飞过的母雁。

苏怀青也终于如同张爱玲被胡兰成说得心动一样，被谈维明“说得死心塌地的佩服他了……竟不由自主地投入了他的怀抱”。

“欢娱”之后，两人有段对话，与《小团圆》里邵之雍与文姬的对话有得一比，而情节更详细：

> ……半晌，他又讪讪的说：“你没有生过什么病吧？”
>
> 我骤然愤怒起来。什么话？假如我是一个花柳病患者，你便后悔也已嫌迟了。我对他说：“我恨你。我恨不得能有什么东西可以传染给你。”他笑道：“这有什么好生气的？你不要以为你朋友都是有地位的，其实愈是有地位的人愈有患此等病的可能。这是一种君子病。君子讳疾忌医，所以难以断根。”我恨恨的说道：“然则你不是君子，你该不曾有什么病吧？”他凑过脸来笑对我说：“不信请你验验看。真的，我要请你验个明白才好。”

两段对话虽然内容相近，但人物面目不一样。苏青笔下的谈维明，在床事之后，显露出轻薄无聊的一面，也是他首先问对方有没有病。而张爱玲笔下，则是文姬首先发问，而邵之雍的态度十分坦然，并不卑猥。

显然邵之雍要比谈维明形象好得多。由此也可以看出，张爱玲虽然恨胡兰成，但在某些时候，她又会不自觉地袒护他。

胡兰成与苏青的关系确曾超越过一般朋友的关系，而张爱玲得此素材，可有两个来源，一是胡兰成的口头叙述，二是苏青的《续结婚十年》。

胡兰成在张爱玲面前，一向非但不讳言他的“艳历”，反而特别喜欢什么都告诉她。这有三种原因，一，他以为或希望与众不同的张爱玲不会像一般女子动辄忌妒；二，他不在乎她是否忌妒；三，一般男人的特性。

胡兰成“嘴不稳”的特性，邵之雍也同样，所以在他与盛九莉恋爱后，几乎可以肯定会将他与文姬那天的“好事”告诉盛九莉的。张爱玲说盛九莉“也不妒忌文姬，认为那是他刚出狱的时候一种反常的心理，一条性命是拣来的。文姬……那么浪漫，那次当然不能当桩事”。

对于邵之雍与文姬之间发生那样的事，盛九莉其实还是妒忌的，不然就不会找些理由——什么“反常的心理”，什么“命是拣来的”——来说服自己；又说“那次不能当桩事”，那么有没有“另次”呢？而显然她对他们是否只发生过这一次并不能肯定——既然文姬“那么浪漫”，而张爱玲也曾在苏青家里撞见过胡兰成。

邵之雍与文姬发生关系，究系谁“勾引”谁，谁主动谁勉强都难说。文姬也未必是个人皆可夫的女人，而邵之雍肯定不是个不二色的人。可在张爱玲笔下，共同做了一件事的两个人，“犯错”的性质却有不同，一个是性本浪漫，一个仿佛是在特定遭遇下一时冲动；一个肯定是“惯犯”，一个可能是失足。所以邵之雍是完全可以被谅解的，而文姬则不然。张爱玲写《小团圆》时，她与苏青的友情、与胡兰成的恋情都早已是过去式了，若以对她感情与心理上造成的伤害，胡兰成于她是有镂骨锥心之痛，苏青的算不算还是个问题。可是张爱玲盘点起来，还是不禁轻饶邵之雍（胡兰成）而重责文姬（苏青）。从时间上讲，张爱玲是完全有机会读到《续结婚十年》的，可是她不取该书的立场，或许只是因为先听到了胡兰成的描述而形成了先入为主的印象。

二

张爱玲对苏青的《天地》杂志倾力支持，给稿很多，除了看重《天地》、满意稿酬，也不排除与苏青是她的媒人有关。1944年春，苏青的散文集《浣锦集》出版，免不了分送朋友，张爱玲与胡兰成各受赠一册。看来不像是应苏青之请写文章宣传，因为书极为畅销，张、胡的文章中主要也在评人而非评书，更有可能是朋友有喜，于是欣然命笔相贺；那时他俩又正在热恋中，或许是兴之所至，相约玩一回同题作文的游戏，这才有了张爱玲的《我看苏青》与胡兰成的《谈谈苏青》。

苏青散文集《浣锦集》，1944年4月由自家出版社——天地出版社初版，极受读者欢迎，上市第3个月即印了第4版，3个月后印到第6版。初版由陶亢德为之作序，陶的评价是："苏青文章之优点，在于以女人谈女人事而无女人气。"胡兰成觉得《浣锦集》"是'五四'以来写妇女生活最好也最完整的散文，那么理性的，而又那么真实的。"苏青说："爱读《结婚十年》的人我是只把他们当作读者看的，而对喜欢《浣锦集》者，却有不胜知己之感。"

因为各自心思不同的缘故，胡兰成的《谈谈苏青》，像阳光照在一片草地上；张爱玲的《我看苏青》，是阳光照在山冈上。草地并不平坦，有水淹的地方，有沟坑有隆起，但都能见到阳光；而山冈是起伏的，有阴暗的地方，那些丘壑，洞穴，阳光既覆盖不了，也无法穿透。

谁都可以轻易看出，张爱玲在《我看苏青》中有许多地方是在勉力说苏青好话的，甚至有的地方还不避讨好苏青的嫌疑，比如她说"我想我喜欢她过于她喜欢我"。

可是有意味的是，张爱玲同时

又在文章中时而有话不好好说，皮里阳秋似的，有意无意地贬低苏青，至少也是居高临下的，比如她说“把我同冰心、白薇她们来比较，我实在不能引以为荣，只有和苏青相提并论我是甘心情愿的”。乍一看，好像苏青很被抬举，但反过来看，其实不就是张爱玲在降贵纡尊么。

张爱玲又写道：“无论怎么说，苏青的书能够畅销，能够嫌钱，文人能够救济自己，免得等人来救济，岂不是很好的事么？”像是在称赞，也的确是在称赞——把对象降到一个较低的位置来称赞；张爱玲拿苏青的《结婚十年》与《浣锦集》作比较，不说《浣锦集》比《结婚十年》好，而是说“《结婚十年》比《浣锦集》要差一点”。

苏青很看重自己的理论文章如《道德论》《牺牲论》等，她的那些与人打笔墨官司的文章也很见机智，还有数量不少的议论文章也相当有见识，可是张爱玲却这样写苏青：“即使在她的写作里，她也没有过人的理性。她的理性不过是常识——虽然常识也正是难得的东西。”另外还有：“人家拿艺术的大帽子去压她，她只有生气，渐渐的也会心虚起来，因为她自己也不知其所以然。她是眼低手高的。”竟把苏青框定为一个只会“作”而不懂“理”的作家，虽然也把苏青捧为“作”的高手，毕竟“眼”是“低”的，而不管是眼高手低，还是眼低手高，听来都不是一句夸人的话，因为两者都是就低不就高的。

总之，张爱玲看苏青，视角用的是俯瞰，而不是平视，当然更不是仰视。字里行间，多的是示以关怀甚至提携。尊重也只是一种示以大度的谦让，而不是恭敬。

由张爱玲笔下的苏青来反观张爱玲，张爱玲在《我看苏青》开头的一段话，忽然变得意味深长起来。那段话是：“苏青与我，不是像一般人所想的那样密切的朋友，我们其实很少见面。也不是像有些人可以想象到的，互相敌视着。同行相妒，似乎是不可避免的，何况都是女人——所有的女人都是同行。”

嫉妒是当己不如人却又无法改变现状时所产生的一种恼羞情绪。

同行因为彼此从事的是同一种劳动，更具有可比性；对比则总有高下之分，故易生妒。但就张爱玲与苏青来说，两人孰高孰低，区分并不困难。倘若其间有妒，也照理只应是苏青妒张爱玲，不可能出现反向的状况。亦即在写作同行的意义上，张爱玲是不存在嫉妒苏青的问题的。为什么张爱玲要拿不存在的问题来说呢？细究其原意，张爱玲所谓同行，指的不是同业，而是同性。

虽然张爱玲说“所有的女人都是同行”。但并非因此要妒尽天下所有的女人。她的意思实在是只指苏青一人。她用泛指来掩盖确指。因为苏青，只有苏青，在与她张爱玲作为狭义的女人共同面对一个胡兰成的情况下，才具有令其生妒的可能。

苏青在她的《谈女人》里，也曾言及离了婚的女人对有夫之妇构成的威胁：“……横竖没有男人，便不怕别人侵夺我，而只有我去侵夺别人的了。”虽然是泛泛而言，但张爱玲如何不心知肚明作家写东西向来是貌似在写别人其实写的总是自己。所以怕只怕苏青这话是言者无意，听者有心。苏青一定无意，张爱玲却多半会有心的。因为在张爱玲看来，苏青是“浪漫”的。

张爱玲写《我看苏青》至某处，忽又不无突兀地说苏青：“即使她有什么地方得罪我，我也不会记恨的。”这句话用得非常巧妙，张爱玲不愧为张爱玲——在一般读者看来，会以为这只是一个假设；一个深度表示友情的方式；是表示她俩友情的牢不可破，没有什么风浪能够冲决——是指向未来的，并非已经发生过什么苏青得罪张爱玲的事情。其实并非如此，张爱玲在此并非泛论。苏青读到这里，心里应当有数。由此也可看出，在这方面，张爱玲对苏青是不放心的，如果她有把握在她与胡兰成恋爱之后，苏青与胡兰成只保持一般朋友关系，她就不会说这样的话了。换句话说，在张爱玲与胡兰成恋爱之前，苏青随便怎么做，都不存在得罪张爱玲并使她记恨的事情的。

张爱玲在“我也不会记恨的”之后，却又忍不住补充一句：“并不是因为她是个女人。”此固然能表明张爱玲这里的意思确非所指作为女人的苏青，但同时也透露出她对作为女人的苏青是耿耿于怀的。这句话当然是画蛇添足，苏青除了“因为她是个女人”而有可能得罪张爱玲，还有什么地方能得罪、会得罪张爱玲呢？要说是延发稿件或拖欠稿费，那才是笑话。

对于苏青与胡兰成的关系，张爱玲免不了满腹狐疑，虽然她从喜欢说的胡兰成嘴里会听到他与苏青的种种，但胡兰成未必一律竹筒倒豆子的一泻无余。他可能会说一半留一半；也可能会说小的留大的；也可能说过去的留当时的，不像政治事那么的糊涂。张爱玲当然也不是对男女事亦像她生活中的迟钝，所以也未必胡兰成说什么就信什么，说多少信多少。于是存疑。

《我看苏青》里的许多话，貌似写给广大读者的，其实是写给苏青一个人的。或者说，她是既写给一般读者，同时也写给苏青的。

上面“即使苏青得罪我……”这句话，太明显的对苏青有暗示。张爱玲的用意也许只是为了表明态度：不计较，也许是以大度表示警告。但不管用意是什么，都含有时间性，即不咎于既往。有时候不计前嫌，是作为劝诫将来的条件的，并非表明敬请继续、我仍宽宥。

张爱玲对苏青虽然不能做到心中不存一丝芥蒂，但因她自视甚高，明着疑心苏青，首先她的自尊心就受不了。她又深知苏青是个宅心忠厚的人，想她对自己不至刻意伤害。而苏青的精明是只在表面，内里“也没有过人的理性”，“女人的弱点她都有”，因程度较低而显得可爱了，自易容忍“有苏青这么一个人存在”，甚至乐于与她为友了。

张爱玲的《我看苏青》，看似张爱玲与读者谈苏青，更像是张爱玲在对苏青表白，而且说话十分小心谨慎，犹如面对一个挑剔的语法老师，主谓宾，定状补，逻辑加技巧，是想要做到滴水不漏，听起来却使人觉得累的慌。典型的有：“我想我喜欢她过于她喜欢我，是因为我知道她比较深的缘故。那并不是因为她比较容易懂。”

本来张爱玲完全可以直截了当地说，因为我知道她更深，所以我喜欢她超过她喜欢我。可是这样的话，苏青会不会反对呢？苏青也许会说，我比你阅历深，凭什么说你对我的了解超过我对你的了解？难道你的言外之意是说我对你不够喜欢吗？而加了一个“我想”，局面顿时改观，不仅仅是话中留了余地，客观事实的断定更一变而为主观情意的表达，自然中听多了。而张爱玲还要在最后加一个补丁：“并不是……”，委实周到得无微不至。

张爱玲的过分周到，表现出她对眼中“很容易就多心了”的苏青是陪着小心的。关系的双方往往心理是互应的，苏青这边，也时常表现出对张爱玲的过分热情，显得紧张，使人想起《红玫瑰与白玫瑰》里的那个可怜的裁缝。是否因与胡兰成的关系对张爱玲怀了歉疚？

1944 年 8 月，张爱玲的第一本小说集《传奇》由《杂志》社初版后，大受读者欢迎，上市第四天便告售罄。26 日，《杂志》的后台《新中国报》报社假上海康乐酒家举行《传奇》专题茶话会，邀请了苏青、陶亢德、实斋、谭正璧、炎樱、张爱玲等十余人，目的是要大家对《传奇》发表意见，为再版造势，同时也让张爱玲亮亮相，与众人见见面。

苏青那天迟到了几分钟，匆匆而来。她穿着绿底白花的旗袍，头发是新烫过的，显得时髦而有精神。《杂志》主编吴江枫点道：“苏青女士与张女士很熟，可以发表几句。”苏青道：“我不说，我写下来！”说着，一边就摸出一张自己的名片，急速地写起来。苏青一贯伶牙俐齿，这次竟要借助笔谈。表面看来，是感情过于热烈，一时无从表达，或担心词不达意。不一会儿，她将写满了字的名片递给吴江枫，由吴江枫念出来：

我读张爱玲的作品，觉得自有一种魅力，非急切地吞读下去不可。读下去像听凄幽的音乐，即使是片断也会感动起来。她的比喻是聪明而巧妙的，有的虽不懂，也觉得它是可

> 爱的。它的鲜明色彩，又如一幅图画，对于颜色的渲染，就连最好的图画也赶不上，也许人间本无此颜色，而张女士真可以说是一个“仙才”了，我最钦佩她，并不是瞎捧。

在《杂志》举办的另一场“女作家聚谈会”上，苏青回答杂志社编辑的询问时说：“女作家的作品我从来不大看，只看张爱玲的文章。”除此之外，苏青在她的《天地》杂志每期的《编者的话》中，一提及张爱玲及其作品，总是褒扬有加，不吝啬辞藻。如她在第四期中说：

> 张爱玲女士学贯中西，曾为本刊二期撰《封锁》一篇，允称近年来中国最佳之短篇小说。在三期刊载之《公寓生活记趣》亦饶有风趣。本期所刊《道路以目》尤逼近西洋杂志文格调，耐人寻味。

当然苏青写在这里的话不能算是严格的文学批评，而带有广告宣传的色彩。事实上苏青为张爱玲的作品做宣传的确是不惜笔墨的，如她在第十四期《天地》的《编辑后记》中所说：“张爱玲女士蜚声文坛，众口交誉，其作品价值已不必编者赘述。观乎其最近出版之小说集《传奇》畅销情形，已可见南北读者对其热烈拥护之一斑。今日编者更有一好消息可以抢先报告，原来张女士又集其年来所写的散文郑重付刊了，书名《流言》，预料春出版后的畅销情况又必空前的。”这些地方，也都不免给人以“矫枉过正的极力敷衍”（张爱玲语）的感觉。

张爱玲看苏青，用整整一篇《我看苏青》来“专看”，可是写到苏青的长相，却惜墨如金起来。仅有的一次写她陪苏青去裁缝店里试一件黑呢大衣，瞧着站在镜前灯下苏青的脸，“有一点惨白……有一种悲哀，那紧凑明倩的眉眼里有一种横了心的锋棱，使我想到‘乱世佳人’。”

胡兰成在《今生今世》里提到，有次在闲聊中，他说苏青的脸美，张爱玲接口道：“苏青的美是一个俊字，有人说她世俗，其实她俊俏，她的世俗也好，她的脸好像喜事人家新蒸的雪白馒头，上面点有胭脂。”

而在《小团圆》里，有这样一段：“文姬大概像有些欧美日本女作家，不修边幅，石像一样清俊的长长的脸，身材趋向矮胖，旗袍上罩件臃肿的咖啡色绒线衫，织出累累的葡萄串花样。”张爱玲的一支笔真的非常厉害，而同样厉害的还有她的心机。她知道苏青姣好的容颜有目共睹，倘若像抗战胜利后人们那样，把苏青骂成奇形怪状的丑女人，读者可能会说她张爱玲“妒”字作怪，因为她不如苏青漂亮。故而且把“俊”字保留，再用对比的办法化“俊”于无形：“趋向矮胖”的身材既与“长长的”脸庞形成反差，又在“臃肿的”绒线衫的衬托下，更显矮胖；累累的“葡萄串”也增加了“臃肿”的视觉；混色（咖啡色）的衣衫，与“不修边幅”相映。这简直是一个不爱打扮、也毫无穿戴知识的邋遢女人，而原先的一点点优点（清俊）也完全被湮没了。

《续结婚十年》里，苏青写的女主人公与谈维明的偷情与问病，姑可视为对写《我看苏青》的张爱玲的一种回敬。等到张爱玲用《小团圆》来报这30年前的旧仇，把苏青说成一个浪漫的女人，苏青墓木已拱，早听不见了。

三

胡兰成虽然“只觉世上但凡有一句话，一件事，是关于张爱玲的，便皆成为好”，也常常把张爱玲的一切，不吝溢美之词地吹得天花乱坠，唯独对她的容貌，虽也使尽聪明变着法子夸赞，多少还是保留了些客观。

胡兰成在《评张爱玲》里，也只字不提张爱玲的容貌，而那可正是他狂热地爱恋她，眼里出西施的时期。在《评张爱玲》里有一处，胡兰成已经提到张爱玲登在《杂志》月刊上的一帧相片了，已经写到相片中她的姿势与神色了："是坐在池塘边，眼睛里有一种惊惶，看着前面，又怕后头有什么东西追来似的。"可是说说、说说就岔开了去。

一年后胡兰成写《张爱玲与左派》，还是未曾提及张爱玲的长相。直到10年后，他才终于提到了，是在《今生今世》里面，他写他第一次见到张爱玲时，只觉得"诸般不顺眼"。尽管他之前已在《天地》月刊上见过她的照片，但还是"一见张爱玲的人，只觉与我所想得全不对。她进来客厅里，似乎她的人太大，坐在那里，又幼稚可怜相，待说她是个女学生，又连女学生的成熟亦没有"。又觉得她衣裳不合，"她又像十七八岁正在成长中，身体与衣裳彼此叛逆"。因为从人到衣服都看着不顺眼，所以他"不以为她是美的，竟是并不喜欢她"。次日胡兰成到张爱玲家里去，张爱玲"穿宝蓝绸袄裤，带了嫩黄边框的眼镜，越显得脸儿像月亮"。至此胡兰成才似乎开始适应张爱玲的长相，但要视之为美尚需时日。当然这难不倒聪明善辩的胡兰成，无法说美，又想赞美，胡兰成改用一"艳"字——"爱玲极艳"——来形容张爱玲的长相。常情下，夸人以"艳"，说的还是美。惊艳，还不就是为美所惊？胡兰成当然知道这一点，故而又补充道：

> 美是个概念，必定如何如何，连对于美的喜欢亦有定型的感情，必定如何如何，张爱玲却把我的这些全打翻了。我常时以为很懂得了甚么叫惊艳，遇到真事，却艳亦不是那艳法，惊亦不是那惊法。

胡兰成为了照顾张爱玲的长相，将约定俗成的概念也颠覆了。他虽能以巧言自圆，却拗不过他自己所谓叛逆的性格，言一多便又不免有失。张爱玲的脸盘稍大，就被他形容为"像平原缅邈、山河浩荡"。这样的夸赞，连张爱玲听了，也不大能接受，所以不禁笑道："这样的脸好不怕人。”

单纯地看胡兰成对张爱玲长相的描写，总还觉得是赞美的，可是与他对苏青的描写一对照，就会发现后者自然诚心多了：

> 她长的模样也是同样地结实利落；顶真的鼻子，鼻子是鼻子，嘴是嘴；无可批评的鹅蛋脸，俊眼修眉，有一种男孩的俊俏。无可批评，因之面部的线条虽不硬而有一种硬的感觉。倒是在看书写字的时候，在没有罩子的台灯的生冷的光里，侧面暗着一半，她的美得到一种新的圆熟与完成，是那样的幽沉的热闹，有如守岁烛旁天竹子的红珠。

胡兰成只顾衷心赞美，却不料泄露了他与苏青的关系。试想，什么样的关系能如此细致地观察一个女人呢？又有什么样的朋友能有那样的机会与距离如此打量佳人呢？

胡兰成对张爱玲容貌不作正常的夸赞，说到底还是他“不以为她是美的”。他对她，自始至终都是以才取人的，且女人仅仅有才也同样于他是“难得满足”的，他离开上海去武汉不久就恋上了周训德，不为无因。

胡兰成在《今生今世·民国女子》一章中，有一些对张爱玲日常生活的零星记录，当然都来自他在张爱玲处的亲眼所见、亲耳所闻，既为该书增添了许多趣味，又为包括张爱玲研究者在内的读者提供了极有价值的史料，增加了读者对张爱玲其人的感性认识以及更有意味的含义。

比如说她“极少买东西，饭菜上头却不悭刻，又每天必吃点心，她调养自己像只红嘴绿莺哥”。又说她“但凡做甚么，都好象在承当一件大事，看她走路时的神情就非同小可，她是连拈一枚针，或开一个罐头，也一脸理直气壮的正经。众人惯做的事，虽心不在焉亦可以做得妥当的，在她都十分吃力，且又不肯有一点迁就。”为张爱玲说自己有着“惊人的愚笨”作了证明，尽管他又拿“锦心绣口”来形容张爱玲以作弥补。

胡兰成好说，说之不尽又付之于笔。他在《杂志》月刊上写了《评张爱玲》长文，在苏青的《天地》杂志上写了《张爱玲与左派》，在《新东方》杂志上写的《皂隶·清客与来者》也涉及张爱玲，而在《今生今世》里更用一章的篇幅来写张爱玲。而张爱玲写胡兰成的，就只有一部《小团圆》。

早在抗战胜利后，张爱玲就有了写她与胡兰成事的强烈愿望了。她最初的想法与我们今天看到的《小团圆》有很大不同——她自己首先就对初稿改了又改，后又经朋友提了一个又一个意见，这样搞出来的作品，肯定要比原先平稳许多，各方面的照顾周到得多，可一定是少了些原生的味道，尤其还可能为了针对《今生今世》，不免有负气的成分了。

在《小团圆》里，邵之雍是被盛九莉嬉笑着推出场的：他是“政府”里的一个官，却来写为青年女作家说好话的文章；可文章还没有发表，自己先就被关到牢里去了。情节转变得过于突兀，非同寻常，于是有了喜剧效果。一出未见其人、先见其狼狈的喜剧。

不只是盛九莉，连她的三姑楚娣（影射张爱玲的姑姑张茂渊）第一次见了邵之雍，也忍不住要笑，调侃他“太太一块来了没有？”盛九莉应声而笑，不只是为姑姑的这句话，还有她所看到的，身着旧黑大衣，神情像个职业志士的邵之雍。

显然邵之雍不只是会使小姐女士发噱，盛九莉注意到了他的长相，“眉眼很英秀”。除了这自然的相貌外，还有“人文”的方面，他说的国语，仿佛有点湖南口音。这个巧合却很重要——张爱玲的母亲可是湘江女儿哩！

《今生今世》里屡次写到张爱玲对于人聪明的看重：“爱玲论人，

总是把聪明放在第一”；“两人坐在房里说话，她会只顾孜孜的看我，不胜之喜，说道：‘你怎这样聪明，上海话是敲敲头顶，脚底板亦会响’”。就是这样的张爱玲，忽略了对男人道德的考量，也高估了自己对男人“是否靠得住”的承受能力，甚而也因对胡兰成的过度迁就而令胡兰成接收了错误的信息，等到如同《小团圆》里康小姐、辛巧玉接连出现之后，三姑给邵之雍下“他也是太滥了”的结论的时候，事已无可收拾了。

自传

苏青靠自传小说暴得大名；张爱玲以自传小说破坏佳话；胡兰成一生事事“难成”，唯于女人成功，其自传散文满是一个成功诱惑怀春之女的“吉士”的自得。

一

自传体小说在苏青的创作作品中占有绝对重要的位置，有《结婚十年》《续结婚十年》《歧途佳人》等，《结婚十年》是苏青的长篇小说处女作，也是她的成名作，还是她最畅销的作品，对社会的震动也大，可能是中国现代女性作家中，私人化写作影响最大的作品。这部作品最大的长处在于它似乎没有小说的技巧，而仿佛是作者直白地对读者叙述她的真实的婚姻家庭生活。

1943年4月，上海太平书局创办了一份文艺月刊，叫《风雨谈》。刊名倒是与当时日伪统治下的风雨如晦的十里洋场的景象相合。当然主编的意思也许只是要与读者风雨对床，谈“雨”风生，因为主编的名字就叫“柳雨生”。柳雨生与苏青熟识，杂志新创，自然向她约稿。那时苏青的婚姻已经走向死亡，她已与丈夫分居，决心做中国的娜拉了。她把正在写的取材于自己婚姻经历的长篇小说《结婚十年》交给柳雨生连载。

小说刊出后，出乎意外地大受读者欢迎。那时资深编辑、苏青的伯乐陶亢德正在日本游方，他看了寄去的《风雨谈》后，激赏有加，夸赞《结婚十年》是“至性至情之作，非时下一般搔首弄姿者可比”。他还建议柳雨生说，应当把这个作品放在杂志卷首位置。

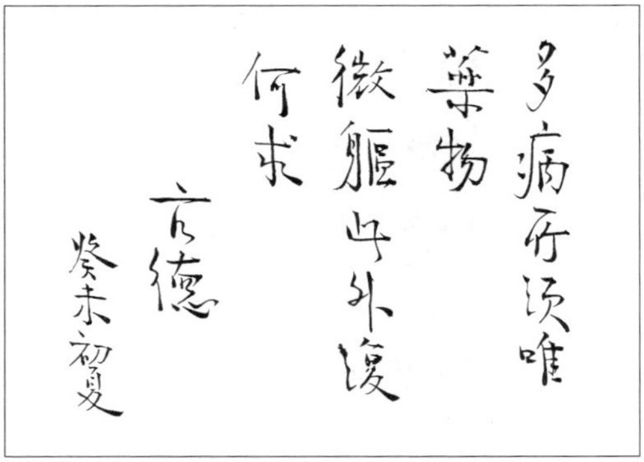

陶亢德赠苏青手迹。陶亢德是苏青的伯乐。苏青的处女作《生男与育女》就是经其手发表在他主编的《论语》杂志上的。她发表于林语堂创办的《宇宙风》的作品，也是由陶亢德约稿而作的。而后陶亢德与林语堂合编《宇宙风乙刊》，苏青又在上面发表了不少作品。苏青《结婚十年》发表后，陶亢德大概是第一个大为赞赏的人，夸它是“至性至情之作，非时下一般搔首弄姿者可比”。苏青办《天地》，也曾受益于陶亢德。在苏青的小说《续结婚十年》中，鲁思纯这个人物的生活原型便是陶亢德。

1944 年 7 月，苏青将《结婚十年》由她自己创办的天地出版社出单行本。作品一经面世，即受到读者的狂热欢迎。初版的第二月即再版、三版，第三月又连印了四版、五版，半年之内再版了 9 次，后竟达 36 版之多。

《结婚十年》是小说，不是私生活坦白，这本来是不用说的。苏青在初写《结婚十年》时，唯恐小说吸引不了读者，所以有意使读者疑惑书里的女主人公到底是不是书外的作者，因为她知道，一个女人门里门外的真实生活的写照，大众读者向来是怀有浓厚兴趣的。就给女主人公命名为“苏怀青”，只比“苏青”多一个字，而且行文还用第一人称，“我”这样，“我”那样。未料到小说引起那么大的社会反响，特别是有许多读者硬将作品的情节直视为作者真实的生活。苏青就渐渐受不了了，她觉得读者的认识有问题而曲解了她，忍不住要

苏青自传体小说《歧途佳人》，将近 11 万字，1948 年 12 月由冯记四海出版社初版。以第一人称来写，甚至“我”就叫“苏青”，但“我”不是主角，主角是“我”在海船上邂逅的一位女客，叫符小眉。《歧途佳人》的内容即是符小眉对“我”所说的她的故事，但事实上有不少故事真是苏青本人的经历。书中人物黄承德，是以苏青的丈夫李钦后为模特的。另有周佛海、杨淑慧等人的影子。男主角史亚伦的原型则是李钦后的胞弟李钦若。李钦若曾在重庆中央大学就读，因患胃病于 1938 年辍学回沪，与哥嫂住在一起。李钦后一度相当冷落苏青，自己在外面花天酒地，常常深夜不归。苏青没有职业，身边又没有孩子，生活单调枯燥，心里非常苦闷，只有向小叔倾诉，得到不少同情与安慰。

站出来辩白和解释。于是在《结婚十年》出单行本时，就写了一个《后记》，一上来就声明道：《结婚十年》“不是自传，只是自传体的小说”。既然是小说，自然“其中有许多人物是虚构，有许多故事都是凭空臆造的”。可是苏青的话，并不能于事有所补益，因为她用了两个“有许多”，并没有说“所有的”，所以读者会说，就算是“有许多”，毕竟还有“其余的”人物和故事，那么那些总该是真实的吧？而苏青没有、也不可能一一说明究竟哪个人物、哪些故事是凭空的或是据实的。所以说了没用。事实上，《结婚十年》中“有许多”作者真实的生活，小说中人物也大多可以找出生活原型。苏青的这段婚姻也正好维持了十年，与小说题名相合。

苏青曾谈及她当时“不分昼夜”地赶写《结婚十年》的情景：

> 有时候每天写四五千字，有时候比较少些，最多则是一口气曾写过

> 一万多字。我并不是想卖弄自己的天才，只是心里悲哀，一捆下笔来仿佛就会忍受不住似的。我把自己的生活经验痛快地写，一字一泪，说出女人的痛苦，有时候常恨所有的形容字眼不够应用，难以描述当时身受时的情形，我焦急地思索着，几乎忘却了自身的存在。

正因为苏青在写《结婚十年》时怀着一股无话不可对人言的勇气，所以作品给人以强烈的感觉就是真实，真实得令人痛快。又因为作者倾注了最深沉最真挚的情感，所以整个作品又给人以非常亲切的感觉——主人公经历的一点一滴也都是我们在日常生活中曾经历过的或能理解的。有评者说它流于琐碎，其实生活的原貌就是琐碎无序的，非要将其梳成条理，反倒往往失了天趣。《结婚十年》中有些篇章写得相当感人，比如《归宁》一节，写出嫁的女儿与母亲于短暂相聚中的复杂微妙的感情，并不逊于朱自清的《背影》。

《结婚十年》中还有不少衣着描写，如新娘的穿着，新媳妇在婆婆生日上的着装，少奶奶出去工作时的打扮，与友人郊游时的装束，夏日里居家生活中的服装，还有归宁时母女俩的服饰等，既给作品增添了五彩的颜色，给读者带来视觉上的美感，同时也衬映出彼时彼地的习俗文化、社会风尚和生活水平。

苏青曾说："爱读《结婚十年》的人我是只把他们当作读者看的，而对喜欢《浣锦集》者，却有不胜知己之感。"言下之意，两相比较，似乎她更看重《浣锦集》，但这也只能作"读懂了《浣锦集》即懂了苏青"来解，并不能作为两书高下的凭证，甚至不能作为苏青更偏爱哪本书的凭证。事实上，苏青对《结婚十年》是怀着非常特别的感情的，在她的穷困凄凉的晚年，由于历经政治运动的劫难，一本自己的作品也没有留下来；那时她已心如止水，病入膏肓，"只欠一死耳"，却几次对住在一起的女儿说，她想找本《结婚十年》看看，后来她的女婿谢蔚明先生托友人借到一本，出高价复印后交给苏青，这本书成为她最后人生路上心灵的一贴安慰剂。

二

胡兰成在《今生今世》里写到他曾向张爱玲说起她祖父张佩纶娶李鸿章的千金是有名的佳话，张爱玲沿用父亲与姑姑的原话，说她祖母其实并不怎么会作诗云云，胡兰成因此说张爱玲“她这样破坏佳话，所以写得好小说”。《小团圆》就是一部破坏佳话的自传体小说。

“抗战”刚刚胜利，以胡兰成为原型的邵之雍从武汉逃出，回到上海，暂时藏身在一个日本人家里。盛九莉去见他，对他说：“我要写我们的事。”这大概是《小团圆》最早的起意。可是到张爱玲真的动笔时，心情早与当时不同了。而且全书的内容，也不仅仅是她与胡兰成两人的事了。对于私人化写作，张爱玲早有自觉，她在早年的一篇散文《童言无忌》的开篇里这样写道：

> 通篇“我我我”的身边文学是要挨骂的。最近我在一种英文书上看到两句话，借来骂那种对于自己过分感到兴趣的作家，倒是非常切当：“他们花费一辈子的时间瞪眼看自己的肚脐，并且想法子寻找，可有其他的人也感到兴趣的，叫人家也来瞪眼看。”我这算不算肚脐眼展览，我有点疑心，但也还是写了。

由此开始，张爱玲写了许多取材于自己及其家族故事的散文、小说，是否“过分”不敢说，说她是一位对自己“相当”感兴趣的作家，大概没有问题。

肚脐对于人来说是个比较尴尬的存在——曾经是个要道，而今却被废置了，只留着遗迹，却又并非在无言地诉说着往日的辉煌，倒似一个引嘲惹讽的话柄，所以总是藏在衣下沦为隐私了，当然同时也就有了展览的价值了。张爱玲在中篇小说《红玫瑰与白玫瑰》里，就让孟烟鹂展览过自己的、其实当然是作者的肚脐眼：“有时候是甜净无表情的希腊石像的眼睛，有时候是突出的怒目，有时候是邪教神佛的眼睛，眼里有一种险恶的微笑，然而很可爱，眼角弯弯的，撇出鱼尾纹。”

如同导演在自己的影片里客串角色，在《小团圆》之前，张爱玲也在她的小说里客串过角色，比如《殷宝艳送花楼会》的女主人公。《殷宝艳送花楼会》说了一个师生恋的故事，女主人公挂在嘴上的，是张爱玲日常里常说的“我忘了”；父母是离了婚的；表白“我小时并不比别的小孩特别地不快乐”等等。而且另一个人物就叫“爱玲”。也许就是因为小说里太直接地让作者自己亮相，反而摆弄不好人物了，这样的游戏，张爱玲就没有多玩。

之后《小团圆》来了，丰富的、真正的肚脐眼展览。时装模特在T型台上，在艺术的氛围里，坦然地展露她们的肚脐眼；张爱玲则借小说的形式，坦然地描写她自己及其亲友们的肚脐眼。模特与张爱玲各自坦然，是都拜环境所赐，环境一换，也就未必有如此的胆量。与张爱玲同时代的、成名于张爱玲之前的苏青的成功，就是看到了自传体小说的妙处——你要说是小说，它明明有真实生活的影子；你要说是真实的生活，就难免又被指对号入座、不懂小说之讥。所以她在《结婚十年》之后，自传体小说又接二连三。张爱玲目睹苏青的成功，免不了会受影响，早年的小说只是“各有其本”；《色·戒》时已虚实参半，到了《小团圆》则完全自传了。

《小团圆》里的诸多人物，在真实的历史中，大多可以找到“母本”。对照出艺术人物与生活原型有何相同，固然有意义有意思。即便相异也有意义有意思，因为从中还可以觑窥作者不照实写作的动机和心理。

我们应当庆幸世上还有“自传体小说”这种文学形式，正是因为它的存在，使张爱玲毫无顾忌地写自己、毫无顾忌地写亲友，狠狠地剖析所有的人，把自己以及他们的短处和隐私都说出来，在这过程中，或许会有揭穿假象后的“恶毒的快意”，或许单为“破坏佳话”。

比如张爱玲与周瘦鹃的往来。周瘦鹃1943年5月发表的那篇《写在〈紫罗兰〉前头》的文章，如今已成为张爱玲研究的“经典”，因为它提供了张爱玲初登文坛、在《紫罗兰》杂志上发表她早期的重要作品的史料，是传记作者以及评论者绕不过去的一节。而周瘦鹃对当时张爱玲投稿以及杂志发表作品过程的细节描述，成就了一段老作家慧眼识新人、年轻作家恭敬先辈并得其帮助跃上文坛的佳话。而在张爱玲笔下，“九莉去投稿”“汤孤鹜来信说稿子采用了”，简单两句话，就把周瘦鹃笔下的彼此诸多热情冷却了。周瘦鹃把赴张家茶会一节，写得充满温馨与欢情，说他们三人“谈了许多文艺和园艺上的话”。张爱玲却把以周为原型的汤孤鹜写得很世故，而且“他又并不激赏她的文字。因此大家都没多少话说”。

大陆的张爱玲热，可以说是从柯灵的那一篇《遥寄张爱玲》开始的。或者说，大陆的张爱玲潮，是被《遥寄张爱玲》催热的。那一篇《遥寄张爱玲》，浓墨重彩，满含深情，多少读者都为他俩地久天长的真挚友情深深打动。柯灵曾被日本宪兵逮捕，胡兰成因看他帮过张爱玲而救他出来。柯灵写“对张爱玲的好心，我只有加倍的感激”。《小团圆》里，邵之雍（胡兰成）要去救荀桦（柯灵），盛九莉（张爱玲）心里想的却是“邵之雍就是多事”！日本投降后，盛九莉有次在拥挤的公交车上与荀桦相遇，荀桦用膝将她腿夹住，脸上是得意的笑，使九莉深感屈辱，恨不得扇他耳光。

三

胡兰成的儿子胡纪元先生曾亲口告诉笔者，他祖父为父亲取这个名字，是希望儿子将来的名声能够像兰花的气味一样，散发到很远很远的地方去。

从目前的情形来看，胡兰成父亲的愿望是实现了。可是纵观胡兰成一生，他所遭遇的挫折与失败却远远多于顺利与成功，可谓命运多舛。若作唯心的譬解，名字是也取得不大吉利，因为“兰成”谐音“难成”。

屈指算来，胡兰成的祖父是很有钱的，可是到胡兰成父亲时，却家道中落了，胡兰成未能享受到祖上的庇荫，可谓生来命运不济；中学未毕业就被开除，大学也只是旁听了几天，未受到完整的学校教育，可谓失学；年纪轻轻（19 岁）丧父；发妻早逝，继娶的妻子又罹患精神病，夫妻难以交流；投奔汪精卫后，最初显露了一步登天兆头，随即却又从云头跌落下来，被冷落在了一边。胡兰成对此表面上心胸开阔无所谓，实际耿耿于怀，在《今生今世》里屡次提及：“还都后周佛海林柏生他们都官比我大，惟因起初一段地位差不多……”另有一次他在汪精卫夫人陈璧君面前叫屈：“和平运动初起时我位居第五、六，现在名落孙山之外又之外了。”其实胡兰成对于汪伪来说最初就是一个吹鼓手，之后汪精卫待他也终究未脱一个幕僚的定位。

胡兰成离开南京上海前往汉口接手《大楚报》，其实也是不甘久被冷落，而想要另谋大事。他是想在日本人的支持下，在华中开辟一块自己的地盘，另立政府。汉乐府诗有“大妇织绮罗，中妇织流黄，小妇无所为，挟瑟上高堂，丈人且安坐，调丝殊未央”，胡兰成喜欢这诗，他以大妇比作蒋介石政府，以中妇比作汪精卫政府，而以小妇自比，他要先调弦以正音，用《大楚报》这只琴，弹他的调子。待它稳定后，再筹办一个政治军事学校，作为培养干部的摇篮。可是抗战胜利降临得“出乎预料”，胡兰成向日军要了可武装万人的武器装备，宣布武汉独立。他的计划是：

他只要扼住重庆东归的要道武汉，蒋介石必派兵来打，但大兵开到，尚须时日，他只要坚持两三个月，东南半壁江山必有人响应，那时他不必死守，可退保鄂赣湘三角地带而让出一条路来给蒋军通过，蒋介石急于争取南京上海，又要对付共产党，不会留下主力先来消灭他，他估计只要有五个月的时间，他的势力便会坐大，那时蒋介石就再也对他无可奈何了。

胡兰成的如意算盘拨得哗啦哗啦，看似逻辑严密，其实不过是纸上腹中。他临时成立了武汉警备司令部，以邹平凡为司令，尚未来得及照计划过渡到成立军政府，他却染上了由伊蚊传播的登革热。待他昏睡七日后自病榻上醒来，那邹平凡早已秘密应蒋介石之召，一趟重庆飞了个来回了！

胡兰成黄粱梦醒，大计不成，眼看要成为国民政府的要犯，三十六计走为上，虽然成功逃脱，但也顿成一片浮萍，一直漂到日本去了，到人生终了也无东山再起的机会。

胡兰成虽然官场失意，但并不影响他终是一个热衷搞政治的人，这样的人喜博弈，爱谋略，不拘泥于陈规，也不死守框框，已有学者质疑他散文著述中的一些史实。在笔者看来，至少胡兰成将李士群之死归于他的计谋就颇令人怀疑。他在《今生今世》中以得意的笔调所写的他与女人们相爱的经历，除了张爱玲因为笔健，可以与他所述印证外，其他女人都几乎没有发言的机会，只由他一支笔踢踏舞似的“摇曳生姿”，而事实究竟如何，真实到几分，大多缺少旁证。

周氏

在胡兰成的思想河流中，鲁迅始终是一块礁石；苏青惯于在鲁迅的观点上做文章；鲁迅的文章，张爱玲读得仔细，印象也深。

胡兰成对周作人十分关注，也有交往；张爱玲笔下的周作人，似乎不大受她尊敬；苏青办杂志曾得周作人支持。

一

说起来，胡兰成与鲁迅还是有些“渊源”的。胡兰成曾在绍兴的浙江第五师范附属高小就读，后来五师并入浙江省第五中学，胡兰成又升入五中念书。第五师范的前身是绍兴山会师范学堂，鲁迅于1911年11月到该学堂担任监督，即校长。如此也可以说，鲁迅是胡兰成的老校长了。

大约在1933年上半年，胡兰成出了一本书，取名“西江上”，曾寄赠鲁迅。鲁迅在4月1日那天的日记里因有一句：“得胡兰成由南宁寄赠之《西江上》一本。”

胡兰成给鲁迅寄书，通常的心理，如一般人所猜解的，系对文坛巨擘的仰慕，或恃才傲物的自负。

最早将张爱玲与鲁迅联系在一起的人，大概要算胡兰成了。他在认识张爱玲不久写的一篇《评张爱玲》里，不时提到鲁迅，以鲁迅为例，与鲁迅作对比。有一段这样写道：

> 鲁迅之后有她。她是个伟大的寻求者。和鲁迅不同的地方是，鲁迅经过几十年来的几次革命和反动，他的寻求是战场上受伤的卫士的凄厉的呼唤，张爱玲则是一枝新生的苗，寻求着阳光与空气……
>
> 鲁迅是尖锐地面对着政治的，所以讽刺，谴责。张爱玲不这样，到了她手上，文学从政治走回人间，因而也成为更亲切的。
>
> 鲁迅的个人主义是凄厉的，而她的个人主义则是柔和，明净。

张爱玲的确是与鲁迅不同的，比如对于鲁迅关于娜拉命运的归纳，她似乎也不以为然，而认为关于出走，事实上有许多“例外”。就讽刺来说，鲁迅能以一字置人死地；张爱玲则主张在讽刺之外还可以有感情。

苏青是一位社会批判意识非常强烈的作家，这无论是从她的小说，还是她的散文中，都可以轻易看得出来。尽管她不能像鲁迅那样讽刺到刻骨，但鲁迅批判社会的刻骨不可能不引起她的共鸣。

苏青于 1943 年春夏开始在《中华周刊》发表作品，在此期间撰写的《教子》《第十一等人》等散文，可以看出其中的一些看法，与鲁迅的某些观点相同或相近，甚至有的篇章显然就是由读鲁迅的作品而生发出来的。

《教子》是以鲁迅在“遗嘱”中希望其子不要再做文人为例，那“遗嘱”见于鲁迅散文《死》；《第十一等人》则谈的是男女平等。

一篇《第十一等人》，仿佛一件镶缀着些许金玉饰物的衣裳，到处是鲁迅思想的闪光。

从《第十一等人》中可以看出，苏青对鲁迅收在《坟》中的几篇文章诸如《娜拉走后怎样》《灯下漫笔》等文读得不可谓不仔细，所以感触与心得都多且深。鲁迅在《灯下漫笔》里，用了《左传》中的一段话“天有十日，人有十等。……故王臣公，公臣大夫，大夫臣士，士臣皂，皂臣舆，舆臣隶，隶臣僚，僚臣仆，仆臣台”后说：“但是‘台’没有臣，不是太苦了么？无须担心的，有比他更卑的妻……”

苏青写《第十一等人》的灵感即由此而来，由“王”开始，“公”排第二，“台”为第十，为人妻的女人即是苏青所说的“第十一等人”。实际上苏青论述的即是鲁迅的观点。

鲁迅在《灯下漫笔》中写道：“任凭你爱排场的学者们怎样铺张，修史时候设些什么‘汉族发祥时代’‘汉族发达时代’‘汉族中兴时

胡兰成（左一）与日本友人。右一为日本围棋大师吴清源。

代’的好题目，好意诚然是可感的，但措辞太绕弯子了。有更其直截了当的说法在这里——想做奴隶而不得的时代。”

“想做奴隶而不得的时代”如今成了名言，苏青当时读到这里一定深有感触，她在《第十一等人》中两次借用此句，一是说“复古派”以为出走的娜拉们都恨不能回到以前的丈夫身边去，“正是想做奴隶而不得时代”；二是说到当代的男人们大多也都不幸福，“也有想做奴隶而不得现象”。

苏青在文中，字面上虽对娜拉出走后的情形列出了 4 条：找不到职业；职业不稳定；堕落；少数人成功。但分析起来，实际上并未超出鲁迅划定的范围：前两条不过是“堕落”或“回来”的原因，至于少数在社会上立住脚的妇女即所谓成功者，苏青论述的也还是她们事业上虽然成功，但家庭生活却归于失败，因而也还是想着“回来”。

只是鲁迅没有详述“回来”后的情形，苏青却在这上面做了一点文章。她认为回到家时，家里的情形已经发生了变化：丈夫把回来的妻子当作新女性来看待，可是他自己却维持原样，做“旧”男性，于是为妻的在尽新义务的同时，还不得不恪守旧道德。苏青预见到了妇女在婚姻的沼泽地里愈挣扎下陷得愈深的苦难，不禁为她们大声疾呼起来：“于是乎女人苦矣！女人难矣！”

苏青的论述都是围绕着鲁迅所谓“堕落”与“回来”展开的。“堕落”固然是一条路，可那是一条绝路，在鲁迅的理论里其实只有“回来”一条路。可是在苏青的笔下，“回来”这条路也是荆棘丛生，令人望而生畏，不敢下脚。苏青对现代中国娜拉们的命运所做的进一步的探讨，发展了鲁迅的观点。

二

上世纪 50 年代张爱玲要从香港去美国，想结识时在美国的胡适，她以她的长篇小说《秧歌》作敲门砖，在信中特别说起胡适偏爱的《醒世姻缘传》与《海上花列传》，而以鲁迅对《海上花列传》的一句评语去搔胡适的痒痒，结果很成功。信是这么写的：

适之先生：

请原谅我这样冒昧的写信来。很久以前我读到您写的《醒世姻缘》与《海上花》的考证，印象非常深，后来找了这两部小说来看，这些年来，前后不知看了多少遍，自己以为得到不少益处。我希望您肯看一遍《秧歌》。假使您认为稍稍有一点接近“平淡而近自然”的境界，那我就太高兴了。这本书我还写了一个英文本，由 Scribuer's 出版，大概还有几个月，等印出了我再寄来请您指正。

关于章回小说《醒世姻缘传》，亚东图书馆于 20 世纪 20 年代中期排版了标点本，希望胡适为它写序。可是胡适因一直未能考证出笔名为“西周生”的作者是谁，就将做序的事拖延下来了，而亚东图书馆对出版虽然也急，年年催促胡适，但也居然将清样在胡适家里一放放了六七年，直到 1931 年 12 月胡适写出一篇长达 3 万字的序言《〈醒世姻缘传〉考证》后方才出版。

胡适看到张爱玲说“平淡而近自然”的境界这句话，一定会不觉面带微笑。这句话是鲁迅给《海上花列传》下的评语，胡适深有同感，故而在写《海》的序言时，三番四次加以引用。胡适特别喜欢考证，他的名言有句便是“有几分证据说几分话”，遇到对他考证感兴趣的人，当然心里是欢喜的。

张爱玲的信，会使胡适觉得对方是他的老读者。《醒》《海》的价值一直被世人冷落，所以他力荐二书，而她却“这些年来，前后不知看了多少遍”，而显然又是最初受了他的指引，自然不免欣喜。加上胡适是认为“平淡而近自然”的境界很难被一般读者所赏识的，《海上花》久被埋没正是这个原因，而张爱玲不但能欣赏那个“境界”，更在创作中有意识地追求，当然使胡适产生好感。

胡适 1955 年 1 月 23 日的日记这样写着：

> 去年十一月，我收到香港张爱玲女士寄来他的小说《秧歌》，并附有一信。
>
> 我读了这本小说，觉得很好。后来又读了一遍，更觉得作者确已能做到“平淡而近自然”的境界。近年所出中国小说，这本小说可算是最好的了。
>
> 一月廿五日，我答他一信，很称赞此书。我说，“如果我提倡《醒世姻缘》与《海上花》的结果单止产生了你这本小说，我也应该很满意了。”
>
> ……

胡适的这封回信写得很长，超过一千字，信中说，他把《秧歌》“仔细”地看了两遍。他称赞它是一本“很有文学价值的作品”，并且认为张爱玲在追求平淡而自然的境界方面工夫细致，已经达到了“很成功的地步”。他还具体地举出书中的一些描写作例，不时用“真使我很佩服”“使我很感动”“很成功”这样的词句来评分。

张爱玲在她的后期散文作品《谈吃与画饼充饥》一文中，说到上中学前，有次到她的白俄钢琴教师家参加音乐会，因教师指定她演奏的曲子太单调，使她无从表现，心里很委屈，因此当教师拉着她去吃准备好的点心——各种小包子时，她竟赌气地拒绝了。几年后当她读鲁迅译的果戈理的《死魂灵》，读到那位吃死奴名额的乞乞科夫到处受人款待吃各种鱼馅包子时，想起当年不肯吃钢琴老师家的包子，懊恼得“直踢自己”。在文中她又写道：

> 鲁迅译的一篇1926年的短篇小说《包子》，写俄国革命后一个破落户小姐在宴会中一面卖弄风情说着应酬话，一面猛吃包子。

张爱玲所指，应是鲁迅译的前苏联作家左琴科的《贵家妇女》——并不叫“包子”，只是张爱玲对包子的印象太深刻，才导致误记了。

晚年的张爱玲与胡兰成对鲁迅的态度是不同的。1973年6月上中旬的一个周末的晚上，54岁的张爱玲破例允许水晶到她的寓所会面，他们一谈谈了7个小时，比胡兰成当年与张爱玲“首谈”还要多两小时。他们谈她的作品，谈中外作家及其作品，其中谈到鲁迅。她说鲁迅“很能暴露中国人性格中的阴暗面和劣根性。这一种传统等到鲁迅一死，突告中断，很是可惜。”

三

鲁迅在胡兰成的思想河流中，始终是一块礁石，尽管他不喜欢它，但他在漂流回游中，不时碰到，无法绕开。他在文章中，总是说说就要说到鲁迅。他在生平最后一篇作品里还又提到鲁迅，说：“鲁迅有一篇小说写女娲是强大的性与生命力，她裸体而立，有一班文人在她的两胯之下匍匐钻过，以为讽刺，但只开了头就写不下去了。”所指应是鲁迅1922年发表的《不周山》（后改为《补天》），胡兰成还能记得鲁迅对女娲胯下的假道学家的讽刺，但他说鲁迅“写不下去了”则未免武断。那只是小说中的一个细节，怎么写，写到哪里为止，尽随作者之意，何谈写得下去写不下去？胡兰成却又由此指斥鲁迅“没见识”，因为鲁迅“根本不知女娲与女人文明的史实”。鲁迅的《不周山》只是一篇故事新编的小说，轻言之不过是游戏之作，重言之也就是借古讽今而已。胡兰成的论题是人类远古文明，却叫一篇小说来背负文明史的重量，这是看轻鲁迅呢，还是看重呢？

胡兰成的偏错，并不奇怪，这正是他将文章看得过重，使文章荷载过于重大深远的责任造成的后果。

四

周作人在《知堂回想录》里有句话：“且说片冈虽是要扫荡老作家，但是没有说出姓名，胡兰成第一个说明就是指我……”

胡兰成办《苦竹》杂志，不知是世道不济，作者短缺，还是只因胡兰成要“强聒”，第一期上的许多文章，据好事者考证，认为都是胡兰成化名写的，其中一篇署名“江梅”的《周沈交恶》便也如是。1944年春天，周作人与他的弟子沈启无闹翻，在报上发表《破门声明》，也就是将沈弟子逐出门去。胡兰成与他师生二人都相识，而在此事过程中，也有所参与，故在此借事说人。

周沈反目，缘于日本军部领导的文学报国社，于1943年9月在东京召开大东亚作家大会，日本作家片冈铁兵发表了题为《中国文学之确立》的演说，其中有言：在中国沦陷区（他谓之“和平地区”）内，存在着特殊的文学敌人，即反动老作家，他与我们的思想及文学活动相对立，却以有力的文学家资格立于中国文坛。关于此人姓名，我暂不明说。总之他常常表现出极度消极的反动思想，与我们的思想敌对。呼吁对其展开斗争，对其精神予以轰炸、打击等等。胡兰成在《中华周报》副刊上，写了篇《周作人与路易士》：

> 听朋友说起，片冈铁兵新近在一个什么会上提议，对于中国某老作家，有甚高地位，而只玩玩无聊小品，不与时代合拍，应予以打击云。据说是指的周作人。原文我没有看见，因为身非文化人，文化界的动态对于我总仿佛是别人的

> 事，不甚关心，而又仿佛全明白了似的，不想再有所发现，这不甚关心于是变成真的隔膜了。所以当那位朋友这么说了以后，我只应曰“哦！”心里却想：为什么要这样严厉呢？或许并没有这样严厉，也用不着这样严厉的。又想：或许他并非指的周作人。打算去查一查，好知道一个究竟，可是还是懒下来了。

周作人却“懒”不下来，他不但气愤，而且紧张，因紧张而更气愤。片冈指称的既是潜伏在沦陷区而蠢动的“残余敌人”，那么被指者该当何罪呢？岂不要被北京的日本宪兵“捉将官里去”？周作人于是写信给文学报国会的总务局长久米正雄，要求说明。过了好久，片冈来了回信，并不讳言他说的就是周作人。

周作人大怒，想片冈不识中文，如何了解他周作人的作品内容呢？断定乃是由参加大会并且与片冈分在同一小组的沈启无背后使坏，因此斩断了与沈的师生关系。

胡兰成写《周沈交恶》，明确表示他是同情沈启无的。他认为沈启无的作为，对周作人是一种关切，一种规劝，而周作人却反要发怒，那是他自己的心境问题。

沈启无对胡兰成说：“我喜爱的是写《泽泻集》以前的周先生，”因为那时的他“明朗而亲切”，而今的“周先生就是冷”。胡兰成以为然，“也就是这样，鲁迅的是仇恨，周作人的是憎恶，鲁迅认为可爱的，周作人认为可喜，所以鲁迅慈悲，而周作人明远，一个明远的人的世界是理性的世界”。胡兰成由此想起刚刚看过的张爱玲的小说《年青的时候》，他将周作人比作主人公潘汝良。

在张爱玲笔下，还在大学念书的未婚青年潘汝良，虽有对爱情的渴望与情欲的冲动，却仍然是理性的，知道自己是为恋爱而恋爱，知道只有青年人才是自由的，不愿为结婚而过早地失去自由。于是在那个俄国姑娘沁西亚告诉他就要与一个俄国青年结婚的消息之前，先自将向沁西亚求婚的念头给断了。

胡兰成道出片冈所指是周作人，看来似在不经意间。当时他在并不了解片冈演说的详细内容的情况下，最初的反应只是觉得片冈过分。半年后他写《周沈交恶》时，应是已经了解内情了，至少可以而且极可能就是从南来的沈启无嘴里得知的，所以他对沈启无多了理解，甚至对片冈，文中也不再有任何指责了。

可是看看一年前胡兰成在《人间》上发表的《谈谈周作人》一文，就又有些意思。他这样写道：

> 然而懂得他的人似乎并不多。弄政治的人尊敬他的声望，可是从来就和他谈不来。革命青年，又怪他不来领导革命，说他是落伍了。而剩下一些捧他的人，也并不比政客或革命青年更能了解他。
>
> ……
>
> 政客不必谈，因为他们从来不把谁当做人去要求了解的。革命青年呢，我以为倘肯虚心的想一想，周作人在他的一面实在是提供了可宝贵的供（贡）献。因为革命青年之中很多人只是公式地看取政治的与社会的制度，却不知道如何去注意这政治的与社会的制度的有血有肉，活生生的一面。周作人后期几乎是不谈政治，连社会的制度那样的名词都很少见他触及。他只写些关于平平常常的生活的文章。可是这平平常常的生活，正是政治的与社会的制度的全面渗透，使我们更切实地了解这时代的。

胡兰成对周作人向来是“一分为二”的。就在《人间》那篇文章里，他写道：“随手翻翻《苦竹杂记》，觉得周作人实在是大可佩服的，虽然有着一些保留。”这“保留”里有一个便是他“觉得周作人晚年的文章，造句时或夹入之乎者也，自称为‘不佞’，也是一个小毛病”。

显然胡兰成将周作人的这个“小毛病”记得很牢，20年后他在《春秋》杂志上发表《闲话日本》一文，还又提起，但看法已经变了：“以前不喜周作人文中自称不佞，又说不懂写文章，觉得他做作，近年来才渐渐有了同感……”文中还说周作人的文章受日本的影响很大。周作人的朋友鲍耀明将此告诉周作人。周作人在回信中，称胡兰成称他受日本很大影响以及反对他的“不佞”，都不过是“皮相之词”。显然他还记得胡兰成这个老熟人，在信中调侃道：“得见胡兰成君的议论，甚幸。在‘胜利’以后已久不见了，现知在东京都，很是有意思的事。”

胡兰成办杂志，取名“苦竹”，显然是从周作人那里来的。封面既是炎樱设计的，岂能少得了张爱玲？在胡兰成与张爱玲的“连朝语不息”中，周作人必是少不了的谈资。周作人翻译的日本小诗“夏日之夜，有如苦竹，竹细节密，顷刻之间，随即天明”就不仅印在《苦竹》的封面上，也在张爱玲的散文中出现。

五

出现在张爱玲笔下的周作人，似乎不大受张爱玲崇敬，例外的要算是1950年7月25日张爱玲发表的《〈亦报〉的好文章》，提到周作人上月以笔名“十山”写的《妇女会的工作》，这样说：

> 报纸是有时间性的，注定了只有一天的生命，所以它并不要求什么不朽之作，然而《亦报》在过去的一年间却有许多文章是我看过一遍就永远不能忘怀的。譬如说十山先生写的有一篇关于一个乡村里的女人，被夫家虐待，她在村里区里县里和法院里转来转去，竟没有一个地方肯接受她的“控

> 诉”，看了这篇文章，方才觉得“无告”这两个字的意义，真有一种入骨的悲哀。

但此赞辞也不免使人疑惑：打动张爱玲的，到底是周作人的“椽笔”，还是社会生活的“素材”呢？另外有一处对周作人稍稍夸了一下的是《姑姑语录》：“我姑姑说话有一种清平的机智见识，我告诉她有点像周作人他们的。”其余的则都不是敬语了，张爱玲《诗与胡说》里写到她让姑姑看《苦竹》封面的那首小诗，姑姑的表现是：“看过之后，摇摇头说不懂，随即又寻思，说：‘既然这么出名，想必总有点什么东西吧？可是也说不定。一个人出名到某一个程度，就有权利胡说八道。’”80年代发表的《谈吃与画饼充饥》，还有对周作人的不以为然：

> 周作人写散文喜欢谈吃，为自己辩护说“饮食男女，人之大欲存焉”，但是男女之事到处都是一样，没什么可说的，而各地的吃食不同。这话也有理，不过他写来写去都是他故乡绍兴的几样最节俭清淡的菜，除了当地出笋，似乎也没什么特色。炒冷饭的次数多了，未免使人感到厌倦。

周作人呢，1950年张爱玲的《十八春》在《亦报》上连载，风靡一时，众人读得投入太深，往往不能自拔。周作人显然也读了，因为他在散文里不止一次提及，可是他却不入迷，他说：“我看《十八春》对于曼桢却不怎么关情，因为我知道那是假的”。他对《十八春》也有夸奖，夸奖里面又夹有婉转的批评：

> 《十八春》第十章之八中有云：“石翠芝这人是一点幽默感也没有的，你去逗着她玩，她不要认真起来才好。”这

是一句很平常的话，因为这里边警句太多了，如下文云："每次看见两个初见面的女人客客气气斯斯文文的谈着话，他就有点寒凛凛的觉得害怕。"两相比较似乎平常了，可是我就觉得很有意思。

六

迄今未见张爱玲有与周作人交往的记载，胡兰成是有的，苏青也有。至少在抗战前的《宇宙风》《论语》时期，周作人与陶亢德就是熟人了，周作人在《宇宙风》上发了不少文章。抗战爆发，文化界都十分关心周作人是否离平南下，周作人在北京大学南迁时未随之南下的原因，以及抗战初期在北平的生活状况，都是通过给陶亢德的书信在《宇宙风》上披露的。

周作人 1942 年 5 月，随汪精卫乘机来南京，曾赴宣传部汪柏生宴请；下午至中日文化协会，参加宣传部座谈会。

周作人在 1943 年 4 月上旬，应汪精卫之邀，南下讲学，4 月 6 日抵宁，4 月 10 日乘火车赴苏州，伪《中华日报》的陶亢德、柳雨生曾去火车站迎接。

半年后苏青即创办《天地》杂志，胡兰成、陶亢德、柳雨生都是她的朋友，都可能是她向周作人约稿的渠道。

苏青办的《天地》杂志上，曾刊载过多篇周作人的稿子，第一篇是在第 3 期上的《武者先生和我》，第二篇是登在第 5 期上的《论小说教育》，署名"知堂"。据苏青说，《论小说教育》是周作人专为《天地》写的。在《天地》第 4 期的扉页上，登载了几幅作者相片，第一张即为周作人的全身坐像。相片的右上角还留有周作人的署名盖章题字，题的是："奉赠冯和仪女士。"

幽默

苏青的幽默源于逆反心理，又得幽默大师的真传，处女作发表在林语堂创办的杂志上，林语堂约见，她却因怀孕不好意思赴约；张爱玲的幽默基于对人性的洞察，少年时就瞄上了林语堂，可去美国却不去找他；胡兰成雄心太大，心事太重，常怀智者忧而不能幽默，也有些轻视林语堂。

一

幽默是苏青散文作品中相当明显的特征之一。她一生共写了100余篇散文，其中直接可称作幽默散文的作品有20余篇，带有幽默意味或片断的作品达50余篇。也就是说，含有幽默成分的散文占她散文总数的三分之二，可见苏青是一位极具幽默感的作家。

苏青成其为这样的作家，主观上具备幽默的能力——幽默是聪明人的游戏，而苏青显然不笨；客观上与当时流行幽默的社会环境有关，甚至直接与1924年开始在中国倡导幽默的被誉为“幽默大师”的林语堂有关。苏青的处女作，是发表在林语堂创办的杂志《论语》上的。对于这前因后果，苏青写道：

> 那时我因为养了一个女孩子，家里的人都不喜欢，时时予我以难堪，我便不大和她们谈话，闲下来躲在房里抱抱孩

子，孩子睡着了，便看些书。我看书因为是消遣性质，所以只看小说戏剧之类，杂志则家中定的只有《论语》及《人间世》两种，我对于前者尤其爱好。有一天我忽然技痒起来，写了一篇《产女》投稿到《论语》去，很快的就被录用了，不过题目已由编者改为《生男与育女》，这是我正式写文章的开始。

《人间世》也是林语堂主编的刊物。《生男与育女》发表之后整3月，林语堂与陶亢德合办的《宇宙风》半月刊创刊，苏青在创刊号上发表了一篇《科学育儿经验谈》，写她自己起先按照所谓“科学方法”育儿，大人小孩都受罪，后来不得不让奶妈以土法喂养，竟使婴儿“肥胖而活泼”的经历，表面上是在嘲笑科学育儿，其实是调侃只知科学皮毛、照搬书本的现代母亲。

不料在读者中，一位宣称无妻无子却常常爱读卫生常识书的赵姓男子凛然站了出来，他自恃“常得产科及护士专家指导”，并有家族晚辈吃奶的经验，极其认真地给《宇宙风》写了一封信，方巾气十足地指责苏青“看各种小说杂志的时间太多，对于科学育儿法的研究太少”，认为《科学育儿经验谈》是“率尔而谈”之作，易“为焦易堂或‘三婆婆’诸‘国医救国’者流作护符”，而有“误却多少小国民的生命”之危险。接着又不厌其详地论述他的育婴之道来，比如出生几小时方可开始第一次哺乳，哺乳间隙如何以温水喂之；授乳间隔须以多长时间为原则，但在何种情况下须灵活掌握；发生眼疾的原因、浴后伤风与室内温度的关系等等，针对苏青文中所谈各项，逐条予以驳斥更正。

编辑将信与苏青写的反驳文章《〈科学育儿经验谈〉之性质及命题》一同发表，文后附了林语堂的一段批语：

语堂批案：你们俩一男一女，妄事生非，且语多牵涉，累及本“堂”池鱼遭殃。本堂与原案无涉，不必搅在里头。

且赵生牝鸡司卵，未免多嘴，冯氏逢场作戏，不必深责。是奶是水，全是捕风捉影，非奸非杀，何故击鼓喊冤？以喂乳作免战牌，冯氏既自知不合，倘汪妈呈辞职书，赵生岂甘为荐头店耶？冯氏发回养儿，赵生务须安分，此后若闻人作天癸高论，仰即免开尊口。

林语堂一番戏语，虽不一定能使冯赵化干戈为玉帛，但作为拉架是不坏的，这场小小的“育儿风波”也就不了了之。

像这样“幽默文碰上老实人”的情形苏青5年后再次遭遇。那是她在《宇宙风·乙刊》上发表的一篇《论女子交友》，大意是说女子之间不存在真正的友情，不仅姑娘们如此，嫁了人的女人因为都视管束丈夫为唯一大事而更弃友情如敝屣。《论女子交友》一经发表，立刻有人写来一篇批驳文章，苏青于是又写了《不算辩正》一文加以回敬，文中极尽冷嘲热讽之能事，语言之犀利在她的其他作品中不常见，而这时林语堂也不在了。

林语堂对苏青颇为看重，曾邀约苏青见面，可当时的苏青正怀着她的第二个女儿，她觉得那么大腹便便地去见人太难为情，所以没有应约。谁知不久林语堂即率全家漂洋远引，两人终归缘悭一面，苏青为此几乎懊悔了一辈子。

苏青后来办杂志《天地》，在办刊思想上也可以寻出所受林语堂的影响。30年代中期林语堂参与创办《西风》杂志，他感于西方的杂志常常刊有并非出自文人之手的好文章，而文章题材很广，如商人写本行生意，军人写战役经过，流氓写黑社会内幕等，他欢迎这样的文章。苏青在《天地》的创刊词中就有这样的话：

……在同一“天地”中，尽可你谈你的话，我谈我的话，只要有人要听，听了觉得有味道，便无不可谈，故《天地》

作者初不限于文人，而所登文章也不限于纯文艺作品……《天地》极需要此类作品，执笔者不论是农工商学官也好，是农工商学官的太太也好，只要他们肯投稿，便无不欢迎。

简直是林语堂办刊思想的翻版。

苏青由对林语堂的崇敬，苏青作品中幽默风格的形成自然与这位幽默大师的影响有关。林语堂所倡导的幽默，手法之一即以诙谐的态度嘲讽种种束缚人性的传统陋习，对这一点，苏青可谓身体力行者，在她的作品中表现得尤为突出：林氏要求幽默文取法自然，不加矫饰，苏青的文风正与其相合；林氏把幽默解为心灵之光的折射、智慧的表现，苏青当然是足够聪敏的。

虽则如此，由于男女性别、生活经历以及处理的不同，苏青的幽默与林语堂的幽默有着很大的差异。林语堂的幽默包含着闲适，带有较多的中产阶级养尊处优的意思，充满了自信自得玩味人生的味道，这在苏青的文章中很难见到，因为“苏青的作风里极少有‘玩味人间’的成分”。林语堂的幽默是“世事看穿，心有所喜，用轻快的笔调写书，无所挂碍……”苏青虽然是也“什么都……看得开”（张爱玲语），可是多半却心有所忧，又认真得无法放松，牵挂还多，行笔虽不致滞重，却也总归飘飘然“轻快”不起来了。

幽默在苏青散文中往往是最精彩的部分，而幽默散文也是苏青写得最好的散文。苏青的才气灵气聪明机智以及透彻的见解也无不是在幽默中才发挥得淋漓尽致的。可是在那么一个缺乏幽默（难怪林语堂要力倡幽默）又无法幽默（时代的重负令人窒息）的社会，提倡幽默固然要遭来指责，写幽默文也是免不了被人误解的。苏青的《科学育儿经验谈》《论女子交友》等文居然会被人追批，引来争论，实在是一件很有意味的事情。

苏青在她的作品中常常借着幽默说出惊人妙语，令人拍手叫绝。

她的妙论又不流于贫嘴，而于惊世骇俗中直指人心，揭出真理。

苏青的幽默丰富多彩而不单一，有的是以描写的形象生动、趣味十足而令人忍俊不禁，如《说话》中如何因爱说而一路惹祸、不说就憋得难受；《豆酥糖》中如何祖孙夜摸吃食、“咕”地一下咽出巨响；《小脚金字塔》中五姑母如何把名著《爱的教育》当淫书、三寸金莲生湿气；《元旦演剧记》中如何呈文要将女生救护队改为女义勇军；《算学》中女生学数学如何惶惶不可终日而几乎要梦遗；《涛》中校长史老先生的迂腐、女生如何追求男教员等等。

有的因为点穿了存于众人心底却又往往被忽略的事物，而搏人会心一笑，如《我国的女子教育》《谈性》《真情善良和美容》《未亡人》《女人与老》《夫妻打官司》《送礼》《做编辑的滋味》《骨子里》《谈看报》《买大饼油条有感》《谈宁波人的吃》以及《母亲的希望》等作品中均有此类幽默。

几种幽默中最感人的当属“带泪的笑”这一种，这可在《上海事件纪念》《外婆的旱烟管》《过年》《断肉记》《归宿》《河边》《生男与育女》及《拣奶妈》等作品中寻着。

另外还有一种嘲讽意味重些的幽默，存于《红叶》《心》《听肺病少爷谈话记》《家庭教师面面观》《搬家》《女作家与美貌》《户长的苦处》及《教子》等篇章中。

幽默含有揶揄、调侃、挖苦、讽刺，但不等同。所以张爱玲说苏青：“她的讽刺并不彻底，因为她对于人生有着太基本的爱好，她不能发展到刻骨的讽刺。”没有到刻骨讽刺的地步，正是幽默者所应具备的素质以及所应把握的分寸。

二

从表面上看，张爱玲也是没有“刻骨的讽刺”的。1945 年 4 月 9

日，张爱玲参加了《新中国报》报社在华懋饭店 8 楼第 3 室为来访的朝鲜舞蹈家崔承喜举办的一个座谈会。在此前后，张爱玲去观看了崔承喜的舞蹈。崔舞中有一个情节是写一个少女逗一个自卑的驼背人：她先与他跳了一回舞，使他觉得她对他有好感，但随即又跑开了，使他感到失望。总是那位少女对驼背人的作弄只是出于调皮，一个单纯天真的少女的调皮，行为虽不大妥，但后果不严重，所以观众虽然为驼背人难过，但也容易原谅少女。

崔舞如此处理人物关系，很合张爱玲口味。她对胡兰成说："讽刺也是这么好意的，悲剧也还能使人笑。一般的滑稽讽刺人来没有像这样的有同情心的，卓别林的影片算了不得的了，不过我还是讨厌里面的一种流浪人的做作，近于中国的名士派。那还是不及崔承喜的这支舞。到底是我们东方的东西最基本。"

实际上张爱玲与苏青是不相同的。苏青本质是乐观的，虽也时有悲观，但也不过是乐观不成而生出的叹息；张爱玲则是彻底的悲观主义者，所以她看人生更冷峻。对于讽刺，苏青是"不能发展到……"，张爱玲则是参透人生后的"回过头来"；苏青是太爱好人生，张爱玲则是于众生有着更多的宽容，是心先于手到。对讽刺的对象，两人相同的是心慈；不同的，苏青是手软，张爱玲则是手下留情。

张爱玲典型的幽默文章，要属《公寓生活记趣》，里面不啻有夸张的形容与巧妙的比喻。尤其是拟人化的手法，将没有生命的东西写成有灵魂的东西，更是传神，又因用了儿童的眼光而充满了童趣，比如那常常发出不怀好意的声音的、多心的、肝火旺而好发脾气的热水管系统，如同快上床的孩子，"回家"以及在半夜的月光中袒露着白肚皮的电车，窗户边晕倒的"恐高"的蚊子等等。

除《公寓生活记趣》，似乎再没有出现一篇如此集中地展现作者的多种幽默才能的文章。她的幽默更多的是在一般作品里零星出现，以神来之笔引人发噱，以摄魄之笔令人叫绝。

张爱玲文字的幽默与她喜欢画漫画有很大关系。张爱玲最初从母亲那里开始了对“画画子”的兴趣，而后又因浸淫在漫画气息浓厚的社会环境中，兴趣得以强化和固定。当时的上海，商品社会的一些特征已经较为明显，文化舶来品并不罕见，除了漫画书、卡通影片外，常以漫画为表现形式的广告影画更是随见于报刊媒体、商店橱窗。

张爱玲在圣玛利亚女校上高三时，就在校刊上发表了论卡通画前途的文章了，同时也画了一些笔法相当成熟的以同学为模特的漫画。上世纪40年代初，求学于香港大学的张爱玲，在战争的刺激下，画了不少漫画，大多是市井图：有斗鸡眼突出的像两只水龙头，脾气暴躁的二房东太太；有头颈如同电吹风的少奶奶；还有蹲着的露出红丝袜的尽头与吊袜带的病妓。散见于各杂志的张爱玲的散文中，常常有她配的漫画插图。她的散文集《流言》中，更是集中了数幅人物特点毕现的漫画作品。

她在小说中，还常常以漫画手法来描摹人物，比如《茉莉香片》中，聂传庆在公共汽车上邂逅了班上的女同学言丹朱。言丹朱在张爱玲笔下是这样的：“大约是刚洗了头发，还没干，正中挑了一条路子，电烫的发梢不很鬈了，直直地披了下来，像美国漫画里的红印度小孩。”

《花凋》中郑川嫦的父亲：“郑先生长得像广告画上喝乐口福抽香烟的标准上海青年绅士，圆脸，眉目开展，嘴角向上兜兜着，穿上短裤子就变了吃婴儿药片的小男孩，加上两撇八字须就代表了即时进补的老太爷，胡子一白就可以权充圣诞老人。”

《留情》中的米晶尧：“米先生除了戴眼镜这一项，整个地像个婴孩，小鼻子小眼睛的，仿佛不大能决定他是不是应当要哭。身上穿的西装，倒是腰板笔直，就像打了包的婴孩，也是直挺挺的。敦凤向米先生很快地睃了一眼，旋过头去。他连头带脸光光的，很齐整，像个三号配给面粉制的高桩馒头，郑重托在衬衫领上。”

《连环套》中的米耳：“米耳先生哈哈大笑起来，架着鼻子的黄胡子向上一耸一耸，差点儿把鼻子掀到脑后去了。从此也就忘了翻白眼……”

可见张爱玲的幽默就是文字化的漫画。

张爱玲从少年时期就瞄上了林语堂。母亲与父亲离婚后去了法国，跟父亲生活的中学生的张爱玲，心里怀着的远大计划便是：“中学毕业后到英国去读大学……我想学画卡通影片，尽量把中国画的作风介绍到美国去。我要比林语堂还出风头，我要穿最别致衣服，周游世界”。

林语堂开始在美国出“风头”的时候，人还在国内。那是1935年，他用英文写的一部解说中国人思想、性格、文化、生活的《吾国吾民》在美国出版后，好评如潮，风靡一时。在初版的4个月内，连印7次，位列当时美国畅销书榜首，很快又被译为多种文字。次年夏天，在好友著名作家赛珍珠的鼓动下，林语堂举家离国赴美，尔后他又写了以

《西风》杂志封面。张爱玲入学香港大学之际，曾投稿《西风》杂志为纪念创办3周年举行的征文赛并获奖，《西风》是林语堂系刊物，不由人不生联想。

《西风》杂志封底。

西风出版社1941年出版的征文结集《天才梦》封面。

表现中国人独特的生活情趣及其人生哲学的《生活的艺术》，又一次大获成功。到张爱玲由香港赴美时，他在美国早已著作等身，名望也重了。

胡适在抗战中曾任中国驻美大使，想来也应名闻遐迩吧，可是炎樱打听了来对张爱玲说："喂，你那位胡博士不大有人知道，没有林语堂出名。"假如张爱玲当时去找林语堂，可能会比找胡适，更容易找到写作成功的捷径，当然前提是林语堂须与胡适一样热心。而当时林语堂刚因上半年赴新加坡办大学，与当地人搞得很不愉快，遭遇了他人生的重大挫折。铩羽而归后，也没待在美国，到法国坎城去逍遥了一年多。不知是不是因为张爱玲听说了林语堂当时不在美国，才没有去找他。

三

相比于张爱玲与苏青，胡兰成则显得少有幽默——在文章里。他把自己的社会角色的定位，还是自古以来的"士"。张爱玲《小团圆》写邵之雍的第一次出场，形象是身着旧黑大衣，像一个"职业志士"。从胡兰成一生思想行径来看，所谓"职业志士"，他不是像，而根本就是。他怀有强烈的社会责任感和历史使命感，他背负天下大志，满头脑尽是纵横捭阖，沉甸甸的心事像一块石头终日压在心头。文章当然也被他视为千古之事，根本是对世界的探索，是改造世界的学问，决不认为是文字的游戏。

胡兰成屡番自言是个"荡子"："我不但对于故乡是荡子，对于岁月亦是荡子"；抗战胜利亡命中，以至到了日本后，又自称是"天涯荡子"。其实他只有在女人方面才称得上是荡子，其他方面都不像。他曾作诗夫子自道"荡子心事重"，真正的荡子是不会心事重重的。他在除了女人以外的其他方面，都是认真的。他在《今生今世》里写张爱玲：对于女人，他也不是不认真，而是——如《小团圆》里盛楚娣（影射张爱玲的姑姑）评价邵之雍的："他也是太滥了。"连他在床上，也是那么认真刻苦，还锲而不舍、败不气馁，嘴里说着“今天一定要弄好它”云云，令盛九莉忍俊不禁。

胡兰成其实也如张爱玲说苏青的“作风里极少‘玩味人间’的成分”；“她太认真了，她不能轻松”。不能轻松，自然难以幽默。但苏青不玩味人间而太认真却能幽默，源自于她的逆反心理：“我有一个脾气，就是好和人反对。”虽然胡兰成也屡番自言是“叛逆”的，但他的叛逆其实不过是一种貌似“叛逆”的“大顺”，是如他称许应瑛娣的“柔和硬气人”，又如他称许《白蛇传》里的白蛇娘娘：“这样叛逆，也依然是个婉顺的妻子。”可见胡兰成的叛逆与苏青的逆反是不同的。苏青的《论言语不通》，是一篇典型的幽默文章，而胡兰成由此引发的《“言语不通”之故》，是一篇典型的非幽默文章。苏青本是故意言之，姑妄言之，胡兰成却坐实地寻出“之故”，可见其学者的究寻精神，而不见幽默。

胡兰成不能幽默，反之又视幽默为轻佻，更加不屑取之。恨乌及屋，胡兰成对林语堂颇为轻视。他在《周作人与路易士》一文中提到林语堂，却是拿他作了周作人的反衬：“周作人的文章始终高出于论语派，不仅在功力上，尤其在气质上不是俞平伯、林语堂之辈所能及的地方。”他还称“林语堂”是“浮沫”。在他的其他作品里，很少提及林语堂。

《今生今世》的文字通篇都好，只是其中写到作者与佘爱珍在日本共同生活，得意于张爱玲有信来等等，夫妻俩打趣一段，连滑稽也不是，于该作品的格调有所损伤。

胡兰成对幽默采取了轻视的态度，而以滑稽代之，他说：“我是从爱玲才晓得了中国人有远比西洋人的幽默更好的滑稽。”张爱玲的话，毋宁是让他找到远离幽默的理由了，殊不知张爱玲是深谙幽默之人，她是入而出之来观滑稽，其间自有分寸。胡兰成未稔幽默而直落滑稽，境界当然不一样了。

唾雨

被众人当做明星的苏青、张爱玲，言行颦笑都被放大了呈现在众人眼前，既被众人仰视，又被众人消遣。

一

……总务主任马先生忙着亲自去购办灯笼了，晚饭提早半小时，整队出发。立正，报数完毕，足足有四百六十七人，于是矮的在前，长的在后，灯笼红绿相间，蜿蜒街衢间，看热闹的人愈来愈多了，流氓们高声说笑：

“这么多的鸭屁股[①]，倒着实好看。”

“这些姑娘们只要给我两三个也够了。”

“那个好看呀！这个丑死了。”

“瞧，她们在笑哩！”

“瞧，她们在摸自己的……呢！”

说得大的女同学们都把头来低了，小的歪头嘻嘻笑，体

---

① 鸭屁股，对女子短发后观的谑称。相近的称呼还有“二道毛”。

育教员吴先生穿着紫红旗袍……“这个是谁？”路人们开始注意她了：“是校长的女儿吧！”

“也许是小老婆！”

这是苏青的散文《涛》中的一段，中学生的她与同学们参加校外“双十国庆纪念提灯会”活动的情景。时值20世纪20年代中后期的后大革命时代，社会运动风起云涌，中学生的女生们也参与其间，她们象征革命地剪短发，开大会，上街游行……民国虽已成立了十几年，可是社会风气未开，封建意识还很浓厚，大多数女性都留在家里，职业女性还是少数，女学生们列队在街上抛头露面，成为一道罕见的景观，引得路人驻足，“耕者忘其犁，锄者忘其锄”，跟看西洋景似的。

而时过十多年后，中国社会浓雾弥漫的封建意识仍未稍褪，女作家发表作品，首先名字见诸报端，杂志上也喜欢时常印一点她们的相片，加上她们参加活动的各种报道，不少读者怀揣的心理与在街头看女学生的路人的心理其实相去不远，读者的口味，与将女作家从容貌到习性都烹成新闻以招徕读者的报刊，直把苏青、张爱玲们变作了明星。而当众人在茶余饭后，兴高采烈而随意地向他们观赏的对象淋一点唾沫雨，自是免不了。

《汉书》中有言：“众煦漂山。”意为众人吹气，能使山漂走。张爱玲在《更衣记》里的一句话：“任是铁铮铮的名字，挂在千万人的嘴唇上，也在呼吸的水蒸气里生了锈。”即或由此成语生出的感想。张爱玲虽对自己的名字并不自恋，甚而下了一个“恶俗不堪”的评语，但见名字“挂在千万人的嘴唇上”，心里毕竟还是高兴的，至于“生锈”以及众人的唾沫，当然都由他去。

张爱玲最遭众人唾沫的，要算是她的“衣服狂”。张爱玲有一个封建的父亲，同时又有一个与封建忤逆的母亲，这使她不必走上社会，仅在家里感受种种，就可以获得对社会的一些了解。比如她在《更衣记》里对女人穿衣的认识：相对于衣裳，女人“不过是一个衣架子罢了。中国人不赞成太触目的女人……一个女人不该吸引过度的注意……奇装异服，自然那更是伤风败俗了。”她的母亲黄逸梵爱穿衣打扮，她的父亲张志沂就不以为然，曾咕噜过：“一个人又不是衣裳架子！”

张爱玲并不因她对于女人着装的认识，让自己做一个符合传统观念的淑女，而是反其道而行之，比她的母亲走得更远。既然奇装异服伤风败俗，那么她就奇装异服。她此举在主观上也未必是为反封建，而是为“吸引过度的注意”，唯“太触目”是求，以利出名。

张爱玲曾经跟她的弟弟说：“一个人假使没有什么特长，最好是做得特别，可以引人注意。”如何“做得特别”？当然没有什么比特别的穿衣打扮更直接作用于人们的视线了。而张爱玲对弟弟说这话时，她已经在文坛上崭露头角，非常明显地表现出她的写作特长来了，可是她仍然要在写作以外“做得特别”，自然是要加倍地、多方位地“引人注意”。

苏青长篇小说《鱼水欢》封面，四海出版社 1947 年 7 月初版。

张爱玲对于衣着的恋恋或纠结，源于生母以及继母的影响与刺激。前者使她童年的一个理想是“要穿最别致的衣服周游世界”；之后她曾因父亲的一位姨太太为她做了一套“顶时髦的雪青丝绒的短袄长裙”而有了喜欢那位“老八”胜过亲娘的感觉；青春期正特别爱美时，偏被继母逼着穿她的旧衣裳，心里因此落下病来。

张爱玲有篇文章，本是谈她自己的作品的，却也涉及了她着衣观，她说：“我是喜欢悲壮，更喜欢苍凉。壮烈只有力，没有美，似乎缺少人性。

悲壮则如大红大绿的配色，是一种强烈的对照。但它的刺激性还是大于启发性。苍凉之所以有更深长的回味，就因为它像葱绿配桃红，是一种参差的对照。”张爱玲对于着衣，正好与写作相反，即喜欢刺激性的大红配大绿的“强烈的对照”要胜于启发性的葱绿配桃红的“参差的对照”。所以使人觉得刺目而不安。

张爱玲又曾说：“对于不会说话的人，衣服是一种言语，随身携带着的一种袖珍戏剧。”美国专栏作家苏珊·布朗米勒在她的《女性特质》一书中有一句与此意思相近的话：“戏院是建在衣架上的。”张爱玲是把着衣当作演戏来对待的，视觉的刺激形成了噱头，戏剧化效果由此而生。虽说“生活的戏剧化是不健康的”(张爱玲语)，但病态也可以有戏剧化的美。只不过各人审美观不同，见仁见智，见美见丑，只见唾沫横飞。

《黑白周报》有篇《张爱玲开寿衣店》，说张爱玲“此婆平时穿的服装，总是怪里怪气”；《快活林》有篇《张爱玲的秋季奇装》说张爱玲“衣服是她的注册商标，她喜欢用乡下女人常穿的蓝花布钉在豹皮大衣上，遮去一半豹皮，露出一截，莫名其妙糟蹋了一件皮大衣……她穿的秋装简直令人惊吓，一件高领窄袖的蓝印丹士林布旗袍，长过脚肚，脚穿血红色之麂皮靴形鞋，项发长披，这样已经是够刺目了，她又在血红皮鞋边加上一条蓝边，算是调和色彩”；《海涛》有篇《张爱玲衣谱，文艺性的嫁妆》说张爱玲箱笼里的衣裳有：“①灯罩式的春大衣。短大衣，五色方格花呢料子，齐肚皮鼓以竹圈，圆兜兜像大肚子，底下一排七色璎珞流苏。远望如圆锥式的新颖灯罩。②皮球形的春大衣。翠绿长大衣，肚皮底下鼓以竹圈，齐脚踝又收紧，七寸金莲凌波微步，则如水晶球似一晃一晃。③前红后绿旗袍。前面大红，后面蓝绿。红面子上钉二档绿纽襻，直脚纽，比普通的粗大。④阔滚棉鞋。一双棉鞋，一只红，一只蓝。红的蓝缎阔镶边，蓝的红缎镶边。⑤孔雀西服。花绸料子，西洋款式，长袖短裙，立起时如孔雀屏，光彩夺目。”

当然张爱玲的亲人、朋友对她着装的怪异的反应不会那么激烈，但也多不以为然，显然都接受不了。她胞弟张子静当年就这样写姐姐：“就拿衣裳来说罢，她顶喜欢穿古怪样子的，记得三年前她从香港回来，我去看她，她穿着一件矮领子的布旗袍，大红颜色的底子，上面印着一朵一朵蓝的白的大花，两边都没有纽扣，是跟外国衣裳一样钻进去穿的，领子真矮，可以说没有，在领子下面打着一个结子，袖子短到肩膀，长度只到膝盖，我从没有看见过这样的旗袍，少不得要问问她这是不是最新式的样子，她淡漠地笑道：‘你真是少见多怪，在香港这种衣裳太普通了，我正嫌这样不够特别呢！’吓得我也不敢再往下问了。我还听人说有一次，她的一个朋友的哥哥结婚，她穿了一套前清老样子绣花的袄裤去道喜，满座的宾客为之惊奇不止，上海人真不行，全跟我一样少见多怪。”

张爱玲的闺中好友炎樱的圣约翰大学同学、后与张爱玲有过交往的李君维回忆张爱玲：“她穿过一身自己设计的连衣裙，下身仿佛套着一只灯笼，灯笼底下伸出她的双脚，在嘈杂尘嚣的上海马路上匆匆而过。”曾参与排演话剧《倾城之恋》而在“兰心”大戏院三楼排戏室与张爱玲多次见面的文亦奇，对“灯笼服”也叹为观止：“她穿橘黄色缎子旗袍，下面却像依丽沙白时代裙子般撑出，但下端却又生着宽紧带收紧，中间放一只大圆圈的藤圈，真像个大灯笼。在同时工作的职演员，个个对她的怪装笑个不止。”

张爱玲同时代的女作家潘柳黛回忆道：

> 张爱玲喜欢奇装异服，旗袍外边罩件短袄，就是她发明的奇装异服之一……张爱玲忽然问我：“你找得到你祖母的衣裳找不到？”我说：“干吗？”她说：“你可以穿她的衣裳呀！”我说：“我穿她的衣裳，不是像穿寿衣一样吗？”

> 她说："那有什么关系，别致。"张爱玲穿着奇装异服到苏青家去，使整条斜桥弄（苏青官式香阁）轰动了，她走在前面，后面就追满了看热闹的小孩，一面追，一面叫。
>
> 她为出版《传奇》，到印刷所去校稿样，穿着奇装异服，使整个印刷所的工人停了工。她着西装，会把自己打扮成一个十八世纪少妇，她穿旗袍，会把自己打扮得像我们的祖母或太祖母，脸是年轻人的脸，服装是老古董的服装，就是这一记，融会了中外古今的大噱头，她把自己先安排成一个传奇人物。

而且这些与她较为亲近的人也都不约而同寻找张爱玲何以如此的答案，有的更直接向张爱玲探询。张子静的答案是张爱玲的"脾气就是喜欢特别，随便什么事情总爱跟别人两样一点"。潘柳黛从别人那听到的张爱玲的回答是："我既不是美人，又没有什么特点，不用这些来招摇，怎么引得起别人的注意？"而其他人就没有这么客气了，他们以衣取人，于是说张爱玲"怪气十足""举止和脾气，阴阳怪气""证实她的性格""变态"等等。从人们对于张爱玲着衣的反应来看，张爱玲是达到目的了，尽管引来了笑骂。

几乎与此同时，张爱玲又在被众人指为"爱钱"，而这源自与平襟亚的一场纠纷。抗战中，张爱玲决定走投稿谋生之路，第一个目标是《紫罗兰》杂志，"在一个春寒料峭的下午"，她去拜见了老板周瘦鹃。之后，她瞄准的期刊是《杂志》与《万象》。后者的老板是平襟亚，主编是柯灵。柯灵在1984年写下了张爱玲批评史上的名文——《遥寄张爱玲》，柯灵在文中谈及张爱玲与《万象》的结缘，给人的印象是张爱玲穿着色泽淡雅的丝质碎花旗袍、肋下夹着作品直接来找他的。而从平襟亚的记叙里，却是张爱玲先找了他，再由他推荐给柯灵的。两人的说法不一。

与周瘦鹃一样，张爱玲最初也给平襟亚的印象很好，故而平襟亚在上海报纸《海报》上对她“文字的美妙，身家的清白”“一再揄扬”。“文字”之外还有“身家”，可见张爱玲面对平襟亚时的自荐连同家族的介绍也是成功的。可是，张爱玲与平襟亚的关系好了一年，两人就闹翻了——1943 年 8 月张爱玲的《心经》开始在《万象》上连载，1944 年 8 月平襟亚在《海报》上写了《记某女作家的一千元灰钿》。

其实早在 1944 年 2 月，两人就发生了争执。事由元月里张爱玲在《万象》上连载小说《连环套》，初时说好张爱玲每期交稿七八千字，稿酬一千元，可第二个月张爱玲就要求涨酬，平襟亚不肯，张爱玲就减少每期交稿字数以对，平襟亚心里当然大不悦。

5 月和 6 月，《杂志》分两期发表了胡兰成大笔写就的长文《评张爱玲》，在当时的人们看来，颇多肉麻溢美之词。平襟亚因为心里已生芥蒂，故而尤为嗤鼻，文章才看了一半，就在《海报》上写了《一针见血》加以讽刺挖苦，文章看似针对胡兰成，同时也含带了对张爱玲的揶揄：

“张小姐是张佩纶的孙女，张佩纶又是李鸿章的女婿。照此一层层的推算起来……张爱玲女士细胞以内，至少该有若干李鸿章的血液，李鸿章既受过清朝的爵赏，是一位‘爵爷’，当得起‘贵族’两个字。因此批评人胡先生在上文肯定地说：‘总觉得她是贵族’。可是，忽又在下文否决她‘不因为她有传统的贵族的血液’。‘贵族血液’这东西，假使放在显微镜底下看，毕竟与‘平民血液’怎样分别，怕连德日欧美不论什么派的‘达克透’，一时都分辨不出来吧？”

《灰钿》所为还是为《连环套》的稿酬，二月里两人杂志社里的龃龉终于在报端上公开，一场持续数月之久的笔墨官司由此开幕。案情本来不复杂，可因当事人仅他二人，双方各执一词，到底谁说的是实情，抑或谁的记忆有误，外人难以完全弄清，就好似疑谜重重的了。

《连环套》可以说是张爱玲的“惹是生非作”。按平襟亚的说法，他每月预付千元稿酬，在杂志七月号付印的时候，他听从柯灵的意见，加送了两千元给张爱玲。可张爱玲七月份终止给稿，把两千元退了回来，预付的一千元却未退。

当初平襟亚约张爱玲写稿，张爱玲应允，虽然没有白纸黑字签合同，也算是有口头协议的，张爱玲中途断稿应属毁约。虽然平老板并没有从法律的角度与张爱玲理论，但《连环套》对读者没有任何交代的忽然中止，对杂志信用及发行当然有损，他不能不恼火，却又不大好追究，因为口头上商量的事情不可能很细致。他本即在稿酬问题上就对张爱玲有意见，于是就借这一千元发难了。上海人在口语里常称钱为铀，比如洋钿、铜钿等。灰钿，意思是不明不白的钱。

平襟亚为文坛前辈，又是出版界数得上的人物，他一发声，自然惹人注目。他的一班文友，也都马上帮腔，和鸣一片。当然他也有对立面，为张爱玲辩护，平襟亚又撰文反驳，更起了一番热闹。还有第三种人，就是像柯灵、张爱玲的中学老师汪宏声这样的，他们在心里是同情张爱玲的，可由平襟亚的叙述，他们相信事情确是如此，只是不相信张爱玲主观上想贪那一千元，于是想将事情解为张爱玲的一时马虎。而恰是这种好意的曲解，坐实了平襟亚所言，这使数月来一直默不作声的张爱玲不能忍受，遂于1945年1月，写了《不得不说的废话》为自己洗刷。

张爱玲在文中陈述的事情经过是，在1943年年底，平襟亚先预付了两期稿费两千元，张爱玲当时说还是一期一期来，把两千元退了回去，由平襟亚另开了张千元支票。所以总算起来，她共写了6期稿，也只拿了6千元。

事情的确说不清了。其实这件事，到底谁吃亏了一千元，不要说当今，即在当时，人们感兴趣的也大多不在于此，而在于看老作家如何怒不可遏，百般发飙；看旁边的人如何起哄、随意批评，由“灰钿”说开去，陷女作家于难堪。平襟亚将与张爱玲打交道中因伤自尊而造成的积怨尽情宣泄出来，一五一十叙事不厌其详，直至开列稿酬清单；使劲抖落张爱玲如何爱财的证据。平襟亚还是中央书店的老板，张爱玲当单篇小说积累到一定数量的时候，曾想将它们合集出版，柯灵在《遥寄张爱玲》中提到此事：

> ……我接到她的来信，据说平襟亚愿意给她出一本小说集，承她信赖，向我征询意见。上海出版界过去有一种“一折八扣”书，专门翻印古籍和通俗小说之类，质量低劣，只是靠低价倾销取胜，中央书店即以此起家。……我恳切陈词，以她的才华，不愁不见知于世，希望她静待时机，不要急于求成。她的回信很坦率，说她的主张是“趁热打铁”。她第一部创作随即诞生了，那就是《传奇》初版本，出版者是《杂志》社。我有点暗自失悔，早知如此，倒不如成全了中央书店。

平襟亚的说法则又不同：

> 她有一回写了一封信给我，大谈其“生意眼”，并夸张她一连串的履历，说她先人事迹，可查《孽海花》。当初我猜想不出《孽海花》一书怎么好当她的家谱看。随后才知道这小说中确曾记及清代一位李合肥的女婿——逃走将军的逸事。但始终不能使我怎样惊奇与兴奋。她写信给我的本旨，似乎要我替她出版一册单行本短篇小说集。我无可无不可地答应了她。她曾将一大批短篇小说原稿亲自送来给我付印。……当我接受了她的原稿后，她接连来见过我好多次，所谈论的无非是“生意眼”，怎样可以有把握风行一时，怎样可以多抽版税，结果是她竟要我包销一万册或八千册，版税最好先抽，一次预付她。我给她难住了，凭我三十年的出

版经验，在这一时代——饭都没有吃的时代，除凭藉特殊势力按户压买外，简直没有包销多少的本领。因此只好自认才疏力薄，把原稿退还给她。

这场纠纷，平襟亚似乎比张爱玲更生气，事情都过去了，还是难以释怀。故而借参加《海报》组织的接龙小说之机，说某花园中有一只“草野毛狐”，刚来时“雏毛未燥”，后来“力摹人状”，对月焚了两炉香，终于化成“亭亭秀发，粉靥脂唇”的“丽姝”，用以影射张爱玲。这场纠纷虽然使张爱玲的名气陡增，可同时也给人们留下了爱财的印象。

10年后胡兰成在《今生今世》中也提及张爱玲的“一钱如命”。说她“接洽写稿的事两不吃亏，用钱亦预算排得好好的”。不仅与炎樱上街喝咖啡吃点心，“先言明谁付账”。与姑姑同住，也是锱铢必较。关键是她不觉得这有什么不妥，更不觉得是一件不可对人言的事情，所以才会坦然而开心地告诉胡兰成，说：“我姑姑说我财迷。”令胡兰成颇感异样，说张爱玲：“还好意思对我说。”

除了讽刺挖苦张爱玲对打扮与金钱的喜爱，张爱玲生活中的其他习惯或嗜好也无不是小报趋之若鹜的噱头。诸如说她喜欢吃臭豆腐，如何在家里听见楼下小贩叫卖，跑下楼去循声追出几条街；又说她“冻疮多得骇人”，为了遮丑，四季不离手套，连吃饭时也不脱去云云。

除了在与平襟亚的纠纷中张爱玲有所自辩外，其他都未作直接回应，间接的反驳当然有。她在《我看苏青》里对于苏青“性描写”以及赚钱自济的辩护，实际上也是为自己辩护。

二

抗战期间众人向苏青吐唾沫，主要针对她《结婚十年》中的所谓性描写，其次是说她“犹太作风”，意即精于盘算会赚钱。

《结婚十年》的热销，固然是因了作品的率性真情，但显然好些读者并不是真有那么爱读小说，而是因为有些人发觉或以为其中有性描写，挤在女作家的窗前，来看她的私生活的。同样是女作家的张爱玲，对此当然洞若观火，并且不怕得罪读者地说：

> 许多人，对于文艺本来不感到兴趣的，也要买一本《结婚十年》看看里面可有大段的性生活描写。我想他们多少有一点失望，但仍然也可以找到一些笑骂的资料。

其实要说那一部分读者“失望”也未必，因为各人的需求不同，敏感的程度不同，兴奋的“沸点”也不同。对婚姻生活那样的直言，出自一个女人之口，读者又是惯于戏里戏外不分的一群，要说可能勾起什么兴致来，也足以勾出来了，尤其是对那些鲁迅所谓看见女人短袖子都会一路联想到私生子的国人来说，要说刺激也足够刺激了。

比如《我的丈夫》一节中写夫妻在房中的情景：“他挑逗地告诉我许多粗俗的、猥亵的话……但是我听着并不觉得刺耳，同时却反而有些异样感觉。”写出嫁过程的：“花轿是由男宅雇定，抬到我家来迎亲的，进门的时候已经晌午了，我正在床上着急，因为整个上午没有起来，大小便急得要命……我忽然得了个下流主意，于是轻轻地翻过身来，跪在床上，扯开枕套，偷偷地小便起来。”写分娩过程的：“当我刚转身的时候，啪的一声，小肚内似乎有东西爆裂了，接着一阵热的水直流出来……肚子……痛得更厉害了……西医说：屁股不要动，但是我实在觉得非动不可……”写哺乳期的：“半夜里，我的乳房胀痛得更加厉害了，没奈何只得高声唤奶妈：‘快把孩子抱过来呀，叫她吸些奶，我的乳房真痛得要死了。’”对于性较易兴奋的读者来说，将其视为文字的春宫，眼前幻化出女作家活生生的性表演都是可能的。

苏青挨骂并不奇怪，除了“露骨”，在很大程度上还因为她是女人。在现代作家中，因“暴露”而挨骂的，在她之前至少还有个郁达夫，尽管两人的情形不尽相同。郭沫若曾如此评论早期的郁达夫：“他那大胆的自我暴露，对于深藏在千年万年的背甲里面的士大夫的虚伪，完全是一种暴风雨式的闪击，把一些假道学、假才子们震惊得至于狂怒了。为什么？就因为有这样露骨的真率，使他们感受着作假的困难。”除了道学家的虚伪，还有不少读者是因为长期生活在包裹严密的传统方式下，不习惯于没有装束的女人。男作家尚且如此，女作家更不要说了。

人们除了骂苏青露骨，还骂苏青“爱钱”。苏青与张爱玲的“爱钱”有同有不同。相同的是对钱“都爱”，对钱都“斤斤计较”；不同的是苏青因为办杂志，入了生意场，所以她对钱的计较更显得专业化，是属于生意人的。犹太人做生意精明世界有名，苏青的骂名被冠以“犹太”种种，由此而来。

《文商两栖的苏青》说苏青有“犹太作风”，除了《结婚十年》的畅销，还办杂志，“无论卖白报纸，接洽排工，以至发行，都是由她亲自出马，算盘极为精通，所以她也着实发了财”。

《苏青上桥头》说“苏青有一把好算盘，以前在‘天地社’里时常因几分几厘之差，与书报贩们争得头红面赤的，至今还是那般老脾气，天天自己去算账”。

《苏青的反犹太人主义》说“许多认识苏青的人，都以为她是个‘刻薄成家’的犹太女人”。

《苏青一身兼三臭》称苏青是“犹太的元老派……一个苏青，可抵一百五十个犹太人”。

苏青在抗战胜利后写的《关于我》当中，提到众人针对她的“小气”，给她取的“犹太作家”的绰号。其实这顶帽子并不是抗战胜利后才戴上的。抗战后期，苏青就已经有了“犹太”的名声。

苏青一度在《光化日报》上主持“读者信箱”栏目，曾遇到一位颇为缠夹的读者，写信来问苏青要相片，又问苏青是否又在恋爱，还问苏青的性格是不是“犹太型”的。苏青便借此机会向社会作一个公开回答。她说，我对自己的权利向来是决不放弃的，我向人家讨欠款，理所应当，怎么能说是“犹太型”呢？

聋哑作家周楞伽在《社会日报》上写了《犹太型》，即从这件事说起，以嬉笑揶揄的口气说：这位读者吃豆腐居然吃到了我们女作家头上，真是罪过。还做了一首打油诗：“豆腐居然吃苏青，血型犹太赐嘉名。书有自有颜如玉，恋爱岂可向众论。应得权利难放弃，迟付书款杀头型。拜金第一人都晓，何必推非以色民。”

诗中讥讽苏青以《结婚十年》向公众谈论自己的隐私，对拖延书款的商贩颇为宽容，言下之意这也不是杀头之罪，反倒称苏青是拜金王。

苏青与周楞伽其实是老熟人，《天地》1943年11月的第二期上，就发表有周楞伽写的《田园的怀念》一文。自此开始，到次年11月份，周楞伽在《天地》上先后发表了三篇文章。1944年在《锻炼》杂志第十期上，有他一篇《论男子交友》，起意即来自苏青写的一篇《论女子交友》。他在文章开头写道：“从前宇宙风月刊上，曾登载过冯和仪女士的一篇《论女子交友》的文章，大意是说女子与女子间的友谊，一到彼此嫁后，就自然而然的无形完结了。这话是非常确实的……今天我却要来论男子交友……”

周楞伽给苏青的最后一篇稿子是发表在《天地》第十四期上的《寂寞世界》。苏青在编后记里还说：“……各位作家如……周楞伽先生等都是著作等身，其大名久已为读者所熟知。”两人的反目，是在此后不久。

抗战胜利后，国民政府将抗战后期被日伪影视机构“华影”（全称中华电影联合股份有限公司，汪伪宣传部长林柏生任董事长）占据的民营电影资本家吴性栽的影视公司“联华”摄影场发还，吴性栽就在地处徐家汇三角地带的原场址上，投资创办了“文华影业公司”，桑弧被聘为编导，龚之方任宣传主任。其后桑弧与张爱玲合作过两部影片——《不了情》与《太太万岁》。周围的朋友见他俩合作得默契愉快，于是想，这不是天生的一对么？龚之方自告奋勇去向张爱玲说媒。张爱玲听清了龚之方的来意后，没有说话，只是摇头、摇头、再摇头，示意对方不要再说下去了。就是这位龚之方，抗战中创办过几张小报，《光化日报》是其中之一。

1945年4月中旬，苏青在《光化日报》上发表了《谈折扣》，文章中谈到自己的作品被一家新开办的图书文化公司——文汇书报社剥削的经历。

周楞伽随即在《社会日报》上写了一篇《与苏青谈经商术》，文中对苏青既有不正经的戏谑，也有正经的教育，说宁波女人苏青比男人还厉害，不但会写文章，做生意的本事更是高人一等，又有打油诗。并且告诫苏青不要急功近利、贪小失大，文汇书报社的折扣标准已经算是不错的了；交情比金钱重要，吃亏是福，小报界对苏青贬多褒少，那是因为苏青不好，应自我反省；生意场上第一要讲信用，信用比金钱重要；要懂得如何做人，出言要谨慎等等。

是什么原因，促使周楞伽要针对苏青写这样的文章？无非几种可能，一是看不惯苏青的种种做派；二是为文汇书报社鸣不平；三是老熟人逗趣；四是两人前面的交往有过节。

周楞伽在文章中，显然对苏青“赚钱的样子”是看不惯的，比如把自己的书不仅向发行公司推销，还向马路边的书贩推销，“做事派头奇小”。苏青作为公众人物，或作为一个社会人，别人当然有权评论，这是周楞伽的自由。可是对于什么是体面的赚钱，愿意以什么样的方式嫌钱，这也是各人的自由，只要她不违法，不欺诈，那就无可厚非。而且苏青的生活负担也不轻，虽然前面有书畅销，办杂志一度情况不错，可此时经济状况已大不如前，终日等着她的钱来吃饭的老老少少有好几口，她想多赚些，想被别人少剥削些，也很可理解。何况周苏二人本来还是熟人，即便对苏青不以为然，也尽可以采取私下忠告的方式，可周楞伽却采用了对公众来批评的方式，而且是这样一种口吻。要么两人之间已发生过某事，两人之前已经失和，否则周楞伽的做法有点奇怪。

奇怪之二是，当面对图书出版发行单位时，作者一般都会“同仇敌忾”，因为利益一致，感受一致，可是周楞伽此番却站在文汇书报社的立场来说话。这就难怪苏青怀疑他与书报社是另有关系的了。

《饮食男女》封面。这是苏青的第 3 本散文集，初版于抗战胜利前一月，收有 21 篇散文。显然封面设计者深谙苏青心理，在男女游戏中，主动的一方不是男性，而是女性。

苏青散文集《饮食男女》扉页。

周楞伽发表这篇文章，却也不是躲在暗处放冷箭。虽然他没有用真姓名，而是用了一个笔名“危月燕”。但苏青是知道危就是周的，因为周楞伽在《天地》上发表作品，用的就是这个笔名。一般读者当然不一定知道，所以周楞伽此举，熟人逗趣的可能性也是有的，他自己过后也说当初是玩笑。

但苏青是“太认真”的，又在那样的经济压力下，赚钱对于当时的她，并不是件好玩的事情，而是一件要命的事情，她不可能有一点点轻松幽默的心情，所以容不得拿来开玩笑，于是愤怒了！

两人吵架之前，曾在文汇书报社不期而遇，苏青或是由此猜想，或是听说周楞伽与文汇书报社有什么关系。苏青写了《女作家》，发表在《光化日报》“饮食男女”栏目里，狠狠地回敬周楞伽。不仅对周楞伽反唇相讥，更把周楞伽的聋和哑举出来数落一顿。

遭受人身攻击，周楞伽当然也真生气了，在《社会日报》上写了《正告冯和仪》——用真名写的，并且把苏青的真名也拎出来了。气急之下，也就顾不得谨慎，把《结婚十年》说成是毒害青年、麻醉社会的作品。

苏青则又写了《矢人惟恐不伤人》加以反驳。题目借用的是《孟子》中的一句话，矢人即造箭的人——造箭的人就怕他造的箭不能伤人。比喻人的立场决定他对待事物的态度。苏青在文章中除了写到作家应有的条件和为人，又将周楞伽的生理缺陷拿来嘲笑了一番。

周楞伽过后又写了《再告冯和仪女士——论当女作家的条件》，以他见过面的丁玲、白薇、冰心、谢冰莹的谦和客气，批评苏青傲气冲天。称《结婚十年》《饮食男女》等作品“大胆老面皮，肉麻当有趣，读之使人魂飞天外，魄荡九霄……”足以毒害社会开历史的倒车。并“敬告”苏青，“如能从此不当女作家，退出文坛，此乃文坛之幸，女作家之幸也！”

苏周纠纷尚未平息，周楞伽又为自己未领到作为上海作家规定可领取的平价米而与《社会日报》主编陈灵犀发生笔战，中间仍不时捎带苏青。陈主编指称周楞伽辱骂苏青是要讨好文汇书报社，因为有求于该社。

这场纷争不久之后即以周楞伽离沪回乡而结束。但显然苏青在这场骂战中很受伤害，她在为将要出版的《续结婚十年》所写的代序《关于我》之中，有许多话就是冲着周楞伽说的：

> ……大家又集中于我的“小气”问题，于是又有“犹太作家”之称。犹太人曾经贪图小利而出卖耶稣，这类事情我从来没有做过。……我的“不慷慨”并没有影响别人，别人又何必来讥笑我呢？至于讨书款，我的确是一分一厘一毫都不肯放松的，这是我应得之款，不管我是贫穷与富有。……书店要考虑的只是应该不应该付，应该付的账就应该让我讨，这有什么犹太不犹太呢？……不管人家如何说我小气，我还是继续讨我应得的款项。……决不肯因贪图“派头甚大”的虚名而哑子吃黄连的。我近来也学得精明了，我的精明只是自卫的，从来没有侵占过别人的利益……这是我的做人的态度。

从文中可以看出，事过将近两年，苏青仍然气不顺，只是已经没什么火气了。

周楞伽年长苏青三岁，却比苏青活得长。苏青去世后，周楞伽与儿子谈起当年他那样对苏青，颇有悔意，说当时社会对职业女性有很深的偏见，他在其中“起了推波助澜的作用”，说苏青的作品毒害社会是“有点言过其实了”。[1]

① 周允中．苏青与周楞伽的一场笔战．钟山风雨，2004（1）．

三

胡兰成毕竟是汪伪政府的官，沦陷区的报刊不大见到淋向他的唾沫星子原不奇怪。而抗战期间苏青、张爱玲遭遇的世人的唾沫，从程度上讲，也多半不过是议论与笑谈，真正的斥责与谩骂是在抗战胜利之后。

抗战胜利后，国民政府惩治汉奸的工作很快启动，1945 年 9 月 27 日《处置汉奸条例草案》颁布，11 月 23 日《处理汉奸案件条例》颁布，12 月 6 日《惩治汉奸条例》颁布，对于“汉奸”的定义与界限似乎有了明确的依据，实际的情形却不尽然。

客观上，法律条文只是一个原则的规定，不可能细致入微到无所遗漏，而在沦陷区生活的人口数目庞大，与日伪有关系的情况千差万别，人各不同，比如卖身投靠、半推半就、先被迫后情愿的，为虎作伥与帮过忙的，在敌伪控制的机构里工作的，有所交往的等等，形形色色，都要甄别清楚其实是一件非常困难的事，而做此甄别工作的人政策水平、法律专业水平的高低都存在问题，何况还有一些人根本不想照章办事，只以个人好恶以及利害关系来决定是否入人以罪，使“捉奸”存在随意性与扩大化。

在此混乱的社会状况下，苏青虽然认定自己不是汉奸，但也难免不为个人的安全担心，因为别人未必这样看她，她就曾被要求填写《敌逆分子调查表》，见表中有一项是“附敌或附逆经过”，不禁脸色遽变，“拂衣径去”。苏青也曾想要到老家去躲躲风头，她去见老熟人周佛海，想要问他借些钱。

周佛海对苏青回乡避祸的念头不以为然，说：“你又没有做过什么事，若像你这样的人要捉，半个上海的人都要捉光了。”可是苏青真的在一天夜里被军统捉去审问了一回，虽然未吃什么苦头就被放出来了，但所受惊吓匪小，她在作品里把它记作“惊心动魄的一幕”。

相比之下，张爱玲似乎要比苏青镇静些，又似由于对社会形势的木然无知造成的莽撞，居然在 1946 年的 2 月翩翩然到浙江温州去探望逃亡中的胡兰成。她不知胡兰成是千方百计躲与藏，并且靠与当地人范秀美的亲近才掩护了身份的。她固然不知她的到来，将陷胡兰成于二美会面的尴尬局面，但她却不应当不知道，她此行可能会给京沪侦缉汉奸的政府部门留下足迹，也可能在温州因客来远方而招人注意，这可是要命的事。见了胡兰成的面，张爱玲对他说："我从诸暨丽水来，路上想着这里是你走过的。及在船上望得见温州城了，想你就在着那里，这温州城就像含有宝珠在放光。"她是这样只顾自己怀揣柔情与浪漫，而不知如此会不会吓着已成惊弓之鸟的胡兰成。胡兰成所以光火，而终于使她哭着回去了。这表明张爱玲不仅对胡兰成的危险处境认识不足，对自己是否会沾上汉奸嫌疑也毫不怀疑。所以当舆论对她的指责汹汹而来时，张爱玲终不能做到像以往面对人们批评她的作品那样超然，她觉得受了冤枉，她有话要说，于是在 1946 年 11 月，借她的小说集《传奇》出增订本之机，写了一篇序言《有几句话同读者说》以自辩。其中写道："最近一年来常常被人议论到，似乎被列为文化汉奸之一，自己也弄得莫名其妙。"

这"莫名其妙"用得很好，至少说明了两点，一是张爱玲主观上想以此表明文化汉奸之于她简直是"莫须有"，二是她对人们给她戴这顶帽子真的是丈二和尚——摸不着头脑。因为照她想来，"我所写的文章从来没有涉及政治，也没有拿过任何津贴。"而日本人主办的"第三届大东亚文学者大会"她也没有参加。

至于与胡兰成结为夫妻，那是个人的私生活，"牵扯不到我是否有汉奸嫌疑的问题"。唯一需要说明的是那个"大东亚文学者大会"曾给她发来邀请，而她辞谢了，但报上发表的出席者名单中未将她删去。所以，照她如此推来，把她列为文化汉奸，不是诬陷，就是误解。

就"汉奸"的概念来说，可以被分为法律的与道德的，即前者是以法律法规的定义为衡量标准，后者则以社会公众心目中的是非观为准星；前者甄别对象以严谨为要，而后者则相对宽泛；前者只对“质”作界定，而不大涉及“量”，而后者则除了判定“质”以外，还对“量”进行评论。

具体来说，法律通过某人是否触犯某条条文给下“是汉奸”或“不是汉奸”的结论，公众的判断是只要某人有汉奸行为就是汉奸。而在公众的心目中，与日伪勾勾搭搭混在一起的行为算汉奸行为，显然张爱玲与苏青都是因此而被视为“汉奸”的。

所以张爱玲的辩白又有道理又无道理。有道理是国民政府确未以汉奸罪缉捕起诉她，未找到她撰文涉及政治、拿过日伪津贴的证据，是没有因她嫁与胡兰成就视她为汉奸；无道理是她不懂得她过得了法律这一关，还有道德的亦即公众口碑这一关须通过，而前者是底线，后者是上线。仅以底线来要求自己，作为一个文化公众人物，其品格的姿态并不足够高。

何况在国民政府颁布的《惩治汉奸条例》中，列有包庇汉奸罪，胡兰成在潜逃期间，曾就宿于张爱玲处，张爱玲除了辗转赴温州探视外，还曾托人捎带外国香烟、剃须刀片等生活用品，并赠以巨资，这些行为是否有包庇之嫌，对此张爱玲还能做到理直气壮吗？国民政府未起诉她，是当时未掌握这些情况，还是据以“亲亲相匿”的法律原则才不加以追究的？

张爱玲以个人私生活不容侵犯为挡箭牌来抵挡众人对她的指责是不被大众认同的。大众认为私生活进入公众的视野，是公众人物也所必做的牺牲，不被大众认同的。也是公众人物对社会应尽的义务。因为公众人物往往从社会获取利益较之社会一般成员为多，从社会公平性来说也该对社会有所付出。不仅仅应当满足大众趣味娱乐心理要求，而且从公众人物对社会的影响面考虑，作为最能反映个人品行的私生活，也应当接受社会的监督与评判。

对于这些，张爱玲似乎都不懂，还振振有词地说：“私人的事本来用不着向大众剖白，除了对自己家的家长之外仿佛我没有解释的义务。”显得觉悟与她的才情相比不大合乎比例。

张爱玲写道：“至于还有许多无稽的谩骂，甚而涉及我的私生活，可以辩驳之点本来非常多。”当风暴来临，飞沙走石，歪批错评当然不会少。张爱玲既怀着敌对的情绪，想从其中找出一些不实之词来反驳自然不是难事。但既然抱着私生活神圣不容侵犯的态度，为何不就以此为由一言以蔽之？那样岂不省心又省力？所以当一个人的内心并非真的无懈可击的时候，他所说的话多半也就并不真的坚硬有力。

私生活向来被国人视为最能体现个人品行操守；女性，尤其是女名人的情事，也向来是大众永远怀有浓厚兴趣的话题。有这两方面的原因，张爱玲与胡兰成的关系受人注目也就不奇怪了。抗战一胜利，这类文章蜂拥而出，是事实不是事实，话都不好听：

《愿为使君第三妾》中写道：“……一群无耻文人将张爱玲捧上三十三天后，不知怎样一来，竟垂青于胡兰成了。两人热恋的程度，非外人可能明悉，胡兰成已有二个老婆，可是张爱玲却写信给他说‘愿为使君第三妾！’”

《从张爱玲说到禁止娶小老婆》中写道：“‘愿为使君第三妾’，这是多么无耻的话啊！但竟出于一个堂堂的女作家之口，真令人啼笑皆非。一个聪明能文的女子，却要去做人家的小老婆，这真是‘自作孽不可活’。”

《“政论家”胡兰成的过去和现在》中写道：“胡兰成与张爱玲谈恋爱，他的小老婆应瑛娣大吃其醋，应瑛娣原是一个向导女，便将张爱玲也当婊子看待，时时刻刻想捉奸。”

其实早在抗战期间，张爱玲与胡兰成的恋情就已不是秘密了。胡兰成的一篇《评张爱玲》在《杂志》上一发表，明眼人马上发现不同寻常的气息，呼“肉麻”者不止一人；张爱玲同时期的女作家潘柳黛以笔名“真西哲”发表《论胡兰成与张爱玲》，说胡兰成“他已情感冲动，写了一篇如火如荼的《论张爱玲》[①]……论得柔情蜜意”；1944 年 1 卷 1 期的《光化》上一篇《张爱玲手札》：“……在胡 ×× 先生笔下的张女士，不但不可怕，而且太可爱了。闻胡张有一次 ×× 花园的精彩表演，是亦 1944 年的文坛佳话”；1945 年第 25 号的《文编周刊》刊登的一篇《胡兰成离婚事件，张爱玲非君不嫁》中写道：“关于胡张之恋，这是去年以来喧腾京沪的一个谈话资料。”张爱玲的《小团圆》里也写到文姬提醒盛九莉“现在外面都说你跟邵之雍非常接近”。盛九莉也有次随邵之雍到向璟（人物原型邵洵美）家去，向璟是邵的熟人、盛的表叔。之后向璟写信给盛九莉，“先赞美了她那篇‘小杰作’，然后叫她当心‘这社会上有吃人的魔鬼。’”暗指邵之雍。邵洵美是位具有民族气节的文人，抗日态度坚决。他的五弟邵式军投靠了日本人，据说曾派人给邵洵美送来五千大洋，希望他跟日本人合作，被他所拒绝。邵洵美警示张爱玲要提防胡兰成是有可能的。也可见张爱玲与胡兰成过分接近差不多已世人皆知，而他俩似乎也根本没想着要背着人。

胡兰成在《今生今世》里还提到张爱玲与日本人的往来“我惟介绍了池田，每次他与爱玲见面，我在一道，都如承大事。池田说，他当炎樱是他的妹妹，当张小姐是他的姐姐，比他更是大人。张爱玲也说池田好……”

除了这些私下的交往，还有一些公开的活动。张爱玲在胡兰成陪护与带领下，不再是那个给读者感觉有“社交恐惧症”的人了，相反显得颇为活跃。

张爱玲在《有几句话同读者说》中，未就她在日伪时期鬻文卖字以外的一些活动加以辩解，而那也是她受人诟骂的方面之一。她多次

① 潘柳黛粗心，原文题为《评张爱玲》。

参加日伪报刊组织的活动，比如由《新中国报》报社主办的“女作家聚谈会”“《传奇》集评茶会”“纳凉会”“崔承喜与上海女作家聚谈会”等，活动的记录被发表出来，主办者往往有对出席者的评描，张爱玲是重点，着墨自多，从身材到衣着，从情绪到态度，到谈吐，到发言内容，相当细致生动。

就在那次“纳凉会”上，出席的有日本影星李香兰，日本文化官员松本、川喜多长政，张爱玲还与李香兰有张合影，李香兰站着而张爱玲坐着，真的是很有面子，但也就因此而留下话柄。虽然单以参加这类活动并不能就定下汉奸罪，但时常怡然自得或花枝招展地出现在那样一群人中间，给在日伪统治下小心而艰难度日的百姓的印象当然不会好。张爱玲之所以被众人唾面，一切有理有据的指责、不正经的笑骂乃至无端的乱泼脏水都源于这种印象。

苏青在她的《续结婚十年》出版时，也写了一篇代序——《关于我》，同样对自己进行了辩白。这或许是从张爱玲的《有几句话同读者说》受到启发，当然更主要的还是当时两人的处境与感受有相同之处。

苏青在《关于我》之中，开头一句：“关于我的一切，其实是无须向人申诉的”，与张爱玲所说“私人的事本来用不着向大众剖白”的意思貌似相仿，而她二人的本意有很大差别。张爱玲是言意一致，她的确不大想向大众剖白，也不大习惯，所以行文略说几句就此打住，仿佛其实是真的不高兴多说。而苏青则不然，她有倾诉的需要，而且惯于倾诉，她的长篇小说《结婚十年》《续结婚十年》，纪实性很强，与张爱玲不同。张爱玲的长短篇小说虽然有不少也都“各有其本”，但提炼、变形得厉害。

所以苏青的《关于我》要比《有几句话同读者说》的篇幅长许多，在这篇文章里，苏青详细回顾了自己当初为何走上写作之路，写作成名的过程，写作的动机，出书的经历等，将社会上对她的责骂排列分类，条分缕析，逐一或解释或驳斥。她还写及家庭的破裂，丈夫的不负责以及养育几个孩子的辛苦，一五一十，向读者交代得清清楚楚，显得态度较为诚恳。

在苏青心里，若将她抗战中的境遇与张爱玲相比，可能是会自感委屈。张爱玲写作固然也是为了生计，而生活负担的轻重与苏青是不可比的。张爱玲可以像对待鹦哥一般调养自己，苏青则除了管子女、母亲、弟妹以及亲戚的生活外，甚至还要管前夫的生活。精神上，张爱玲还曾有过倾城之恋的快乐，而苏青则只有娜拉的痛苦。当苏青与张爱玲如同双星同样在黯淡的上海文坛夜空冉冉升起时，隐居在沪的一些“可尊敬的”文学界人士“大都欣喜地发现了张爱玲”，却独对苏青视而不见。郑振铎曾要主编《万象》的柯灵去“劝说张爱玲，不要到处发表作品，并具体建议：她写了文章，可以交给开明书店保存，由开明付给稿费，等河清海晏再印行”。正巧张爱玲要出版小说集，来向柯灵征询意见，柯灵便乘机陈词，却遭到张爱玲的谢绝。

许是因才气不那么逼人而小说写得没有张爱玲那么精致的缘故，苏青就没有这么多人关心。假如在她任伪职、创办《天地》之前也有人劝她，说可将小说拿来压在这里，我们先发稿费，或许她能乐意听从。因为苏青虽然也有想出人头地的事业心，但那是在她于社会上站住脚、见过世面并且结识了几位“有力的朋友”之后才膨胀起来的，撰文之初主要还是为果腹，没有张爱玲“出名要趁早呀”那样的强烈意识。

苏青虽然写了许多“我”的生活，但她并不是一个自恋的人。真正自恋的人是张爱玲，她有强烈的自我存在感，呈现水仙花人格。胡兰成在《今生今世》里说“张爱玲是民国世界的临水照花人。看她的文章，只觉得她甚么都晓得，其实她却世事经历得很少，但是这个时代的一切自会来与她交涉，好象‘花来衫里，影落池中’。”固然是说张爱玲就像一面镜子，社会的一切都在她这面镜子里现出真相，但话中似又含有别意，使人想起古希腊神话中，那个无可遏止地爱上自己水中影子、最终化为水仙的那喀索斯。

苏青写《关于我》，也不是如张爱玲在《童言无忌》里提到的终生爱看自己肚脐眼的对自己过分感兴趣的那种作家的心理，她只是要诉苦叫屈，她对人们骂她的那些话不服，尤其是抗战胜利后报刊上刊载的那些文章。严重的直接视她为汉奸（《苏逆青离婚始末》），略轻微些的也把她列为“汉奸文化人”（《苏青又写文章》）；尤其是毫无顾忌的人身攻击，如苏青在《关于我》里举例的骂她为“劳合路上的夜莺都不如”，骂得更厉害的如《我又看到怪物苏青》，不仅把苏青形容成一个怪物，从容貌到作品，连张爱玲也捎带进去，说她们的容貌丑得“连做街头神女都无资格”。《苏青一身兼三臭》里则说她脚臭、耳朵臭、身上还有猪狗臭。对于这种侮辱，若也能忍气吞声，那也不是苏青了。

苏青与张爱玲虽然在抗战胜利后被舆论所痛骂，毕竟未曾被国民政府以汉奸罪论处，而胡兰成则是被国民政府定了罪的人，但胡兰成始终不认为自己有罪。他在《今生今世》里写道：“汪政府的人被审判时多是承认自己错了，还希望宽大，但是不觉得有罪恶的重荷，惟犯法是实罢了，此即仍是那种谦逊与平常。而连错亦不承认，且终不悔恨的，恐怕只有汪先生夫妇及我……”

柯灵任主编的《万象》杂志，张爱玲在这上面先后发表了《心经》《琉璃瓦》《连环套》等小说。

胡兰成当然是能言善辩的，既不认错，于是就有许多新颖奇特的理论来辩解。

他不是个不讲名分的人，做不到以汪政府堂堂正正代替蒋政府而不心虚，又不愿将汪政府视作伪政权，于是别出心裁，比那《红楼梦》里金陵十二钗，将蒋汪二府也分作“正册副册”。他又曾将蒋政府比作大妇，将汪政府比作中妇，都是为了绕过“正”与“伪”的问题。他在《寄语日本人》一文中也写道：“历史不在于悔罪，而在于荆棘中捡善拾福……”用这种玄而虚之的话来避实。

胡兰成的不认错，除了观念上的原因外，还有性格上的原因——胡兰成是个自负的人。自负的人多不肯轻易认错，因为一认错，等于否定了自己。否定自己对于自负的人来说，往往不能承受这种打击。这类人的心理平常坚硬得像竖起的多米诺骨牌，一旦倒下，就会彻底垮掉。

尽管在苏青、张爱玲、胡兰成三人中，只有胡兰成被国民政府列为汉奸并加以通缉，苏青还于抗战胜利后被政府捉进去“甄别”了一下才放出来，张爱玲则在抓捕汉奸的风声鹤唳中毫发无损、完全太平。但在舆论中，苏青与张爱玲却被骂得厉害。相比之下，胡兰成遭世人诟詈的程度反倒轻微许多，这是不是很有意思？

胆性

苏青、张爱玲头上，同样有一顶“大胆女作家”的帽子，但一样的帽子下，两人有所不同：苏青的胆大是口无遮拦，别人难以启齿，她如话家常，却也并非全无顾虑；张爱玲的胆大是天马的恣肆，有无知的莽撞，也有不顾一切的率性；胡兰成的胆大是身体力行，敬佩无法无天、敢于破戒逾矩者。

一

在一个封建的社会环境里，男人被指为“大胆”，往往是敢冒天下之大不韪；女人被指为“大胆”，则单指有逾妇道；女作家被指为“大胆”，则又特指敢于描写性。在现代女作家当中，苏青远非第一位被指为“大胆”的女作家，在她之前，至少还有一位冯沅君。冯沅君至少在20世纪30年代中期，就已有“大胆”之名了——鲁迅在评论凌叔华时说：“凌叔华的小说……恰和冯沅君的大胆、敢言不同……”显然鲁迅在此说冯氏的“大胆”所持为中义偏褒，而到了苏青、张爱玲身上，“大胆”不仅常常成了贬义词，更成了毒辣的骂人话了。当然二者不能相提并论：前者是学者理性的评论，后者是五色人等随意的诟詈。

苏青同时代的评论家谭正璧将苏青的“大胆”解说为“单凭着她天生的聪明来吐出她别的女性所不敢吐露的惊人豪语”，不过是一个女子行文无所顾忌的直言，使长期生活于“衣全遮”的读者觉得不习惯而已，这才会因偶见一节藕臂而心旌摇荡，并非作者对于性有多少露骨的描写。尽管张爱玲也认为《结婚十年》里面不过是有一些“笑骂的资料”。毕竟笑骂与怒骂不同，还是因为不习惯，心理与皮肤产生的反应。如苏青在散文《母亲的希望》里，发有一段当作家的牢骚，说作家写作须模仿新药制造的路子，“除非你能证明血管就是卵管，脑汁等于精液”，否则就须将治疗花柳病放在第一，去制造梅浊克星、固精片之类，而不是去研究大脑小脑与神经血管。

苏青的作品成为众矢之的的，当然还是非《结婚十年》莫属。其原因一是树大招风，《结婚十年》风靡一时，誉之所至，谤亦随之。张爱玲说里面并无“大段的性生活描写”，可是没有人相信，至少也狐疑难消。关键是“性描写”没有统一标准，纯以各人性兴奋点高低与性幻想强弱来定，你说完全不是，他认为根本就是，所以莫衷一是，想骂还是要骂。比如《结婚十年》中这段话:“结婚真没有多大意思……说到男女间快乐，一刹那便完了，不过十分钟，却换来十月怀胎，十年养育的辛苦。”有人抚掌击节，大呼至理之言；有人却觉得太下流，连交媾的时间都敢说！

于是语气激烈的如《记苏青》，说《结婚十年》“有几段赤裸裸描写性欲，其销行之广，不亚于昔年张竞生的《性史》”；《苏青上桥头》：苏青“以《结婚十年》的诲淫作品招致大批上海无聊读者”。语气和缓一点的如《苏青的写作发迹史》，对苏青的写作起步的评述还较符合事实，并且对有人说苏青“存心附逆”不以为然，但一说到《结婚十年》，便又认为其“确是一本浅薄而太迎合低级趣味”的作品。苏青的身份也由此而定，简略明了的如《苏青追求夏丏尊》直称苏青为“性作家”；似不失客气的如《苏青病倒海上》称“性作家苏青女士……”；以“性”蔽之的如《苏青一身兼三臭》说苏青“会写一手色情文章”，《苏青穿西装》说“敌伪时期，专写文艺性书的苏青……择题不脱男女间事”；连同张爱玲一道骂进去的《我又看到怪物苏青》，说她们在沦陷期文学创作的主要成绩只是“怎样的在她们的文章中卖淫”。

就算《结婚十年》中有使人感到刺激的内容，可将其集中起来，可见其所占全书篇幅的比例还是很小的。可是“大胆”的帽子既被戴上，即如同孙悟空戴上头箍，就永远脱不下来了，又如同老虎名声在外，说不吃人也没人信了。此后便每每一语不慎，就会被人揪住，加以放大。如此久了，苏青的胆量非但未见增长，反而顾虑多了。比如她在由记者安排的与张爱玲的对谈中，说到“知识高”的女人找配偶难，苏青在说出找情人作为“补救办法”的建议之前，就心虚地加了一句：“说出来恐怕要挨骂。”

抗战胜利的次年，在众人愈发大骂苏青的“大胆”声中，也终于有人发现苏青是盛名之下其实难副的了。如一篇《女作家谈性的技术，作风大胆胜于苏青》，颇不以苏青的“大胆”为然，说笔名“黛艺莎”的女作家，在《世界晨报》开专栏《妇人集》，有一短文谈性的技术，认为夫妻运用性技巧使彼此满足，便不会有发生离婚，笔调比苏青“露骨而大胆”多了。1946年第1期《香雪海》有篇署名“廖明”的文章《从“大胆作家”说到性的描写问题》，说在听说了苏青的“大胆”作风并且读了《结婚十年》后就认为是“读者的大惊小怪”。“因为苏青是个女的，便说她是大胆，假若换了个男性，便没有什么稀奇了”。“不过，这一来，却害了苏青。别人说苏青大胆，苏青看见这样的文章能够卖钱，以后也就有心或无意的朝这条路走了。仿佛不谈到一点‘饮食男女’的问题，就不成其为苏青了。”

苏青“胆大”的名气，其中也是因为有人故意添油加醋、推波助澜的结果。比如实斋在《记苏青》（1944年4月发表）一文中写道：“在她最近的一篇文章中，有一句警句说：‘饮食男，女人之大欲存焉。’经她巧妙地标点一下，而将女人的心眼儿透露无遗了。她又说：

‘女人所爱的，是男子最小的一部分。’言外之意似颇耐人寻味。”

其实真正“耐人寻味”的，恰是作者“巧妙”地代苏青将《礼记·礼运》中的名句：“饮食男女，人之大欲存焉”移动标点，而将男人的“心眼儿透露无遗了”。苏青的这篇文章，即乃《谈女人》（1944年3月发表），找出当年的原刊来看，清清楚楚写着“殊不知饮食男女，人之大欲存焉……”并无改动；而她“又说”的是：“女子不大可能爱男人，她们只能爱着男子遗下的最微细的一个细胞——精子，利用它，她们于是造成了可爱的孩子，永远安慰她们的寂寞……”

苏青在为《续结婚十年》作的代序《关于我》里，说自己“原文所说‘只能爱男子遗下的最微细的一个细胞’所指乃是孩子，改成‘爱男人最小的一部分’，似乎是说某部分了，相差自然很远的，这就无怪乎未读过原文的人的误会了”。

实斋原名何永康，是与苏青经常往还的朋友。就在《记苏青》发表前两月，《杂志》月刊社社长袁殊邀请上海作家去苏州春游，那天早晨，是实斋去苏青家陪苏青一同去火车站的。苏青创办《天地》，前五期每期都有他的作品，《记苏青》发表后，《天地》上仍陆续有他的作品，除了“实斋”外，还用笔名“司马斌”，显然两人的关系并未因《记苏青》而中断。无论是作为读者，还是作为好友，实斋在文章里一再引错苏青原文，若出于无意，稍嫌离奇。所以更可能是出于危言耸听的故意，当然是要引人注意，为苏青招徕读者。当时苏青即便不以为然，也不会深责，故而不影响友情。至于后来写《关于我》时加以批驳，也无非春秋笔法。

苏青虽然是个话在心中如骨鲠在喉的人，她也曾这样说自己：“我有一种心直口快的坏脾气，话在胸中淤塞得长久了，不吐不快。”但也并不表明她言所欲言只是为了逞一时体快，实际上之前是考虑过的。所以当众唾如雨时，尽管声势超出她预料，但总之她并无悔意。她说：

我也知道我写这本书决不见容于虚伪的社会，我说出了真实话，男人就要骂女人无耻，女人们决不肯承认，说是无耻的只不过是作者一人罢了。然而我又何必管他们呢？我只说我所要说的话，写我所要写的故事，说出写出了，就死也甘心。

如果《结婚十年》真算作苏青“大胆”之作的话，那么她在发表《结婚十年》之前，其实还有“大胆”之举，那便是她撰文直接恭维时任汪伪上海市长的陈公博。而在此之前，因与丈夫关系恶化，想出去找工作又没着落，又病发肺结核咯血，苏青对人生对婚姻生出许多感触，遂写了一篇《论离婚》，于 1942 年 10 月发表在《古今》杂志上。《论离婚》是苏青散文中妙笔生花的篇什，典型地体现了她作品犀利、幽默、痛快的风格以及对人性的洞悉：

……一般人找对象常爱瞎扯一套，什么要意见相合哩，志趣相同哩，全是欺人欺己的废话……对方与你同志，同道，同学，同事，同得多了，西洋镜便容易给她拆穿。齐人妻妾在不知她们的丈夫在外头干什么的时候，见他吃得醉醺醺的回来心里一定也很敬重，奉烟奉茶特别殷勤，及至知道了他的酒食的来源以后，便要瞧不起他，詈他唾他了，这样说来夫妻可是好互相了解的吗？

不仅此也，性的诱惑力也要遮遮掩掩才得浓厚。美人睡在红绡帐里，只露玉臂半条，青丝一绺是动人的，若叫太太裸体站在五百支光的电灯下看半个钟头，一夜春梦便做不成了。总之夫妇相知愈深，爱情愈淡……夫妇之间顶要紧的还是相瞒相骗，相异相殊，我不使你看到早晨眼屎，你不让我嗅着晚上脚臭，始有美感；我不懂你文章多好，你不知我刺绣多巧，便存敬意……相知则不肯相下，相同则不能相容……

有一天《古今》社社长朱朴对苏青说，陈公博看了《论离婚》，很是赞美。你何不写点文章奉承奉承他呢，这样你找工作的事就好办了。苏青听说市长赞赏她的文章，心里自然高兴，又找工作心切，便一口答应了朱朴，适逢《古今》办刊周年庆，苏青便写了篇《〈古今〉的印象》，发表在《古今》“周年纪念特大号”上，写她与《古今》的邂逅与关系，写到《古今》上发表的一些文章，这就“自然”地说到了陈公博：

> ……我顶爱读的还是陈公博氏的两篇文章，一篇是《上海的市长》，一篇是《了解》。
>
> 陈氏是现在的上海市长，像我们这样普通小百姓，平日是绝对没有机会可以碰到他的。不过我却见过他的照相，在辣斐德路某照相馆中，他的十六寸放大半身照片在紫红绸堆上面静静地叹息着。他的鼻子很大，面容很庄严，使我见了起敬畏之心，而缺乏亲切之感。他是上海的市长，我心中想，我们之间原有很厚的隔膜。
>
> 及至开始读他第一篇文章的时候，我的性情改变了不少。他把上海的市长比作Number One Boy，这个譬喻便是幽默而且确切。“他是个很有趣的人”，我心中想，隔膜薄了好些……
>
> 于是我不必等到读他的《了解》，自以为已经相当了解他了。当我再走过辣斐德路某照相馆，看见他的半身放大照片的时候，我觉得他庄严面容之中似乎隐合着诚恳的笑意，高高的，大大的，直直的鼻子象征着他的公正与宽厚……

苏青以她的聪明，本该能意识到写这样的文章，不管怎样都会引来鄙视的：陈公博作为市长，她难免有溜须拍马之嫌。

苏青虽然读了不少书，也结过婚了，但显然她的生活知识还有盲点，她的肠子的少弯也使她的作品多有被人“笑骂的资料”。她似乎不知道，不只在命相书里，男人的鼻子，常常作为性器官的象征。苏青却在短短的《〈古今〉的印象》中，两次提及陈公博的鼻子，而且还有形容，使读者明显感觉到作者关注的焦点，难怪会引来讥嘲了。

发表这篇文章，事后苏青自己也不免觉得丢人，所以在其后出版的几本散文合集，没有一本收入这篇文章，但是白纸黑字，已经驷马难追了。平襟亚就曾抓住“鼻子”做起了文章。他在1945年4月下旬的《海报》上，发表《鼻的故事》，用假名替代真实人物姓名的方式，以小说笔法，把苏青与陈公博交往的故事写得绘声绘色。抗战一胜利，《吉普》在创刊号上马上将《鼻的故事》转载，还唯恐读者不明白，在原题下加了小标题：“陈公博看中女作家，周佛海从旁拉皮条”，并且加了编者按，将文中人名对应的现实人物一一点明，看似没有写出“苏青”二字，实际上已指到苏青鼻子上来了：“近日市上有《陈逆公博风流史》《陈逆公博罪行录》一类刊物发售，内容历历如绘，丑态毕露。惟与宁波女作家一段荒唐事迹，未曾作彻底的描写。今介绍平秋翁先生……大文，就是记女作家和陈逆的结合，且是周佛海拉的皮条，文中‘海上思王’即陈逆，爱莲公即周逆，至于有咸蟹腥的味道女士，不用说，就是那位写《××集》《××十年》的无耻女作家了。”

二

苏青虽然为人直爽，连喉咙也嘹亮，与张爱玲相比，如谭正璧所说，张爱玲的“思想不及苏青明朗”，作品里的气氛也是“前者阴沉而后者明爽……前者始终是女性的，而后者含有男性的豪放”。而实际上张爱玲的胆量并不见得比苏青的小。

对于日伪，苏青与陈公博、周佛海交往，张爱玲也曾与苏青到周佛海家去；苏青一度视胡兰成为“谋爱”对象，张爱玲更曾深陷胡兰成情网，若非胡兰成一再负心，还不肯自拔；史料只见苏青与汪伪人员往来，而张爱玲不仅与汪伪人员往来，还与日本人往来，比如日本大使馆的官员池田笃纪。

张爱玲的《小团圆》里，用荒木来代池田：说邵之雍带荒木到九莉家来过，荒木去过蒙古，九莉听他谈蒙古“非常有兴趣”。同时她对荒木的爱情故事显然也同样有兴趣，简直现成的小说素材：荒木久居北京，与邻居中国女孩相恋，但女孩家长不同意，让她嫁了别人。荒木的日本未婚妻战时乘火车时被炸身亡，他娶了家里的下女。那个邻居女孩婚后生活并不幸福，孩子多，丈夫不成器，一直靠荒木资助，还帮她找工作。她想离开丈夫，却架不住丈夫与孩子们的跪求，打消了念头。张爱玲的电影剧本《太太万岁》，陈思珍不能忍受丈夫的婚外情及婆婆的责难，下决心找律师办离婚，但在签离婚协议书时，经不住丈夫几句悔恨的话，心软了下来，似有荒木情人的影子。九莉见过那个女子，与荒木姐弟般相处。

日本投降后，胡兰成混在日本伤兵船上回到上海，暂时躲在虹口一日本人家，说池田曾去探望过他。其间也曾与张爱玲相聚，《今生今世》里写得非常简洁，因听到国民政府将开始调查日本住户的风声，遂决定往杭州去：“我离开虹口，是青芸来接，至爱玲处一宿，没有叫儿女来见。”仿佛他与张爱玲只相处那一晚。

而在《小团圆》里，张爱玲写得颇为详细。先是荒木打电话告诉九莉邵之雍抵上海的消息。随即九莉便随荒木前去与邵之雍相见，之后又自行去过，还买了大蛋糕送给那日本人家。

抗战期间，张爱玲曾参加《新中国报》社举办的晚会，出席的就有日本影星李香兰，日本文化官员松本，有军方背景的电影人川喜多长政。川喜多长政先是受命于日本军部负责上海电影业，强行将上海“新华”“艺华”“国华”等12家电影公司合并，成立了“中华联合制片股份有限公司”（简称“中联”），任董事长。“中联”成为沦陷区唯一的制片机构，日本人由此完全控制了上海电影界。当时，一部分中国电影人离沪去了大后方，未走的影人大部分进了日伪电影公司，以至于重庆的国民政府发出通缉令，称凡是参加“中联”拍摄影片的，都将被控“附逆”。“中联”成立一周年后，日伪为加强对电影业的垄断，又成立了“中华电影联合股份有限公司”（简称“华影”），由汪伪宣传部长林柏生出任董事长，川喜多长政任副董事长。

日本投降后，一般势利的人都恨不得离汪伪政府的人越远越好，生怕再有瓜葛而引火上身，苏青在此时想到的却是陈公博、周佛海、杨淑慧他们的日子一定不好过，在她最痛苦、最困难的时候，是他们给了她很大帮助，于是她去周佛海家探望。她的师友陶亢德、柳雨生被捕入狱，被判刑三年半，她也敢去探监。

《海涛》1946年第18期上刊有署名毛龙的一篇文章，题为《苏青探监不忘“陶柳二公”》，显然对苏青情况颇为了解：

> 陶亢德，柳雨生已经审讯一过，但因为是笔下卖国，因此毫不轰动……苏青是陶亢德一手提拔起来的人，要没有陶亢德发表她的处女作，也许苏青的名字没有人知道，而柳雨生却是她的腻友，在“中日文化协会”是同事，有一时候过从甚密，外间颇有短流长之势……上星期二是准许汉奸接见家属的日子，苏青以朋友的身份，也买了些水果食品，并携新出图书数册去提篮桥狱中访“陶柳二公”，相见后，即互探问近况，谈起近顷文坛情形，都不胜唏嘘……虽谈不满一刻钟，苏青即告辞归来，虽说苏青是一个泼辣的宁波女人，从这些地方，她倒相当有情义啊！

相比于苏青的探监，张爱玲从上海前往探望潜逃浙江匿居的胡兰成胆子更大——既不担心给国民政府缉捕汉奸的特务留下脚印，也不怕自己触犯包庇汉奸罪。当时社会上对张爱玲的行踪相当关注，如《海涛》1946年第9期上刊载的《张爱玲千里寻情人》："胡兰成在上海时，就与张爱玲打得火热，卿卿我我，早超过普通友谊以上，如今胡兰成远走高飞，留下张爱玲依旧住在上海未免感到有些寂寞吧！据说她已下了决心，在短期内，将赴苏北寻胡兰成去了！"《海晶》1946年第4期刊载的《胡兰成生死未卜，张爱玲行踪之谜》："汉口捉汉奸很厉害，独有胡兰成漏了网。一说他在天津被捕，又闻胡已投奔中共，躲在'解放区'。到底怎样，还是不清楚。不过急坏了他在上海的爱人张爱玲，对胡的生死存亡，甚为忧疑。有人问她胡的消息，终是回答不知道。最近常常有人慕名到张的公馆去寻她，终是被一位苏州娘姨挡驾，上个月说：'妮小姐勤拉医院里厢生病。'这个月说：'妮小姐到乡下去哉！'张爱玲行踪也像胡兰成那样神秘起来了。"《海光》1946年第14期刊载的友兰《张爱玲失踪》："女作家张爱玲，文笔极清丽。惜交友不慎，玷及清誉……迨至近时，有人就其寓所，数往访候，辄不见影踪。再三询之女仆，但言其早于月前悄然远引，亦不知何往。由是'张爱玲失踪'一说，遂尔传遍众口矣！"这些小报文章固然说得极不准确，但也可见某些内容离实情并不遥远。

张爱玲在《我看苏青》里说，对《结婚十年》怀有特殊愿望的读者会"失望"，其实未必说准了读者，倒是说着了她自己——透露了她对苏青作品"性辞"的看法，即她并不认为那是"性生活描写"，顶多只是"笑骂的资料"而已。这也从一个方面反映了张爱玲对性描写所定的标准是高于苏青的。

要说写性，张爱玲比苏青高明得多了。对于性，苏青不过是不避忌讳的直言，因为过于坦白，反而没什么"性的诱惑力"了，要有，也多在"笑骂"中消解了。

张爱玲则不然，她作品中的“性的诱惑力”是通过气氛的布置慢慢散发出来的，是通过性意味的暗示悄悄传达给读者的。面对张爱玲的“润物细无声”，读者毫无还手之力，甚至恐怕连招架的意识也没有。张爱玲喜将作品中的性作用形容为“软性刺激”，而软刺激正是张爱玲早年写性的手法。谭正璧说“张爱玲在技巧方面始终下着极深的功夫”，这其中当然是包含写性的技巧的。

张爱玲的作品涉及所谓情色的内容，是远远多于苏青的，如女性文学评论家谭正璧所说：“在张爱玲的小说里……主要人物的一切思想和行动，处处都为情欲所主宰……似乎他们的生存最专为着情欲的。”尽管如此，张爱玲却没有苏青那样的头衔。这除了张爱玲的小说不像苏青的是自传体，也就不易被读者所坐实来读的原因外，还有就是张爱玲的艺术手法不同于苏青。苏青的可以称为“直接刺激”——对于那些容易兴奋的读者来说，感官直接受到刺激，同时也就容易被当作祸首；张爱玲的则是“软性刺激”，它必须有读者的主观能动性配合，近于激发他们的意淫。虽然刺激强度并不弱，但较隐晦，故而不落“诲淫”痕迹，反倒容易使读者疑惑自己是“淫者见淫”。

所以尽管张爱玲在作品中说话同样“大胆”，比如借了他人口说出“男人的心通过胃，女人的心通过阴道”这样的话来。而待时过境迁、沧海桑田之后，张爱玲的胆子就更大了，将苏青远远地抛在身后，令苏青要自叹为小巫。比如在张爱玲去世 9 年后出版的她的遗稿《同学少年都不贱》中，对电影杂志上好莱坞女星泳衣下体毛的议论，芷琪对教她钢琴的李小姐胸部的议论，以及芷琪转述表姐告诉她，表姐夫在“那时候”如何的“可怕”等等。张爱玲去世 14 年后她的《小团圆》初版，又 5 年后她的另一部作品《少帅》汉译本出版，这两部遗稿中描写性活动的文字，都不止是“笑骂的资料”的级别。

而这几部遗作出版时，读者早就是见多识广、性兴奋度已钝化的一群了，欣赏水平远非抗战期间的读者可比，所以连“笑骂”的涟漪也激不起来。令读者难以接受的倒是《小团圆》与《少帅》里的性描写雷同的地方太多。

——张爱玲一生两任丈夫，胡兰成虽春秋正富，两人相处时间并不长；赖雅毕竟上了岁数，很快又病魔缠身；史料上又不见张爱玲有别的恋人。据此或可说明张爱玲的性经历有限，问题是她的想象能力完全够用，她却偏要或不由自主地两部小说套用一种描写。比如《小团圆》里盛九莉（张爱玲）有天坐在邵之雍（胡兰成）身上，感觉“忽然有什么东西在座下鞭打她……狮子老虎掸苍蝇的尾巴，包着绒布的警棍”。《少帅》里周四小姐（赵四小姐）坐在少帅（张学良）身上，“坐在他身上使她感到极其怪异，仿佛有一个蒙着布的活塞，或是一条挥打着的返祖般的尾巴，在轻轻棰击她”。

当男主人公有所企图时，《小团圆》是他“拉着他一只手往床前走去，两人的手臂拉成一条直线……她忽然看见有五六个女人连头裹在回教或是古希腊服装里……一个跟着一个，走在他们前面。她知道是他从前的女人……”《少帅》是“他拉着她的手往沙发走去。仿佛是长程，两人的胳膊拉成一直线……她发现自己走在一列裹着头的女性队伍里。他的妻子以及别的人？”

其他诸如在胡兰成谓之“欢娱”的过程中，盛九莉对邵之雍孜孜以求而不能完成的笑场，周四小姐是也同样把少帅笑得“泄了气”；《小团圆》是“泥潭子机械性的一下一下撞上来，没完。绑在刑具上把她往两边拉，两边有人很耐心的死命拖拉着，想硬把一个人活活扯成两半”。《少帅》是“还在机械性地捶着打着……现在是把她绑在刑具上要硬扯成两半”；男女主人公两人并躺，《小团圆》是“只觉得每人多一只手臂，恨不得砍掉它”，《少帅》是“只恨每人多生了一条胳膊。几次三番藏掖不了，他说：‘砍掉它。’”

相比之下，胡兰成的文字显得很干净，他是“身体力行”的。他的一生，阅历非常丰富。而其中，阅艳是也非常丰富。细数从头，胡

胡兰成手书："平生知己乃在敌人与妇人。"

兰成性意识开始朦胧觉醒是在12岁后，对象是他的过房干娘——生得吊梢眼、水蛇腰，长他20岁的俞家庶母春姑娘。第一次有不当感情是在杭州，那时他已与玉凤成婚。他寄居于蕙兰中学时的斯姓同学家里，与他16岁的尚在上中学的妹妹萌发情愫，而被她母亲袁氏礼送出门；后一个是在上海，那时的胡兰成与妻子全慧文已育有子女，全慧文患有精神疾病，可能有此原因，胡兰成包了舞女应瑛娣养在酒店里。因所付家用减少，使代他管家的侄女胡青芸起疑，跟踪到酒店，发现了秘密。汪伪政府还都南京，胡兰成在南京又安了一个家，而将全慧文与应瑛娣一个做了上海夫人，一个做了南京夫人。胡兰成仍不满足，有了舞女还要才女，结果又娶了张爱玲。他就像一架播种机，每到一个地方，就要和当地的女人结合起来。于是在武汉办报，就有了未成年的小护士周训德；潜逃诸暨，就使斯家寡妾范秀美怀孕；亡命日本，就与房东主妇一枝有染。

这些还只是胡兰成在自传里面明说了的，不包括他语焉不详或不曾提及的情事。从时间的顺序来看，胆子是越来越大。对张爱玲，是将世人皆仰望的旷世奇才也敢弃之如敝屣；对范秀美，是敢于冒犯斯家尊严与门风；对一枝，是敢于鸠占鹊巢。

胡兰成的胆子大则大矣，可他也不是一介莽汉。他在抗战中，曾帮过斯家子弟，所以谅斯家人会宽容他；一枝的丈夫本是低人一等的入赘女婿，胡兰成用“塌茸”“一无出色”来形容他。当然如此了，假如一枝丈夫是稍有血性的人，胡兰成胆子再大，要欺负他，也不敢在人家家里吧。

胡兰成的朝秦暮楚，也并非一“胆”孤行，不问道德。与周训德有私情后，他曾扪心：“我今这样，对爱玲是否不应该，我亦憬然思省，但思省了一大通，仍是既不肯认错，又不能自圆其说。”随后到上海与张爱玲相对时，他已没有愧疚，因为他自以为能自圆其说了，他的理论是：“一夫一妇原是人伦之正，但亦每有好花开出墙外。”

待与范秀美草成夫妻，胡兰成又曾对她说：“我今这样，好像是对不住斯家。”是范秀美说他并非斯家子侄，所以不算犯上，且“我这人是我自己的。且他们娘是个明亮的”。这才安抚了胡兰成忐忑的心。

胡兰成与一枝已经“私订终身”，却不敢将此事告诉老友池田笃纪，因听池田指责一个姓萧的“与人妻同居，破坏他人的家庭”。胡兰成只是心虚，并不心服，他无法完全消除道德感，就设法藐视它，将生活于现代社会中的人们对于残存的道德的信守，视同对于微薄的薪水的依赖。他不愿像常人那样卑微地活着，他要“做个强者”，逾越那可怜的道德的藩篱。

胡兰成的性格中，含有市井草莽习气，他的胆量既来自善于时势分析，也来自闯荡江湖的经验。对于像他这样身份的文官多看不起的打打杀杀的流氓如吴四宝佘爱珍夫妇，他却乐于相处，对他们无法无天的作风与叱咤上海滩的胆量钦佩不已，后与佘爱珍白头偕老也就并不奇怪，也并非出于偶然。汪精卫夫人陈璧君的性格中也有敢于不在乎千夫所指的刚强成分，胡兰成在《今生今世》里回忆道：“汪夫人也是个狠脚色。一日我到汪主席公馆的内室，汪夫人与儿女皆在，不知是怎样说起头的，汪夫人道：‘贵阳铸有汪精卫陈璧君的铁像，照秦桧夫妇的式赤膊跪着，游人浇以小便，但我胃口来得个好’。”言辞间也满是赞赏。

换笔

胡兰成以雄辩的政论出道，认识了张爱玲后，文风大变而一时诗情画意，遂有后期作品的散文高峰；苏青与张爱玲年轻时都以小说与散文成名，中年以后又同样一度赖编剧为生，同样是有意与无奈的结果，又都相当成功。

一

就在那1932年，虚龄27岁的胡兰成埋葬了发妻之后，在一位旧相识的介绍下，来到广西，在省第一中学做了一年教书先生。在那期间，他受同事影响，开始对国际问题与国内政治经济产生了兴趣，而乘兴钻研。凭着他的聪明，几年工夫，竟然自学成了行家，并时常撰文发表。到1938年，已累积了4万5千字，合成一本《最近英国外交的分析》，由商务印书馆初版，作为“国际时事问题丛书”之一。丛书的编委有周鲠生、李圣五、高宗武、林柏生、程沧波、樊仲云、朱朴之，“主干”是梅思平。该书由国际编译社编辑，发行人是出版大王王云五。全书分为三章。第一章论英国外交与国际形势；第二章论英国外交与国内政情；第三章论英国外交的成绩。全书论据充分，思路清晰。由对别国的深入了解，从而洞悉国际间的合纵连横，这使他眼界开阔。第三章的第11节专论“英美与中日战争”，就是将中日战争放到4个国家之间来考察，从4国在战争中利害消长的变化上来推断各国的策略，自然是登高望远了。

在30年代的最后一年的第一个季度里，胡兰成政论文章的产出率委实惊人，几乎一两日便有一篇，多以《南华日报》社论的形式刊发。其中有为汪精卫辩解骂敌、阐述其思想理论的，也有发表自己对时局的分析、对国家前途及民族命运表达观点的。口若悬河，滔滔雄辩，为汪精卫所激赏。随后胡兰成将这一年（1939年1月3日至12月12日）写的105篇社论合成一本27万字的集子，以其中一篇《战难和亦不易》作书名，作为《中华日报》丛书之一于1940年出版，书前有序，赫然是汪精卫所作。

1942年9月，胡兰成又一本政论集《争取解放》印行，全书共222页，分《和平运动诤言》《国际战局检讨》二编，共96篇文章，有《国民新闻发刊词》《中国地位的保证》《渝共决裂的序幕》《重心在清乡工作》《美国的两洋政策》《欧洲战败国的命运》《德国控制大西洋》《日阁改组》等，附录《文化的厄运》《寿颜文梁先生》等。

如果不遇见张爱玲，胡兰成更可能就顺着这条写政论、做政论家的道路一直走下去。可事实是他遭遇了张爱玲，原先板结方正的文风由此大变。

世上谁都觉得自己的文章好，胡兰成当然也未能免俗，只不过爱情会使人变得虚心，愿意听取对方的意见。胡兰成当时沉浸在可能是他有生以来最投入的一次恋爱中，他的聪明程度、书本知识原不在张爱玲之下，而人生阅历、社会经验又多于张爱玲，可因张爱玲较少接触社会，头脑中世俗的框框便少，表现出来，便是超凡脱俗、不以常人眼光看问题了。又因她有极高的才情及悟性，仿佛可以不经沧海却知水，不登巫山也识云。胡兰成说自己是“我的囿于定型的东西……我是受过思想训练的人，对凡百东西皆要在理论上通过了才能承认……我且又被名词术语禁制住，有钱有势我不怕，但对公定的学

胡兰成著作《争取解放》。

胡兰成著作《最近英国外交的分析》。

术界权威我胆怯”。而张爱玲的有逾常规的见解对他来说有如新思维，所以他说：“张爱玲给我的新鲜惊喜却尚在判定是非之先……我给爱玲看我的论文，她却说这样体系严密，不如解散的好，我亦果然把来解散了，驱使万物如军队，原来不如让万物解甲归田，一路有言笑。”可以看作他照此理论实践的改变文风的习作的《评张爱玲》开头这样写道：

> 张爱玲先生的散文与小说，如果拿颜色来比方，则其明亮的一面是银紫色的，其阴暗的一面是月下的青灰色。
>
> 是这样一种青春的美，读她的作品，如同在一架钢琴上行走，每一步都发出音乐。但她创造了生之和谐，而仍然不能满足于这和谐。她的心喜悦而烦恼，仿佛是一只鸽子时时

> 要想冲破这美丽的山川，飞到无际的天空，那辽远的，辽远的去处，或者坠落到海水的极深去处，而在那里诉说她的秘密。她所寻觅的是，在世界上有一点顶红顶红的红色，或者是一点顶黑顶黑的黑色，作为她的皈依。

这么短短的一段，颜色上，已经有了银紫色、青灰色、红色、黑色 4 种；意象上，也有了钢琴、鸽子、山川、天空、海水 5 种。炫目的色彩与繁复的意象正是张爱玲作品中最突出的特色，胡兰成把它们都学了来了。

这本是一篇评张爱玲作品的论文，其中却有过于诗化的倾向，这是刻意模仿带来的结果。同期发表的随笔《瓜子壳》中的语言，胡兰成所追求的则又是张爱玲作品的另一个典型特点——精致。开头一段是这样的：

> 我是喜欢说话，不喜欢写文章的。两个人或者几个人在一道，随意说话，题目自然会出来，也不必限定字数，面对面的人或是挚友，或是仇敌，亲密或是泛泛之交，彼此心中雪亮，而用语言来曲曲表达，也用语言来曲曲掩饰，有热情，有倦怠，有谦逊，有不屑，总之是有浓厚的空气。倘是两个十分

胡兰成墨迹。他喜欢这句诗，他在《今生今世》里写道：“我称赞爱玲的房间，她却说这还是她母亲出国前布置的，若她自己来布置，她爱刺激的颜色。赵匡胤形容旭日：‘欲出未出光辣挞，千山万山如火发。’爱玲说的刺激是像这样辣挞的光辉颜色。”

要好的人在一道，于平静中有喜悦，于亲切中有一点生疏，说的话恰如一树繁花，从对方的眼睛里可以看出最深的理解和最高的和谐……

然而写文章，是把字写在白纸上，没有空气没有背景，所以往往变成自说自话。那么把谈过的记录下来怎样呢？记录下来也不过是瓜子壳，虽然撒得一地，可是瓜子仁已经给吃掉了。然而又非写不可，好吧，就拿瓜子壳出来待客。

这哪里还像那个惯写纵论天下文章的胡兰成！简直就是标准的女人纤手织出的精细毛衣以及边织毛衣边与人款款说出来的闲言碎语。甚至《瓜子壳》的题意，也是取自张爱玲正在《万象》杂志上连载着的长篇小说《连环套》中的一个比喻："照片这东西不过是生命的碎壳；纷纷的岁月已过去，瓜子仁一粒粒咽了下去，滋味各人自己知道，留给大家看的惟有那满地狼藉的黑白的瓜子壳。"

但自此之后，胡兰成写作的主要精力，仍用于阔论天下，1945年3月《大楚报》社印行了他的《中日问题与世界问题》一书，为"新评论丛刊"之一。全书共204页，收入35篇文章，有《试谈国事》《了解的起点》《抗议轰炸人民》《对美国无期待》《告重庆》《告日本人》《告中国人》《中日问题与中国问题》《中日问题与日本问题》等。《告日本人》开头写道："日本人哟，你们有许多好处，可是你们也有一桩坏处，就是看不起中国，看不起中国人。这是造成中日战争的心理的大原因……你们必须放弃民族的优越感……"

胡兰成后来的著作笔法与笔调渐趋丰富，既显示眼界的开阔，也表明他文风的蜕变，而终于化蛹为蝶，标志性作品即为《山河岁月》与《今生今世》。

二

1954年春，胡兰成费时6年，五易其稿的一部16万字的《山河岁月》终于在日本清水市西贝印刷厂开印了。他在序言里这样说："我此书能被当作闲书，无事时有事时可以常看看，即是我的得意了。"可是谁要是据此就以为他真的将《山河岁月》看成"闲情偶寄"，那就大失其心了。他本是期以文章立世之人，而在与上面的话同时又说的另一句"打天下亦只是闲情"，将那"闲"字重新定义，就也直接透露了他的心迹。写作中，他是怀着与张爱玲比身手、与世人作见面礼的心思操笔的，所以他用的虽属闲情，却不是闲心。

《山河岁月》就其承载而言，是一部史书，上迄世界文明发轫、中国与西方分歧之始，下至国民党溃败、共产党取得政权作结，将那万里山河数千年岁月爬梳点评，阔论朝代兴亡更替，穷究事件缘由本末，细察天意民情。他用散文的笔法做史论，用的是渔樵闲话的口吻，枯燥的历史论文一经他妙语连珠的粲花之舌，顷刻变成春葩丽藻的美文；他知识丰富，悟性过人，而又善于融会贯通，故能举一反三；文中涉及哲学、政治、经济、文学、艺术、考古、建筑、民俗、历法、医药等，无不信手拈来，而能左右逢源，又绝无掉书袋的卖弄与乏味；其行文多从小处着眼，而能见微知著；说理又每自侧面开始，而最终直取要害。如此常常令人出乎意料，先惊而后喜。

《山河岁月》是胡兰成自张爱玲处学成出师，不禁踌躇满志，跃跃欲用张爱玲的方法与眼光，清理他心里的旧我，胡兰成在书中自供："我与女人，与其说是爱，毋宁说是知。……情有迁异，缘有尽时，而相知则可如新，虽仳离决绝了的两人亦彼此相敬重，爱惜之心不改。人世的事，其实是百年亦何短，寸阴亦何长。桃花扇里的男女一旦醒悟了，可以永绝情缘，两人单是个好。这佛门的觉，在中国民间即是知，这理知竟是可以解脱人事沧桑与生离死别。"胡兰成这话迟说了10年，如果早些说给张爱玲听，也许张爱玲就会因了解彼此爱情观的差异而不致后来沉溺过深。不过也难说，恋爱中人多是假作真来真亦假的，只怕是当时说了也不肯听、也不愿信吧。

《山河岁月》出版后，胡兰成应是很想给张爱玲寄一本去的，可见报载，香港有好事的记者问张爱玲对《山河岁月》的感想，张爱玲闭口不答云云。正好池田笃纪那时有事要到香港去，胡兰成在心里盘桓多日，犹豫着要不要请他去见张爱玲，终于在他临行前，说了一句："你到香港可以去看看张爱玲。"除此也无别话，也无信。后来池田归来，也不说，胡兰成料不顺利，也就不问。可是事情搁在肚里就像吃了个冷汤团，始终不得消化。如此过了数月，有次见了池田，才又装作漫不经心地问了一声。池田答没有见到。胡兰成听了，只觉得那汤团在胃里"咕"的一声下去了，却仍不免有些惆怅。也许正是这个惆怅，使他有了一种要直抒胸臆、自述身世的冲动。

《今生今世》胡兰成写了5年。全书分为8章，字数40万左右，比《山河岁月》长了一倍多。因了题材的关系，一支笔在他手里，较之《山河岁月》更显得从心所欲、游刃有余。又因他个人生活不乏浪漫与传奇，由其娓娓道来，五彩缤纷，五音俱全，尤为引人入胜。其行文如天马行空，常常是张爱玲所说的"远兜远转，最后又撞个正着"——往往一件事说个三五句，冰山才露一角，便一笔宕开了去，好像翱翔的带着哨子的鸽子，呼啸着自头顶一掠而过，翻飞了开去，那声音渐渐小到如同针尖落在地上，待仿佛只剩了幻听，却又秀气得如蚊子吟唱一般自天边飞了回来。他的主张是"绝世的好文章出于无意"，他又曾对他的学生说："好文章要写得不像是文章，好理论要不像是理论。"特别是以一章近两万字的篇幅专述其与张爱玲的爱恋，情意与理智结合得十分恰当，堪称《今生今世》中的华彩篇章，也绝对是对张爱玲的知人之作。难怪在其后的诸多张爱玲评传中，即便作者再不喜胡兰成乃至于疾恨，却也无法做到忽略其文与观点。

胡兰成写他早年的乡村生活，可以看出他对于风俗怀有浓厚的兴趣，所以他在书中不惜笔墨，常常有大段描写，仿佛有意要做一部故乡风俗志。

胡兰成从正月写到二月，从清明写到端午，从暑夜写到重阳，再写到过年。一年四季，他写得疏而不漏。写得这样细致，不避琐碎，却因笔下充满了情意与喜气，由风俗而见民情，读来便饶有意趣，犹如咀嚼橄榄，津津有味。

胡兰成写他早年的生活，不做单纯的往事记录，而是将它镶嵌在故乡的人事风景里来描绘。好像一幅《清明上河图》，既有个人的动作姿势，同时又与周围的人的动作姿势相默契，与当时所处的环境相和谐，合成一个完整又生动的社会生活画卷。所以读起来有意思。

似这样所写是真情，所以虽则是孩子气的故事，依旧十分感人。胡兰成又对中国传统艺术十分钟情，中年以后回忆起早年故乡的儿歌戏文，还是张嘴就来，成篇出口。他将民间传说戏曲与当时的社会生活混为一体，几乎混淆了现实与舞台的界限，看似艺术源于生活，却更像是现实生活存在于戏剧中。于是在星月下抱着他念儿歌的母亲，夏夜里向众人宣诵“宝卷”的幺舅，还有秋收后谢神击鼓执拍板与邻村唱对台戏的父亲，都仿佛是舞台上的角色，而男女老幼不分远近穿红戴绿兴高采烈赶集过年般地蜂拥蚁聚了来看村戏的乡亲们也就真像是一帮群众演员，他们合演的是 20 世纪一二十年代中国东南部山村的一出民俗戏。胡兰成生于其间，长于其间，于是他的故事就有了传奇与趣味，同时也有了浓烈的艺术美了。

就艺术成就而言，《今生今世》与《山河岁月》堪称中国现代散文的两座高峰，写国家大事历史给人的感觉如临大川，却又是亲切的，絮絮如唠家常；写个人生活琐事给人的感觉是细致而不芜杂；写男女之情给人的感觉是率性干净而不猥亵，个中虽不免得意之情，却不过于自说自话的自我陶醉，不过于自恋自慰的自我沉湎。

暮色苍茫下的剡溪。胡兰成故乡的大河，胡兰成在《今生今世》里多次提及。

胡兰成的作品不局限于个人生活的情感与小圈子，这是由他“文当载道”的思想决定的。有次他与日本作家尾崎士郎商谈《今生今世》的日译，尾崎道：“这可好，如今正流行起政治小说。”当下胡兰成听了大不悦，因为他是怀着士的自觉、士的志气与天下责任感，怀着“代天立言，代一个世立言”[①]的宏愿来写作的，即便是写儿女之情，男女之私，也自别有志趣含义，不能与一般政治小说家及其作品等同视之。尾崎若不是看低了《今生今世》，至少也是不懂得胡兰成。相比之下，还是胡兰成的好友、台湾作家朱西宁教训子侄辈的话“你们只知江山风流，焉知志士心苦”可谓知人获心之言。

三

苏青的戏曲作品存名的有《兰娘》《江山遗恨》《翠娘盗令》《卖

① 胡兰成 . 中国文学史话 . 台北：三三书坊，1980：16.

油郎》《宝玉与黛玉》《屈原》《假凤虚凰》《李娃传》《李太白》等9部，与人合作两部《新房子》《秋江》。11部居中只有《李太白》一剧为锡剧，其余均为越剧，另有甬剧《借妻》《贼丈夫》（与人合作）。据说苏青的锡剧剧本远较其越剧作品为多。

苏青的戏曲创作生涯是自1949年后开始的，是她面对时代的变迁求出路而闯出的一条新路。新中国成立初期，政府欲对戏曲进行改革，需要有一批自己的戏曲管理干部与编导，以在人才上做些准备，遂急用先培，于1951年冬春之际，由上海市人民政府文化局（一说上海市军管会文艺处）出面，在《解放日报》上刊登广告，公开招收由其主办的“第一届戏曲编导学习班”学员。当然办学习班还有“改造”的目的，所以对学员的年龄、学历、职业、身份放得较宽，既有剧团行政人员、在校学生，又有教师、失学青年，甚至还有米行小老板、前国民政府立法委员等。

苏青是因为那时，写惯的文章不能再写了，因为被斥为“黄色”；托人在香港的《上海日报》上发了一些文章，因有嘲笑妇联开会的，被公安局的同志警告了一回，而稿费又被中间人给私吞了。总而言之，“自由撰稿人”是做不得了，只能另外找工作。虽然“戏曲编导”从专业角度来说，对她是个陌生的领域，但她对“戏”是不陌生的。

苏青自小性格活泼开朗，在她的中学时代，学生演剧的风气很盛，她是其中的活跃分子。校中有贺年的同乐会演出，还常到校外进行宣传演出。1928年5月，震惊中外的“济南惨案”发生后，国人激愤，学生们也都热血沸腾，纷纷走向街头，宣传抗日。那时苏青虚岁15，刚插班进入宁波市立女中一年级不久，却显然已经融入了这个集体，出演“惨案”中的悲剧主角——被日本人残忍地割挖去耳鼻眼舌的蔡公时，为此天天将鼻子涂上红墨水，以至在台下也常被人认出来。1929年元旦，苏青又演了根据易卜生的《玩偶之家》改编的《娜拉》。升入省立四中念高中后，苏青因在一次英语演讲比赛中以一篇《自我教育》获奖，马上又被校剧团看中而邀去，1931年元旦就参加了演出，是一出英文戏，叫《风流寡妇》。剧本出自他们的英文教师之手，是根据《今古奇观》中庄子休妻的故事改编的。在戏中苏青衣着洋服，脚蹬高跟鞋，与那个也穿着西服的演庄子的男同学在台上一来一去，出够了风头，而且还开了该校男女合演之风。苏青在中学的最后一次演戏是在1933年的元旦。当时当局加强了对学生的监控，上演的剧目必须经过校方的检查。结果只能演诸如《荆轲刺秦王》《苏武牧羊》之类历史剧，演英文剧或京剧也是安全的，不致惹什么麻烦。于是苏青与同学们就选了莎士比亚的戏剧拌以京剧名作，在台上演了一出荒诞剧。这些看似中学生的闹着玩，对苏青的“戏台经验”却大有益处。

苏青婚后跟丈夫初到上海建立小家庭，丈夫整日在外奔忙，她人生地不熟，待在家里百无聊赖，书架上有一本英文版的《独幕剧精选》，她便决定以唱独角戏来消磨时光。第一篇剧作是爱尔兰剧作家格雷戈里夫人的《新月》，她把剧本读了几遍，分别用几种不同语气模仿剧中不同的人物进行对话，同时自己再充作导演和剧评家，对剧作的情节与表演再三揣摩和评论。就这样接二连三，一个多月下来，竟背熟、“演”过了五六个剧本。无意中，对她将来的创作又是一种极有益的学习。

1942年12月，苏青迫于生计，在柳雨生的介绍下，曾到中华联合制片股份有限公司做过一段时间编剧，虽然没有作品出来，但也看了电影理论方面的书籍和剧本——在生计的压力下，阅读想必是用心的。

1944年春，苏青应邀参加《新中国报》报社主办的“女作家座谈会”，当主办方问及平时的消遣，苏青的回答是：“第一是看戏。”她是宁波人，距越剧之乡胡兰成的老家嵊县本来不远。

1945年早春，《杂志》社邀集了柳雨生、周班公及苏青等人座谈由谭惟翰编剧、朱石麟导演、屠光启与卢碧云主演的影片《现代夫妻》，苏青在发言中，对影片的艺术手法、剧情的安排及演员的表演都有颇为内行的评论，还说：“好戏似乎是应该让人家瞧着好像不是在做戏，什么都入情入理的，艺术原是种聪明的欺骗。”说明此时她对于“戏”已经有了理性思考和认识了。

有这些经历和经验，何况文艺不分家，所以苏青认为戏剧编导这个职业适合自己，于是请妇联介绍，前往投考。考试内容分为三部分，一是文艺理论与戏曲常识，二是写一篇剧评，三是写篇唱词。当时，苏青对“唱词”为何物亦不知，这部分考题只好放弃。录取名单同样在《解放日报》上登出，她落榜了。一个星期后，情况却发生了变化，忽然有通知来叫她前去谈话，说打算考虑录取她。原来是在她当初报名时，遇到一位熟人，那个人将苏青的历史向领导作了汇报，有关部门出于某种考虑，竟破格录取了她。该学习班的班主任由任文化局戏改处处长的周信芳担任，学习地点在浦东大楼 8 楼上，学员们听课、活动、住宿均在此，开学时局长、处长都曾到会讲话，陈白尘、唐弢、叶以群等曾先后前往上课，谈文艺理论等。

该学习班从开学到结业共 4 个多月，苏青在学习班却只待了 3 个月。在最后一个月里，每个学员根据自己的兴趣爱好，自愿组成若干创作小组，每个小组集体拟订一个剧本大纲，然后各人按照统一的大纲写一个本子，以此作为结业成绩。苏青参加的是越剧《兰娘》小组，内容是写一个古代女子兰娘大义灭亲惩治内奸的故事，此剧自然是为配合当时开展的“镇反”运动。该剧后来由章燕飞的青年越剧团排练演出，但采用的不是苏青执笔的本子。不管怎么说，《兰娘》总该是苏青的处女剧作了。

苏青与编导学习班的同学关系不睦，常闹意见，因此情绪不佳，于是经常请假。此时社会形势风起云涌，镇反运动序幕正逐渐拉开，4 月底，镇反大逮捕后，苏青被通知提前结业，此并未引起苏青的不快，她反为能早点离开那些同学而高兴。她也是幸运的，如果镇反运动开始得早的话，可能她连这个学习编剧的机会也没有了。对她来说，可能难以找到适合她的工作，对读者来说，可能就看不到作为剧作家的苏青了。

苏青结业后由“戏改协会”介绍到戚雅仙的上海“合作越剧团”试用，在那里，她根据评剧《翡翠园》改编了一个本子，取名《翠娘盗令》，可因不合戏路而未被采用。不久，她又被合作剧团送到第三届戏曲研究班学习了3个月，可是后来不知何因合作剧团改了初衷，不愿聘她为正式编剧，而改为特约编剧了。苏青一气之下，辞职而去。

这年年底，苏青由一位在尹桂芳的芳华越剧团工作的朋友陈曼女士的介绍下，加入了芳华。试用3个月后转为正式团员，担任了专职编剧。还是在1945年秋冬之交，《女声》杂志复刊后，曾聘请了一些女作家诸如潘柳黛、张宛青、苏青等人做特约记者，任务是采访社会各界妇女，越剧名演员袁雪芬、名律师史良、名医苏祖裴等都曾被采访过，很可能苏青在那时就已结识尹桂芳了。

尹桂芳是著名的越剧表演艺术家，生于1919年，浙江新昌人，原名尹喜花，艺名尹云蜂，10岁时即入嵊县醒狮剧社学艺，后以演《吕布与貂蝉》《狸猫换太子》等戏而崭露头角。1943年起着手对传统越剧进行改革，并逐渐形成风格独特的尹派艺术。

芳华越剧团是尹桂芳的私营越剧团，创办于1946，演员有竺水招、吴小楼、焦月娥、戚雅仙等，编导有徐进、韩义等。1948年尹桂芳去香港休养，芳华成员星散。1950年7月尹桂芳回到上海，另邀一批人重组芳华越剧团。

苏青在芳华以“冯允庄”作为笔名，第一个剧本是与陈曼合编的《新房子》，是为宣传“五反”运动而创作的，这是苏青唯一的一部现代题材的剧本。第二个剧本叫《江山遗恨》，取材于中国古代农民起义。这两部戏都曾得到有关部门的减税奖励，但上座情况不佳。苏青为此心里颇为懊丧，又有些自怨自艾，觉得自己不是搞戏曲的料，常常想着要改行。1953年春天，苏青打算改编《秋江》，剧团为慎重起见，

《逝水集》是苏青的第4本散文集，1945年8月初版，收入了11篇散文。其中篇什除了《一个梦》外，其余均已在她的散文集《涛》和《饮食男女》中出现。由此也略可窥见苏青当时窘迫的经济状况。

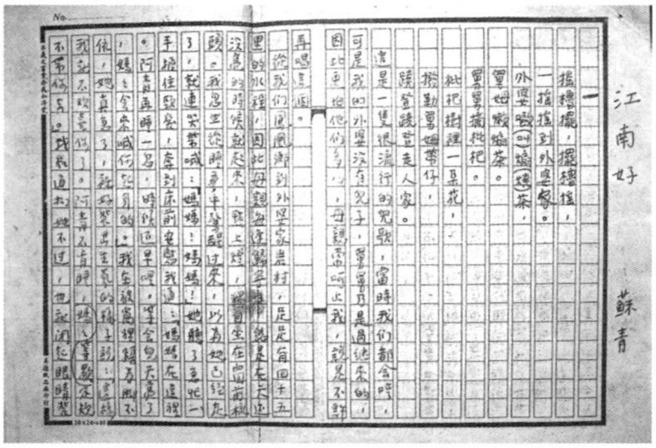

苏青未完成的一篇作品。1949年后苏青似乎一脚迈进戏剧界，从此不再进行小说创作，可是在她被捕时，在被抄走的一包作品中，却有一个小说残篇，名曰《江南好》，写作时间不明，由署名“苏青”来看，因她1949年后的作品均署“冯允庄”，所以是写于1949年前也说不定。该小说只写了一节，共1400字，仍是自传体，以第一人称，纪实的成分很大，内容起自她住在祖父母家时的童年生活。

叫陈曼与苏青合编，苏青认为这是剧团瞧不起自己，为此心情不佳。后来为修改剧本的事，又出现一些矛盾，苏青气急之下，老毛病肺结核复发吐血。

整个夏天，苏青都在休养，转眼到了秋季，苏青根据《今古奇观》中的一篇《卖油郎独占花魁》改编的十场越剧《卖油郎》上演了。

《卖油郎》十场分别为“劝妆”“被逐”“卖油”“酒楼”“访美”“受吐”“雪塘”“遇救”“订盟”及“赎身”。故事的基本框架仍是原著的，但做了不少改动，对原著的人物与情节都做了些增删，比如只保留了原著中的花魁莘瑶琴、老鸨王九妈、刘四妈、开油店的朱十老、卖油郎秦钟（原著为秦重）；将乘醉施暴的金员外改作虚出，将油店伙计邢权改作掌柜，唤作陆朝宗，乃为朱十老的妻舅，将朱十老的使女兰花改作其老伴陆氏，兰花变为王九妈手下的一个丫环，油店另添了个善良的伙计蒋先春，将折磨莘瑶琴的恶公子吴八改名万俟，并给他添了个仆从唤作祝二春，妓院里除了兰花外，另添了两个有名姓的妓女，一个唤作花翠香，一个唤作柳瑞贞。其他如莘瑶琴的父母莘善、阮氏，将莘瑶琴卖入妓院的卜乔，秦重的父亲秦良等人物俱略去。

原著为兰花勾引秦重不成，遂与邢权偷情，嫌秦重碍眼，这才加以陷害，使朱十老赶其出门。苏青改为陆朝宗好赌，常窃店中银钱，因恐秦钟发觉，遂加以构陷。苏青化繁为简，使情节更加清楚，又更合乎情理。

原著中，秦重在妓院门口初见莘瑶琴，因惊艳而生欲亲近之心，“若得这等美人搂抱了睡一夜，死也甘心”，所为不过肉欲而已，顶多纯情二字了得。而苏青则改作秦钟早先在逃难路上与瑶琴相邂逅而

苏青证件照。此时苏青年已中年，应摄于1949年后。相片由其姻亲谢蔚明先生提供。

十场越剧《卖油郎》剧本封面，是饰演主角的尹桂芳的剧照。该剧上演于1953年秋天。90年代后期，尹桂芳率剧团来南京演出，下榻于杨公井人民剧场附近一家条件很一般的旅馆。我闻讯前往，尹桂芳出房门来见。我问苏青，却不料她嗓子坏到几乎不能发声，只极尽费力地吐出两个字。因发音嘶哑，又是“越腔”，我一时未听懂，她愈急。连续几遍，我总算明白了，那两个字是：屈原。过后不几年她就去世了。

生恻隐之心，而怜香惜玉，继而在妓院门口重逢而觉好奇，而生羡慕之心。如此一改便增加了故事的内涵，在趣味的层次上也有了提升。

在人物的刻画上，秦钟对瑶琴虽起自侠义、好奇之心，但本质当然还是为两性相吸、为美所动，为爱所促；虽年来辛辛苦苦盼的就是这一刻，但毕竟是穷经年之积蓄于一夕，不免时时心疼，尤其是在未得肌肤之亲时，忍不住暗地算计，又有几两银子化作灰尘了，又有几两银子付之流水了。苏青如此改来，增加了人物的内心矛盾，使得人物形象较之原著丰富了许多，避免了简单化，也使人物更真实可信。

苏青对生活于底层的小人物所寄予的同情一仍其惯，在她笔下，几个普通妓女或善良，或可爱，只是柳瑞贞对王九妈的反抗写得有些牵强，同样不太自然的还有瑶琴在船上对万俟的反抗，苏青处理成前者对后者义正词严地大骂，即不如原著写瑶琴只是“拼命嚎哭”来得真实，有失直露。瑶琴以她的地位与处境多半不会那么对客人，当时她又孤身一人在万俟的船上，心里一定是既恨急又害怕的，所以嚎哭就比较好，既是恐惧的表现，同时她又未必不是在借此来作挡箭牌，以使万俟扫兴和无奈。不过强调反抗性是时代的要求，未必是苏青的原意。

在情节上，秦钟攒足银两，到妓院欲会瑶琴一节，苏青笔下，王九妈见秦钟掏出大银来，并不十分欢喜，不如原著中鸨儿先倨后恭见钱眼开更令人信。“王九妈买油”一节，原著写其因早闻秦重卖油忠厚之名而信其油质量，就不如苏青改作其对价钱的一问再问，又亲自上前就桶察看方才放心更合情理。苏青还砍枝打叶去蛇足，将原著中秦氏父子、莘氏一家巧逢等情节减掉，使情节更干净集中，而不拖泥带水，无疑都是改编成功之处。

《卖油郎》上演后，苏青又想着要改编郭沫若的同名历史剧《屈原》，不久即随尹桂芳等人去北京观摩由赵丹主演的话剧《屈原》。在北京，经人介绍，苏青拜见了屈原研究专家文怀沙，并在文家住了半月，聆听指教，后来文怀沙做了《屈原》的顾问。据说苏青还曾专程向郭沫若请教过。

回到上海后，苏青即着手进行《屈原》的改编工作。她听说新新越剧团的编剧江上青也曾有过改编《屈原》的打算，便去见江上青。江上青十分热情，将自己编就的几场戏慷慨地提供给苏青作参考。除了文怀沙外，电影导演陈鲤庭也是《屈原》的顾问，音乐家陈歌辛也为该剧出过大力。

《屈原》上演后，获得文艺界一致好评，从此不断有人前去观摩、录音，甚至抄描布景。不久田汉到了上海，看了此剧后，当即肯定说这是一出好戏。他一走进后台，就急着询问哪位是编剧，他要见见。

后来《屈原》一剧参加了华东区戏曲观摩演出大会，并在参加会演的 35 个剧种共 158 个剧目中脱颖而出，获得演出、音乐一等奖；尹桂芳也因所饰主角，突破了她以往的风流小生形象而获得了演员一等奖。

奖项却偏偏没有苏青的，据说在讨论是否给《屈原》颁剧本奖时意见出现了分歧，而且“争议激烈”，焦点自然还是苏青的“历史问题”，最终决定不给剧本奖，甚而出于某种考虑，连将导演奖也取消了。因为担心苏青有意见，文化局干部还做了她的思想工作，当然并不能化解苏青心里的不平。

在此期间，苏青还曾为陈少鹏的光明越剧团写过一个古装戏，名叫《假凤虚凰》，围绕“冲喜”事件，写两亲家各怀鬼胎，演出了一场男女颠倒的闹剧，苏青这出戏写得相当流畅而热闹。

1954 年，全国开展批判资产阶级唯心论的运动，俞平伯研究《红楼梦》的方法成为人们关注的焦点，苏青抓住这一机遇，编出了剧本，起初就叫“红楼梦”，因剧情主要是围绕宝黛的爱情悲剧，所以后来更名为“宝玉与黛玉”。

《宝玉与黛玉》在上海公演后，反响很大，一方面是欢迎，另一方面是意见。后者主要针对苏青虚构了一个丫环，不少观众（包括一些专家）不能接受。该剧在上海、北京等地共演了300多场，创下了剧团演出的纪录。

1954年后，苏青又应上海堇风甬剧团之约，创作了一出甬剧《借妻》，后成为甬剧团的保留剧目。苏青由此与该剧团的同乡编剧天方认识，后与他合作写了个反映肃反斗争的现代戏《贼丈夫》，公演过。

1955年夏，苏青又随剧团去了趟北京，那时她已有了编《李太白》的打算，为此二度住进文怀沙家中求教，也住了大约半月。当时正在进行批判胡风运动，随着运动范围以及声势的扩大，苏青不免为自己的“历史问题”担忧起来，戏也无心写了。

1959年元月，芳华越剧团为支援前线，离开上海迁往福建，有“历史问题”的苏青自然不能上前线，她被黄浦区文化局安排进了红旗锡剧团任编剧。她在锡剧团完成了《李太白》的创作，公演后也很成功，主演者为此而登上了首都国庆观礼台。

苏青还曾有过编《司马迁》的计划，已经着手准备材料，并拟写了提纲，可是“文革”开始了，这个胎儿也就永远没有出世。

四

张爱玲的编剧经历，大约即始于那出《走！走到楼上去》，她偷换了“出走”的概念，似乎在调侃出走者无意真走，却又透露出其未必有路可走的悲哀。

张爱玲忽然开始写剧本——应该是出话剧，主观原因当然是她随兴而至。客观原因是当时正闹着严重的剧本荒，张爱玲不免有“乘虚而入”的想法。可是剧本写出来后，却发现该行业壁垒森严，想要被人接受是件困难的事。先将剧本发表，又担心被人剽窃。大约她想起当初她挟着小说稿登门去访周瘦鹃、柯灵的情景，自嘲道：“若叫我挟着原稿找到各大剧团的经理室里挨户兜售，未尝不是正当的办法，但听说这在中国是行不通的，非得有人从中介绍不可。我真不知道怎样进行才好。”其实张爱玲是知道“怎样进行才好”的，她去找了柯灵，从剧本改起。可是该剧本终究未被演戏的“渡口生人气给它，让它活过来”，而柯灵是认识一些剧团的老板的。

初次尝“戏”的不成功，并未使张爱玲气馁，不知是否经人指点，她着手将她的小说名篇《倾城之恋》改编成舞台剧本。柯灵从给剧本提意见到联系演出剧团不遗余力，使该剧终于上演并且大获成功。

在《倾城之恋》尚未公演的时候，大概是作为《倾城之恋》出世的先声，苏青写了一篇——不知是否应张爱玲之约——名为《读〈倾城之恋〉》的文章。对流苏这个人物，苏青应是深有感触的。苏青有一次这样问过张爱玲：“怎么你小说里从来没有一个人像我的？我一直留心着，总找不到。”而这时她是已经读过小说《倾城之恋》了的，也就是说，她并没有将白流苏当作自己。尽管后来张爱玲吃惊地发现她笔下的白流苏竟与苏青同庚，把这当作巧合，实际上倒未必于冥冥中一点关联没有。白流苏离过婚，因此“在恋爱市场上给人家估低了价”，这正是苏青的处境。人们认为以白流苏这样的身价只能做个小职员的填房，却不料她嫁得人人羡慕，这当然是苏青所憧憬的，但她见白流苏因此而满足地“笑吟吟”的——女人的命运全在于嫁得好，不免又深觉悲哀，于是浩叹道：“可怜的女人呀！”

张爱玲也据此认为苏青是懂得白流苏的，白流苏再得意，也还是处在一个附属于男人的“低贱”的位置上，终究还是“难堪”的，女人的可怜在此。

应是话剧《倾城之恋》的成功，当民营电影资本家吴性栽新创办了“文华影业公司”，公司编导黄佐临、桑弧等人在物色编剧人选时便想请张爱玲来做编剧。

黄佐临、桑弧与柯灵都不陌生，柯灵曾是黄佐临“苦干剧团”的编剧，桑弧与柯灵也是多年的朋友，于是在柯灵的介绍下，来请张爱玲。大约是因为从未有过编电影剧本的经验，张爱玲犹豫了一下才答应下来。

张爱玲是在“参看了发表在杂志上的好几个中外电影剧本后才动笔”的，创作花了数月时间，影片于1947年2月投拍。该片由桑弧导演，花了两月时间进行拍摄，随即公映，片名《不了情》。

《不了情》十分叫座，桑弧于是再请张爱玲编《太太万岁》。公映后，又大受欢迎。

《太太万岁》上映前10天，张爱玲在上海《大公报》的《戏剧与电影》栏发表了《〈太太万岁〉题记》，介绍剧中人物和剧情，引导观众理解作者的创造意图和手法，其中有一句评男主角的：“总是郁郁地感到怀才不遇，一旦时来运来，马上桃花运也来了。”仿佛是在说胡兰成，其实胡兰成更有过之而无不及——时运尚未至，而桃花运已抢先来了。显然由《不了情》与《太太万岁》的成功，张爱玲这朵因受胡兰成伤害而“将只是萎谢了”的花，又恢复了生机。人在开心时容易宽容别人与解脱自己，也容易获取了断的决心与力量，张爱玲即写信给胡兰成提出与他分手，同时将两部电影剧本的稿酬共30万块法币赠予，算是难中救济，也算是仁至义尽。

到了美国的张爱玲，小说出版并不顺利，后为生计考虑，在香港友人宋淇的介绍下，开始为香港电懋电影公司编写电影剧本，计有《情场如战场》《人财两得》《桃花运》《六月新娘》《温柔乡》等。此外，她在所译台湾作家陈纪滢的小说《荻村传》（译名《芦苇中的笨伯》）出版后，曾受人委托将其改为中英两个版本的电影剧本。

1961年秋，张爱玲欲创作以张学良生平为素材的小说《少帅》而赴台湾，在台湾逗留时又接到丈夫赖雅中风的电话，原应当即回美国，可竟因家无隔夜粮，回去也将坐拥愁城，竟不得不转赴香港继续为电影懋业公司创作剧本，好带了稿酬回家。计有《南北一家亲》《小儿女》《一曲难忘》《南北喜相逢》《红楼梦》等。完成于1963年的《魂归离恨天》，大概是张爱玲生平最后一部电影剧本。

晚景

晚年的张爱玲封闭自己，选择孤独，拒人千里，不愿过每天过年的日子；苏青被社会遗弃，心灰意冷，懒得与人来往，只爱痴看鲜花盛开；胡兰成老骥伏枥，壮心不已，笔中墨水还多。

对于死，张爱玲是收拾停当，有备而去；苏青是有病不治，坐等它来；胡兰成是赶路途中，不期而遇。

能不能说张爱玲晚景凄凉，言人人殊，答案不一。说不是吧，1967 年她的美国丈夫赖雅去世，两人没有孩子。从此，直到生命结束，她都是孑然一身。她生命的最后 20 年，只是靠一两个朋友偶尔帮助，解决一下生活中的麻烦。20 世纪 80 年代，她的健康每况愈下，因体质较弱，不过 60 多岁的她，身体机能退化得却很厉害。其间又患上了一种心因性皮肤疾病，自感受到了跳蚤的侵扰，为了逃避就时常搬家，手稿、证件等物因此时有丢失。她编《对照记》的动机之一也由此而来：“‘三搬当一烧’，我搬家的次数太多，平时也就‘丢三落四’的，一累了精神涣散，越是怕丢的东西越是要丢。幸存的老照片就都收入全集内，借此保存。”疑惧、疲累、懊丧，使她心力交瘁。看她 70 多岁时的相片，脸上的皱纹，多得像八九十岁的人，令人触目惊心。后来她自知大限将至，将一些重要的证件放入一个手提袋内，置于门旁，以使来人容易看见。张爱玲去世几天后，才被公寓人发现，家里的食物罐已空空如也。后来还是靠朋友帮忙，处理她的后事，将骨灰撒入大海。——无人养老，无人送终，这还不够凄凉吗?

其实未必,因为这是常人的以己度人。凄凉与否,主要的恐怕还是一己的主观感受。这样看似“凄凉”的生活,却是张爱玲自己选择的,而且完全不是被迫的。只要她愿意,晚年的她完全可以热闹终日,每天过年。上世纪80年代,张爱玲的作品开始在祖国大陆重被关注,并逐渐升温,至90年代前期,更有“爆发”之势。而港台地区的张爱玲热,较之大陆要早10多年,而且以追星的热情与方式对待张爱玲的不乏其人,甚至有人跑到美国,在张爱玲公寓隔壁房间住下,捡拾张爱玲的垃圾,从中了解张爱玲的生活点滴。在这种形势下,张爱玲若想获得社会的帮助与馈予,易如反掌。可显然她不愿意。

张爱玲对自己的生活方式做如此选择,当然首先是性格使然。其次是人生观。她洞悉同胞的国民性,对国人的生活习惯她很宽容,但未见得喜爱,所以她自己并不照着去做。她年轻时在《洋人看京戏及其他》里写到:“中国人是在一大群人之间呱呱坠地的,也在一大群人之间死去——有如十七八世纪的法国君王……中国人在哪里也躲不了旁观者……婚姻与死亡更是公众的事……病人‘回光返照’的时候,黑压压聚了一屋子人听取临终的遗言。”

张爱玲想要在一大群人之间死去,那还不简单吗?那本来也是大众社会的热切愿望。张爱玲生在那样一个大家族里,当然“是在一大群人之间呱呱坠地的,”这她无法选择,但她可以选择不在人群中去世。她认为婚姻与死亡并不是公众的事——关于婚姻,当抗战胜利,她因与胡兰成的婚姻被人诟詈的时候,她撰文称那是“私人的事”[①];关于死亡,她又以行动表明了自己的观点,她要一个人的死,不要有旁观者。她做到了。在她死后,固然由法医排除了他杀与自杀的可能,但张爱玲到底是怎么死的,是在梦中飘然成仙,还是在意识清醒时忽

① 张爱玲《有几句话同读者说》。

如钟锤停摆？是在默然中颓然咽气，还是遽一亢奋而后逝？这都成了一个永远的谜。

晚景凄凉的是苏青。“文革”开始后，苏青先被红旗锡剧团辞退，并送交里弄监督。她常常脖子上被挂了写着她“罪行”的大牌子在自家大门外罚站。原本心直口快非常健谈的苏青，在邻居的印象里，却是一个不大吭声的老太太。生活已经改变了苏青的性格，她噤若寒蝉了。她的生活仅靠所属单位——上海黄浦区文化馆的一份微薄工资维持。其后她被关入“牛棚”[①]隔离审查，继而被遣下乡劳动改造，后又遭批斗，工资也曾一度停发。苏青在这无休止的折磨下，肺病复发，可是因为不能享受“劳动保护”，无钱看病，以致病情日趋严重，造成肺部出现空洞。1975 年 1 月，苏青自文化馆退休，按规定工资打了 7 折，每月仅 40 多元。

长期的精神磨难与生活困苦，并未使苏青泯灭对文学的热爱，也未使她的心长满厚茧。她常与女儿一同读书，有次读狄更斯的《大卫·科波菲尔》，竟被感动得泪流满面……

苏青的晚年，关系较密切的只有一两个朋友，其中一个便是 20 世纪 30 年代在上海办《女声》杂志的王伊蔚。风烛残年的苏青因为腿脚不便，只能常常给王伊蔚写信。在一封信中谈到她当时的冷清：“有两句话可以包括，‘不才明主弃，多病故人疏’，一门关煞，与人不搭界……”寂寞与灰暗的心情显而易见。

至少自 1948 年起，直到“文革”中，苏青一直住在自忠路，该弄内房屋全都建于 1924 年，一字排开。苏青住的 7 号位于中间，正对弄口，是一套假 3 层阁石库门房。门头上镌有“乐石”二字，大概由“仁者乐山，智者乐水”而来。苏青原是房主，1949 年后房子便不属于她了，另有住户搬入，占了底层。苏青与小女儿及外孙住在楼上，

① 当时的“坏分子”被称为“牛鬼蛇神”，牛棚，是关押这些人的地方的简称。

提篮桥监狱，苏青在此被囚一年半。摄于 2006 年。1955 年 12 月 1 日，苏青受震惊全国的“潘汉年、杨帆反革命集团案”牵连而被捕。那日午夜，警察们来到她的住处——自忠路 244 弄 7 号，当即进行了搜查，抄走了 4 件物品：信件与作品各一包，书稿印刷纸板一札，作品日记本 4 册。苏青被关在提篮桥监狱，囚号为 21805。1957 年 6 月 27 日获释，但未结案。信件与日记发还，作品与书稿纸板因被认定为“黄色”，除留下一部作“罪证”外，其余焚毁。1984 年 11 月，上海市公安局经对苏青案复查，认定当年以反革命案逮捕苏青“是错误的”，宣布予以纠正，恢复名誉。苏青未等到这一天，去世于两年前。

3 人挤在亭子间一张大床上。因为和邻居共用厨房和卫生间，经常发生矛盾。为求安宁，与普陀区石泉路一户人家调换住房，搬到郊野去了。

在给王伊蔚的另一封信中，苏青谈到她生命最后一段生活的情形：

> 天天想写信，天天没有如愿，原因是想细诉心曲，欲“细”反而不达了……我近来认识了一个老人，家有花圃，主要种

> 月季花，我已去不成公园，三天两头到他花圃中去坐坐，也空气清新。我今年连买五盆月季，都种不活（原因是施肥太勤，欲速不达）。现在他给我弄了两盆，正在盛放，十分可爱。我每天蒙蒙亮起来，看花要看二三个小时。他答应等花谢后，仍把花送到他花圃去培养，可以顺利过冬（只说托他代买，其实是他自己培育出来的）。其有（中）有一盆品种很好（紫红），另一盆普通。我家的芙蓉、菊花也都有了花蕾，快要开了。这些花是我生命末期的伴侣，我并不悲观，只是安心等待上帝的召唤……可我不能来看你了，实在怕走，只想安静。结防所［黄埔区结构病防治所］来人叫我去拍片（已二年不拍片了），我也一味拖拉，现在决定不去了，也决定不来买花，不来看你了。但是心有灵犀一点通，一息尚存，总是想念你的。

这是苏青写给王伊蔚的最后一封信，也是她的绝笔。心灵深处的创伤，物质生活的恶劣，使苏青的身体完全垮了。她患有气管炎、哮喘、糖尿病、肺结核等多种顽重之疾。在生命的最后日子里，苏青对生活怀着一种因绝望而生出的平静，安心等待着上帝的召唤。有一天她对女儿说，她现在再也没有精力与世奋争了。

1982 年 12 月 7 日，苏青大口吐着鲜血，踏上了黄泉路。在西宝兴路殡仪馆，她的女儿女婿、外孙、儿子及未来儿媳来到灵堂为她送行。灵堂内没有哀乐，没有花圈，也没有悼词。几分钟后，她便被送入了焚尸炉。

苏青去世 6 年后，她的外孙远赴美国投奔他的母亲，在他的行李箱里，有一件特殊的包裹，那是他外祖母的骨灰盒。

相比于张爱玲与苏青，胡兰成的晚年要丰富、充实得多了，那是因为他一刻也未放弃追求，他对未来有许多计划，他视文章为千古之

胡兰成墓地。胡兰成被安葬于清岩院。墓地正对富士山，墓碑正面刻了“幽兰”二字，侧面是“胡兰成居士”五字，背面是碑文，记载了胡兰成的生平。

事，于是精神有所寄托，身心也就无闲，于是“蜜蜂永远没有时间空虚”。虽然他也并非一帆风顺，经受的波澜并不小。他以古稀之年到台湾去讲学，遭到台湾民族意识浓厚人士的群攻，《山河岁月》也被“警总”查禁。《蝉是一枝花》出版时，不得不用了一个笔名“李磐”遮人耳目。他也终究在台湾待不下来，不得不仍回日本去。

面对不见容于同胞的局面，胡兰成依恃以文章立世的信念，埋首著述。想来也总不免郁结在胸吧，胡兰成回日本不到5年就死了。以他那样的身体状况，本不该与衰弱的张爱玲同龄离世的。

那一年的2月21日，胡兰成写《日月并明——男有刚强女烈性》，写到《中国的女人》一章，第一小节《自女娲而嫘祖》才写了千余字，便停笔了。不知为何停了3个月。这一停，就使他再无机会续笔，《中国的女人》成了残篇。

在胡兰成的葬礼上，胡家将胡兰成的手书“江山如梦”四字印在四开美浓纸上，赠予前来吊丧的人，上面还印有佘爱玲的一段说明，道：“内附的‘江山如梦’是亡夫多年来萦绕于怀的感慨，在晚春的一个夜晚忽然吟出的。所谓江山，是指故国的山河、扬子江和泰山。不，就我看来，是指故国本身。所谓梦，就是空、是色、是善、是美、是真、是遥、是永久的理想。敬请收下，以追忆故人。”

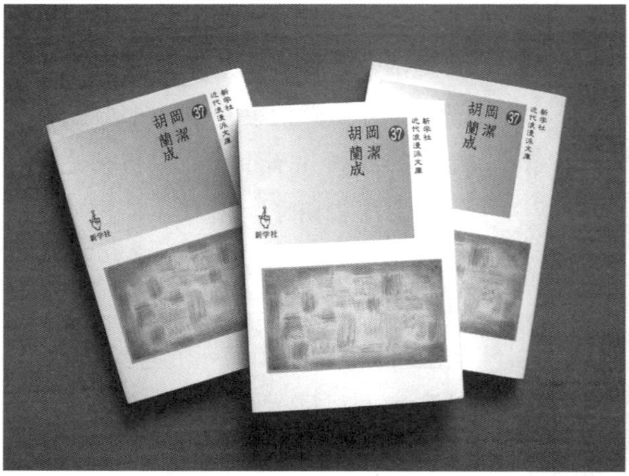

日本出版的胡兰成与冈洁的合集。冈洁（1901—1978）是日本大数学家，胡兰成在日本，忽然对自然科学发生浓厚兴趣，试图将自然科学与社会科学结合起来解释世界，与冈洁以及诺贝尔物理学奖获得者汤川秀树等人多有交往，并能进行对话，令人惊异。

胡兰成在50年代，摄于日本。

胡兰成摄于 1981 年 5 月。两个月后便因心脏衰竭而去世。

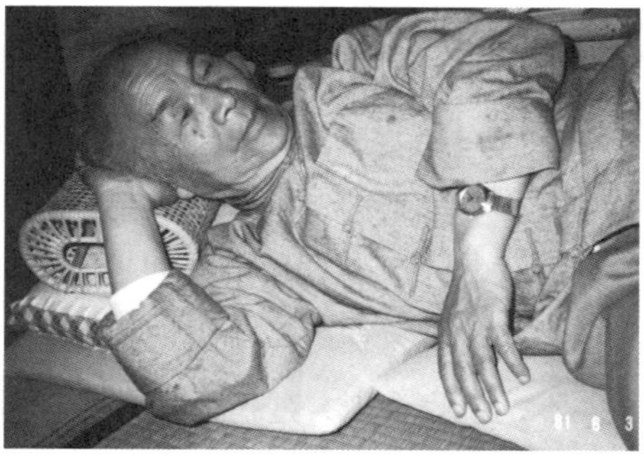

胡兰成于日本东京青梅市家中小憩。这可能是他生前最后一张相片，50 天后撒手人寰。